Reihe Informatik
Band 95

Reihe Informatik

Herausgegeben von
Karl Heinz Böhling, Ulrich Kulisch,
Hermann Maurer

unter Mitwirkung von
Arndt Bode, Hans-Peter Kriegel,
Roland Mittermeier, Edgar Nett,
Thomas Ottmann
und Christian Ullrich

Geo-Datenbanksysteme

Eine Speicher- und Zugriffsarchitektur

von
Dr. Ralf Schneider
Institut für Informatik – Universität München

B·I·
Wissenschaftsverlag
Mannheim · Leipzig · Wien · Zürich

Die Deutsche Bibliothek – CIP-Einheitsaufnahme

Schneider, Ralf:
Geo-Datenbanksysteme: eine Speicher- und Zugriffsarchitektur / von Ralf Schneider. – Mannheim; Leipzig; Wien; Zürich: BI-Wiss.-Verl., 1993
(Reihe Informatik; Bd. 95)
ISBN 3-411-16531-6
NE: GT

Gedruckt auf säurefreiem Papier
mit neutralem pH-Wert (bibliotheksfest)

Druck: Progressdruck GmbH, Speyer
Bindearbeit: Progressdruck GmbH, Speyer
Printed in Germany
ISBN 3-411-16531-6

Vorwort

Die Vielzahl der Personen, die am Gelingen dieser Arbeit Anteil haben und denen mein Dank gebührt, vereitelt den Versuch, mich hier bei jedem namentlich zu bedanken. Ich hoffe, daß ich trotzdem allen Personen, die mir direkt oder indirekt in den letzten Jahren geholfen haben und an dieser Stelle nicht namentlich genannt sind, vermitteln konnte, wie dankbar ich ihnen bin.

Sehr herzlich bedanke ich mich bei meinem Betreuer Prof. Dr. H.-P. Kriegel, für die interessante Themenstellung, die fachliche Hilfe und die auf viele Weise gewährte menschliche Unterstützung, die mir sehr wertvoll war. Mein Dank gilt besonders allen meinen Kollegen an der Universität Bremen und in den letzten eineinhalb Jahren an der Universität München, die durch ihre hilfsbereite und kollegiale Art eine positive Arbeitsatmosphäre schaffen, in der auf dem Weg zur Promotion der Spaß und die Freude an der Arbeit nicht verlorengegangen ist.

Herrn Prof. Dr. K. Hinrichs möchte ich danken, daß er sich spontan bereit erklärt hat, Zweitgutachter meiner Arbeit zu sein. Gleichfalls gilt mein besonderer Dank Herrn Prof. Dr. P. Widmayer für die hilfreichen Kommentare und Anmerkungen zu dieser Arbeit und Herrn Prof. Dr. E. Welzl, der freundlicher Weise seine Implementierung zur Ellipsen- und Kreisapproximation zur Verfügung stellte. Ferner möchte ich mich herzlich bei meinen Kollegen und Freunden Thomas Brinkhoff, Holger Horn und Dr. Bernhard Seeger für die vielen fruchtbaren und anregenden Diskussionen und für ihre konstruktive Kritik an dieser Arbeit bedanken. Mein ganz persönlicher Dank gilt Susanne Grienberger und Claudia Dohlus für das intensive und aufmerksame Korrekturlesen.

Kurzfassung

Datenbanksysteme werden seit den 70er Jahren zur Organisation großer Datenmengen im betriebswirtschaftlich-administrativen Bereich genutzt. Für andere Anwendungsgebiete, z.B. Geographie und Kartographie, CAD, Bildverarbeitung, Medizin und Biologie, sind diese Standard-Datenbanksysteme jedoch ungeeignet. Einerseits erlauben die zur Verfügung stehenden Datenmodelle keine angemessene Modellierung der in diesen sogenannten Nichtstandard-Anwendungen auftretenden komplexen geometrischen Objekten, andererseits bieten Standard-Datenbanksysteme keine effizienten Methoden zum Zugriff auf diese Daten an. Die großen Datenmengen und die Komplexität der Datenobjekte und Anfragen führen zu nicht akzeptablen Antwortzeiten.

Die vorliegende Arbeit entwickelt eine Speicher- und Zugriffsarchitektur zur effizienten Anfragebearbeitung in Geo-Datenbanksystemen, die den Kern geographischer Informations-systeme bilden. Da alle leistungssteigernden Bausteine einer solchen Geo-Architektur entsprechend dem Grad der Komplexität der Objekte entworfen und angepaßt werden müssen, werden reale geographische Karten aus verschiedenen Quellen und von unterschiedlichster Auflösung analysiert. Auf der Basis dieser Analyse und gemäß den spezifischen Anforderungen an Anfragen und Operationen im Geographie-Bereich, wird ein Phasenmodell zur zweistufigen geometrischen Anfragebearbeitung formuliert.

Die Approximation komplexer Geo-Objekte durch Geo-Primitive ist der erste wesentliche Baustein für die zu entwerfende Architektur. Um das Leistungsverhalten durch höhere Approximationsgüten zu verbessern, werden sechs verschiedene Geo-Primitive miteinander verglichen. Abhängig von der Komplexität der Objekte und dem Typ der Anfrage sind mit den Geo-Primitiven minimales 5-Eck und minimale Ellipse signifikante Leistungsverbesserungen gegenüber dem, in bisherigen Systemen und Prototypen verwendeten, minimal umgebenden achsenparallelen Rechteck zu erzielen.

Nicht nur durch Objektapproximationen, die die notwendige Anzahl geometrischer Tests auf ein Minimum beschränken, kann die komplexe Geometrie von Objekten vereinfacht werden, sondern auch durch Objektzerlegungen, deren Ziel es ist, diese Tests schneller ausführbar zu machen. Der Zerlegungsansatz wird im Detail diskutiert, ein neuer Zerlegungsalgorithmus für eine Triangulation in homogene Dreiecke präsentiert und der TR*-Baum vorgestellt, eine räumliche Datenstruktur, mit deren Hilfe effizient die Zerlegungskomponenten eines Objektes bestimmt werden können, die von einer Anfrage oder Operation betroffen sind.

Die modulare Einbettung der entwickelten Konzepte und Bausteine in eine globale Speicher- und Zugriffsarchitektur basiert auf dem Grundkonzept einer Dreiteilung aller zu einem Objekt gehörenden Daten in Zugriffs-Cluster, Geometrie-Cluster und thematisches Cluster. Dabei wird eine kompakte und redundanzfreie Geometriedarstellung komplexer Geo-Objekte vorgestellt, die den selektiven, objekt-orientierten Zugriff unterstützt. Um auch einen schnellen mengenorientierten Zugriff großräumiger Bereichsanfragen zu gewährleisten, wird in die Geo-Architektur das neue Konzept einer Szenen-Organisation integriert, die eine räumliche Clusterung größerer Objektmengen erlaubt. Weitere Bestandteile der Geo-Architektur sind Konzepte zur thematischen Indizierung, d.h. die effiziente Unterstützung des Zugriffs auf nichtgeometrische Attribute, und Mechanismen zur Raum-Zeit-Indizierung von Geo-Objekten.

Inhaltsverzeichnis

1 Einleitung und Motivation

Überbevölkerung, Technisierung und fortschreitende Mobilität der Menschheit haben zu einer empfindlichen Störung des ökologischen Gleichgewichts in vielen Teilen der Erde geführt. Eine globale Akkumulation droht das Ökosystem Erde vollkommen zu destabilisieren. Die Erhaltung unseres Lebensraumes und damit einhergehend die Erforschung der Umweltzusammenhänge gehört zu den zentralen Themen der heutigen Zeit. Dabei läßt sich gerade im Umweltbereich die Vielzahl der anfallenden Informationen und Daten, die zur Erkennung und Lösung der anstehenden Probleme benötigt werden, nicht mehr ohne den breiten Einsatz von Computersystemen bewältigen.

Ein großer Teil dieser Umweltprobleme liegt im Bereich der ständigen Schadstoffemissionen durch Industrie, private Haushalte sowie Individualverkehr, aber auch im Auftreten von Unfällen mit gefährlichen Gütern (z.B. radioaktive Stoffe, Chemikalien oder flüssige Brennstoffe). Die langzeitliche Untersuchung solcher Umweltbelastungen einerseits sowie die schnellst- und bestmögliche Reaktion bei Unfällen andererseits erfordert die Speicherung großer Mengen von Informationen. Die extrem hohen Datenvolumina, deren Komplexität sowie deren umfangreiche Beziehungen erlauben es dem Anwender nicht, schnell und komfortabel auf die gewünschten Daten zurückzugreifen und diese nach seinen Wünschen zu analysieren. Erst die Nutzung moderner Datenbank-Technologie ermöglicht einen effizienten Zugriff auf die gewünschten Daten (vgl. [Kri 90]). Die Verwaltung raumbezogener Daten, wie sie im Umweltbereich gefordert ist, stellt eine Nicht-Standard-Anwendung von Datenbanksystemen dar und ist momentan Gegenstand der Forschung in der praktischen Informatik.

Datenbanksysteme haben ihre Leistungsfähigkeit für Standardanwendungen wie bei der Verwaltung administrativer Informationen (Personal-, Lohn- und Kundenwesen usw.) und bei der Produktionssteuerung (Stücklistenerstellung, Bestandskontrolle, Maschinenbelegungsverwaltung usw.) bewiesen und sich am Markt durchgesetzt. Es gilt aber als unbestritten, daß traditionelle Datenbanksysteme für eine weite Klasse der Nicht-Standard-Anwendungen ungeeignet sind. Die klassischen Konzepte für Datenbanksysteme genügen den Erfordernissen von Nicht-Standard-Anwendungen im allgemeinen und einer raumbezogenen Datenverarbeitung im besonderen nicht. Für solche Anwendungen müssen neue Konzepte entwickelt und evaluiert werden (vgl. u.a. [Buc 90]). Herkömmliche - etwa relationale - Datenbanksysteme sind für solche Anwendungsbereiche in der Regel untauglich, weil einerseits der Benutzer mit dem Datenbanksystem in einer unnatürlichen Weise umgehen muß -etwa bei der Datenmodellierung und bei Datenbankanfragen- und andererseits eine unzureichende Effizienz des Systems - etwa bei der Bearbeitung von Anfragen - die Einsatzfähigkeit ohnehin in Frage stellt [Wid 91].

Wie die letzten Jahre gezeigt haben, können herkömmliche Datenbanksysteme, die für administrativ-betriebswirtschaftliche Anwendungen konzipiert wurden, problemangepaßte Spezialsysteme nicht ersetzen. Beispielsweise sind CAD-Systeme auf der Basis von Datenbanksystemen nur vereinzelt im praktischen Einsatz. Daneben haben sich sowohl Umweltinformationssysteme (UIS) als auch geographische Informationssysteme (GIS) fast unabhängig von der Datenbank-Technologie entwickelt.

Der Grund hierfür ist in der mangelnden Effizienz traditioneller Datenbanksysteme bei der Verwaltung räumlicher Objekte zu suchen. Die Entwicklung *räumlicher Datenbanksysteme (*kurz *Geo-Datenbanksysteme)* als Kern räumlicher Informationssysteme bedeutet eine Herausforderung im Datenbankbereich. In dieser Arbeit verknüpfen wir im Gegensatz zu anderen Autoren den Begriff Geo-Datenbanksystem sehr eng mit der geographischen Anwendung, weil GIS-Anwendungen eine eigene Problemklasse darstellen, die sehr spezifische Anforderungen hinsichtlich einer geeigneten Speicher- und Zugriffsarchitektur aufweisen. Unsere Architektur wurde dezidiert im Hinblick auf eine effiziente geometrische Anfragebearbeitung komplexer Raumobjekte konzipiert. Somit lassen sich die in dieser Arbeit entwickelten Konzepte und Verfahren auch auf CAD- oder VLSI-Anwendungen übertragen. Es ist aber notwendig, die Speicher- und Zugriffsarchitektur den speziellen Anforderungen anzupassen (vgl. u.a. [Hee 92]).

In den letzten Jahren wächst der Bereich geographischer Informationssysteme boomartig. Zuwachsraten von 30% und mehr sind prognostiziert (vgl. [Fri 91]). Die steigende Zahl an kommerziellen Systemen, Publikationen, Tagungen und Symposien zeigen die Bedeutung dieses Bereiches für Forschung und Entwicklung. Geographische Informationssysteme kommen in steigendem Maße in öffentlicher Verwaltung, Wissenschaft und Wirtschaft zum Einsatz. In vielen Anwendungsfeldern wie Raumplanung, Katasterwesen und Umweltüberwachung bilden sie die Basis von entscheidungsunterstützenden Systemen. Konkrete Anwendungen sind Grundstückskataster, topographisch-kartographische Informationssysteme oder Verkehrsplanungs- und -leitsysteme [Bar 88].

Die Notwendigkeit, Datenbank-Technologie beim Entwurf und der Entwicklung leistungsfähiger geographischer Informationssysteme zu integrieren, ist seit einigen Jahren unbestritten. Die Bereitstellung von ausgereiften Modellierungsmöglichkeiten, Anfragesprachen, Benutzeroberflächen, Transaktionskonzepten, Recovery-Mechanismen usw. durch Geo-Datenbanksysteme reichen nicht aus. Für ihre Akzeptanz ist eine effiziente Anfragebearbeitung unbedingte Voraussetzung. Die Organisation der internen Ebene eines Geo-Datenbanksystems bestimmt entscheidend seine Leistungsfähigkeit. Da die Speicher- und Zugriffsarchitektur den wesentlichen Bestandteil der internen Ebene darstellt, ist ihr adäquater Entwurf für die Effizienz des Gesamtsystems von zentraler Bedeutung.

Im Bereich von Geo-Datenbanksystemen ist man beim Entwurf einer Speicher- und Zugriffsarchitektur in bezug auf eine effiziente Anfragebearbeitung mit zwei wesentlichen Herausforderungen konfrontiert. Zum einen müssen extrem große Objektmengen, die einen räumlichen Bezug haben, gespeichert und bearbeitet werden. Eine Selektion, die nur auf den Werten bestimmter alphanumerischer Attribute der Objekte beruht, ist nicht mehr ausreichend. Es muß möglich sein, die räumliche Lage und Ausdehnung der Objekte als Auswahlkriterium zu spezifizieren. Zum anderen weisen Raumobjekte eine komplexe Geometrie auf, die die Ausführung geometrischer Operationen, wie etwa die Berechnung des Schnitts zweier beliebiger Polygone, kompliziert und teuer macht.

In den letzten Jahren haben daher verschiedene Forschungsgruppen eine Vielzahl von Verfahren und Methoden für die effiziente Anfragebearbeitung raumbezogener Objekte entwickelt. Die Vereinfachung der Geometrie der Objekte nur zum Zwecke der Speicherung und des Zugriffs ist vielen Ansätzen gemeinsam. Ausgehend von diesen Forschungen entwickelt die vorliegende Arbeit eine Gesamtarchitektur, in der eine Reihe bekannter und neuer Konzepte wie Approximation, Mehrphasen-Anfragebearbeitung, Zerlegung, Raumzugriffsstrukturen und Szenen-Organisation integriert sind. Um einen transparenten, praxisrelevanten Beitrag zu leisten, beschränkt sich diese Arbeit nicht auf konzeptionelle Vorschläge, sondern legt den Schwerpunkt auf die experimentelle Evaluierung der Leistungsfähigkeit der einzelnen Architekturkomponenten anhand realer geographischer Daten.

Im nächsten Kapitel wird kurz auf die Datenmodellierung in geographischen Informationssystemen eingegangen. Objekte und die wichtigsten Operationen, die in geographischen Anwendungen auftreten, werden vorgestellt und daraus Basisanfragen abgeleitet, die durch unsere Architektur effizient bearbeitet werden sollen. Ausgehend von diesen Betrachtungen ist ein Phasenmodell für die geometrische Anfragebearbeitung in Geo-Datenbanksystemen formuliert.

Kapitel 3 befaßt sich eingehend mit Objektapproximationen, einem Basiskonzept des Phasenmodells. Zunächst werden eine Reihe verschiedener Approximationen vorgestellt, klassifiziert und ihre wichtigsten Charakteristika herausgestellt. Danach werden Vergleichs- und Bewertungsparameter für Approximationen erarbeitet, um eine Entscheidungshilfe zu geben, welche Approximationen sich innerhalb einer Speicher- und Zugriffsarchitektur für Geo-Datenbanksysteme eignen. Der letzte Abschnitt dieses Kapitels demonstriert anhand realer Daten, daß neue Approximationsmethoden in Raumzugriffsstrukturen zu integrieren sind, um die Effizienz geometrischer Anfragebearbeitung zu steigern.

Nicht nur durch Approximationen, sondern auch durch Zerlegung in Teilkomponenten kann die komplexe Geometrie von Objekten vereinfacht werden. Kapitel 4 setzt sich mit dem Zerlegungsansatz auseinander und diskutiert seine Bedeutung für Geo-Datenbanksysteme. Dabei wird eine Auswahl geeigneter Zerlegungsmethoden vorgestellt und eine neue Triangulation in homogene Dreiecke präsentiert.

Die Geometrie eines räumlichen Objektes kann durch die Menge der Zerlegungskomponenten repräsentiert werden. Kapitel 5 beschreibt eine Raumzugriffsstruktur, die beliebige Zerlegungskomponenten, auch wenn auf ihnen keine vollständige räumliche Ordnung definiert werden kann, so organisiert, daß die geometrische Anfragebearbeitung effizient unterstützt wird.

Das Approximationskonzept und der Zerlegungsansatz werden Bestandteil unserer Speicher- und Zugriffsarchitektur. Kapitel 6 stellt eine kompakte und redundanzfreie Geometrierepräsentation komplexer Objekte vor, beschreibt und evaluiert das neue Konzept einer Szenen-Organisation, integriert die Indizierung thematischer Attribute und macht detaillierte Vorschläge zur Indizierung der zeitlichen Veränderung geometrischer Objekte. Kapitel 6 schließt mit einer Gesamtdarstellung unserer Architektur und einer Bewertung der vorgestellten Ideen und Konzepte.

Die wichtigsten Ergebnisse der Arbeit sind im siebten Kapitel zusammengefaßt. Mit einem Ausblick für weitere Forschungsaktivitäten schließt die Arbeit.

2 Geo-Datenbanksysteme

In einem *Informationssystem* liegen Daten über Phänomene der realen Welt in analoger oder digitaler Form vor. Unsere Wahrnehmung der Welt, die kognitive Prozesse wie Selektion, Generalisierung und Synthese umfaßt, liefert Informationen, die nicht nur von den Menschen interpretiert werden können, die diese Informationen generiert haben, sondern auch von anderen. Die physische Repräsentation dieser Informationen, nämlich die Daten, bilden ein Modell dieser Phänomene. Die Ansammlung der Daten, die gewöhnlich als Datenbank bezeichnet wird, ist die physische Umsetzung verschiedener Betrachtungen der realen Welt und beschreibt unser Wissen zu einem bestimmten Zeitpunkt.

Ein *raumbezogenes Informationssystem* dient der Erfassung, Speicherung, Verarbeitung und Darstellung der Daten, die einen Teil der Erdoberfläche und die darauf befindlichen technischen und administrativen Einrichtungen sowie ökonomische und ökologische Gegebenheiten beschreiben. In der Literatur ist es üblich, den Begriff *Geographisches Informationssystem* (GIS) zu verwenden, wenn bei einem raumbezogenen Informationssystem eher die Funktion einer Karte im Vordergrund steht (vgl. [Bar 88]).

In Anlehnung an Laurini und Thompson [LT 92] wird in dieser Arbeit der Begriff *Objekt* verwendet, um auf ein Phänomen Bezug zu nehmen, das nicht in gleiche Einheiten zerlegt werden kann. Beispielsweise ist ein Haus nicht in Häuser aufteilbar, aber es kann in Räume unterteilt werden. Die Daten in einem GIS beschreiben reale und abstrakte Objekte unserer Umwelt. Diese Objekte sind geographisch einem Ort auf der Welt zugeordnet und werden im weiteren *Geo-Objekte* genannt. Kern geographischer Informationssysteme sind *geographische Datenbanksysteme* (*Geo-Datenbanksysteme*). Im Gegensatz zu betriebswirtschaftlich-administrativen Anwendungen, die auf Standard-Datenbanken basieren, sind traditionelle Datenbanksysteme für geographische Anwendungen ungeeignet [Wid 91].

In den letzten Jahren haben daher verschiedene Forschungsgruppen eine Vielzahl von Konzepten und Techniken entwickelt, um einzelnen Anforderungen an Geo-Datenbanksystemen gerecht zu werden. In der vorliegenden Arbeit wird eine Speicher- und Zugriffsarchitektur für Geo-Datenbanksysteme *(Geo-Architektur)* vorgeschlagen, die eine Reihe bekannter und neuer Konzepte in einem Gesamtsystem integriert, um die geometrische Anfragebearbeitung effizient durchzuführen.

In diesem Kapitel gehen wir kurz auf die Modellbildung in Geographischen Informationssystemen ein, stellen die Objekte vor, die in Geo-Datenbanksystemen gespeichert werden, und analysieren ihre Charakteristika. Abschnitt 2.2 präsentiert wichtige Basisanfragen und Operationen, die durch eine Geo-Architektur effizient bearbeitet werden sollen. In Abschnitt 2.3 formulieren wir schließlich ein Phasenmodell für die geometrische Anfragebearbeitung in Geo-Datenbanksystemen.

2.1 Objekte in Geo-Datenbanksystemen

2.1.1 Modellbildung

In einem Geographischen Informationssystem soll ein Ausschnitt der realen Welt in ein mehr oder minder genaues Modell abgebildet werden. Die Semantik eines Realitätsausschnittes zu modellieren ist aber ein schwieriges Unterfangen und nur näherungsweise zu realisieren, denn reale Objekte unterscheiden sich von künstlichen: Verschiedene Personen können denselben Kontext verschiedenartig betrachten und interpretieren. Die Fülle an Informationen ist nur durch Strukturierung zu beherrschen. Der Mensch benutzt bei dieser Strukturierung zwei entgegengesetzte Strategien. Auf der einen Seite zerlegt er die Informationen in ihre Bestandteile und klassifiziert diese entsprechend (*Analyse*) und auf der anderen Seite formt er aus den einzelnen Teilen auch komplexe Gebilde (*Synthese*) (vgl. [Bar 88]). Ein solcher Strukturierungsprozeß kann konzeptionell in einem *objekt-orientierten* Modell abgebildet werden.

In einem GIS kommt der Modellbildung von Objekten mit räumlichem Bezug eine zentrale Rolle zu. Modellierungen von Geo-Objekten basieren in erster Linie auf der Genauigkeit und dem Zweck der Objektbeobachtung. Das Modell eines Geo-Objektes entspricht somit nie der Realität, kann aber immer weiter verfeinert werden (siehe Abb. 1). Der Grad der Verfeinerung hängt von den Anwendungen ab, denen das Modell zugrunde gelegt ist. Bestimmte GIS-Anwendungen erfordern daher die Repräsentation verschiedener Verfeinerungsstufen desselben Geo-Objektes. Einer beliebigen Verfeinerung sind aber aus folgenden Gründen Grenzen gesetzt:

- Der Speicherplatz und die numerische Genauigkeit von Rechnern ist begrenzt.
- Je feiner das Modell ist, desto unhandlicher wird seine Bearbeitung.
- Eine extreme Verfeinerung führt in den Bereich des Paradoxen (z.B. wird eine Küstenlinie unendlich lang, wenn die Verfeinerung beliebig lang fortgesetzt wird).

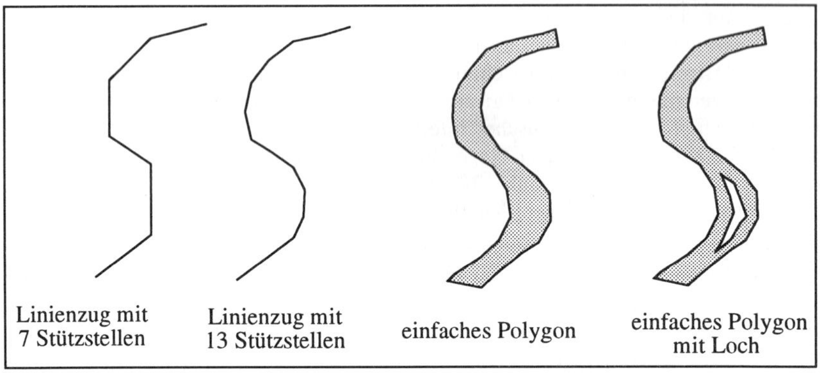

Abbildung 1: Verfeinerung eines Geo-Objektes am Beispiel eines Flußverlaufs

Auf abstrakter Modellebene ist ein Geo-Objekt durch fünf Beschreibungsklassen unterschieden (vgl. [LT 92]).

1. Objektidentifier
2. Räumliche Position auf der Erde
3. Charakterisierende Eigenschaften
4. Rolle, Verhalten oder Funktion
5. Räumliche Eigenschaften

Um also Geo-Objekte adäquat zu modellieren, müssen geometrische, topologische und thematische Aspekte berücksichtigt werden. Grundsätzlich kann zwischen der Modellierung eines einzelnen Objektes und der Modellierung einer Menge von Objekten unterschieden werden. Wird ein einzelnes Geo-Objekt unabhängig von anderen Geo-Objekten modelliert und repräsentiert, sind topologische Beziehungen zwischen den Objekten nur implizit über geometrische Eigenschaften ableitbar. Für viele geographische Anwendungen ist es aber notwendig und nützlich, topologische Beziehungen in einer Objektmenge explizit zu spezifizieren und zu speichern. Beispielsweise wird in der Kartographie die Geometrie von Bodennutzungskarten oder Katasterkarten durch bis auf Randberührungen disjunkte Polygone dargestellt (siehe Abb. 4). Bei dieser Modellierung ist es naheliegend, die Grenzlinienzüge zwischen den einzelnen Objekten nur einmal zu repräsentieren und anzugeben, welchen Objekten sie zugeordnet sind.

Rastermodell versus Vektormodell

Zur Modellierung von Geo-Objekten existieren zwei grundsätzlich verschiedene Ansätze: das *Rastermodell* und das *Vektormodell*, für die in der Literatur jeweils eine Fülle spezifischer Vor- und Nachteile aufgeführt werden.

Ein großer Vorteil des Rastermodells liegt darin begründet, daß in vielen Anwendungen die Geometriedaten im Rasterformat vorliegen. Beispiele sind die Fernerkundung (Satellitenaufnahmen), das Scannen von Dokumenten und ganz allgemein die Bildverarbeitung. Das Rastermodell hat gute räumliche Eigenschaften, wenn sich räumliche Anfragen und Operationen auf direkt adressierbare Pixel beziehen, wie zum Beispiel (aus [Oos 90]):

- Finde alle Nachbarn eines Pixels, deren Indizes um eins höher oder niedriger sind als der Index des Ausgangspixels.
- Falls jedes Polygon durch eine Menge zusammenhängender Pixel mit gleichem Attributswert repräsentiert und einen anderen Wert besitzt, dann ist der 'Punkt-in-Polygon'-Test beantwortet, indem auf den Attributswert zugegriffen wird.
- Falls zwei Karten auf demselben Raster basieren, wird ein Map Overlay durchgeführt, indem in einfacher Weise Pixel für Pixel miteinander verglichen werden.

Die Tatsache, daß raster-basierte Algorithmen eine einfache Struktur haben, bedeutet noch lange nicht, daß sie schneller als komplexe vektor-basierte Algorithmen ablaufen, da rasterbasierte Algorithmen häufig große Datenvolumina bearbeiten müssen. Daneben gibt es einige schwerwiegende Nachteile des Rastermodells. Verschiedene Datenquellen verwenden verschiedene Raster. Manchmal sind die Pixel keine Quadrate, sondern Rechtecke. Die Geometrie hängt somit von der speziellen Projektion ab. Der Hauptnachteil ist aber darin zu sehen, daß das Rastermodell digitale Bilder handhabt und keine Geo-Objekte, auf die individuell zugegriffen werden kann. Deshalb können in einem Vektormodell die Objekte auch leichter indiziert werden. Raumzugriffsstrukturen können eingesetzt werden, die den effizienten selektiven Zugriff auf einzelne Objekte realisieren. Daneben ist die Verbindung zwischen Objektgeometrie und anderen Objekteigenschaften in natürlicher Weise gegeben. Zusätzlich weist das Vektormodell eine sehr gute Skalierbarkeit auf und hat im allgemeinen einen geringeren Speicherplatzbedarf als das Rastermodell.

Aus diesen Gründen konzentriert sich die vorliegende Arbeit auf das Vektormodell. Auch ist der Autor der festen Überzeugung, daß dem Vektormodell im Bereich der Geo-Datenbanksysteme die Zukunft gehört. Daten im Rasterformat werden zwar immer vorhanden sein, da Satelliten, Kameras und Scanner solche Daten produzieren. Die Konvertierung dieser Daten ins Vektormodell wird aber in geographischen Anwendungen immer weiter fortschreiten, da objekt-orientierte Modellierung, Speicherung und Anfragebearbeitung immer populärer werden und massive Effizienzsteigerungen mit sich bringen.

Räumliches Referenzsystem

Eine Modellbildung von Geo-Objekten, die der Realität am nächsten käme, wäre eine 3D-Darstellung. In der Literatur und im kommerziellen Bereich basieren aber die meisten geographischen Informationssysteme auf 2D-Modellen, da viele Fragestellungen von GIS-Anwendungen im Zweidimensionalen mit wesentlich weniger Aufwand hinsichtlich Datenerfassung, Speicherplatzbedarf und Rechenzeit zu beantworten sind. Auch diese Arbeit betrachtet ausschließlich zweidimensionale Darstellungen von Geo-Objekten. Die vertikale Ausdehnung eines Geo-Objektes kann lediglich als Attribut gespeichert werden.

Der Verzicht auf eine 3D-Modellierung erfordert eine Projektion der Oberfläche der Erdkugel in den zweidimensionalen Raum. Rechteckige oder auch nichtrechteckige Projektionen von 3D nach 2D können nur einige der Eigenschaften wie Form, Fläche, Abstand und Ausrichtung der Geo-Objekte bewahren. Zur Identifikation der Objektposition muß in Geo-Datenbanken ein räumliches Bezugssystem gewählt werden (z.B. Gauß-Krüger-Koordinaten). Da zu dieser Problemstellung eine Fülle von Publikationen existiert, sei an dieser Stelle auf eine genauere Betrachtung verzichtet. Eine ausführliche Diskussion der verschieden Projektionen ist in [LT 92] zu finden. Um metrische Fragestellungen zu beantworten, wird die Ebene mit einer speziellen Metrik versehen. Die meisten GIS-Systeme verwenden die euklidische Metrik.

Strukturierung raumbezogener Information in der Ebene

In einem GIS muß eine große Zahl raumbezogener Informationen abgespeichert werden. Eine Strukturierung dieser Informationen ist daher unbedingt erforderlich. In der Literatur und in vielen kommerziellen Produkten unterstützen zwei prinzipielle Organisationsformen diesen Strukturierungsprozeß von Informationen.

Die erste Organisationsform ist als Layer-Konzept bekannt. Dabei repräsentiert jeder Layer einen thematischen Ausschnitt desselben Untersuchungsgebietes. Ein Layer entspricht einer thematischen Karte (siehe Def. 1). Abbildung 2 zeigt das Layer-Konzept anhand eines Beispiels.

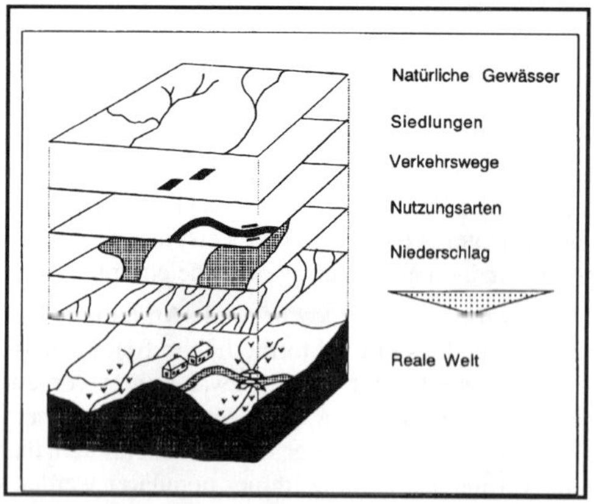

Abbildung 2: Veranschaulichung des Layer-Konzepts (aus [BF 91])

Definition 1: Sei mit $\cap$ der reguläre Schnitt bezeichnet [Til 80] und sei T die Menge der thematischen Attributswerte der thematischen Karte M, dann ist M wie folgt definiert:

$$M = \{ t = (t.G, t.A) \mid t.G \text{ ist ein Geo-Objekt}, t.A \in T \} ,$$

$$\text{wobei } t_1 \in M, t_2 \in M, t_1 \neq t_2 \Rightarrow t_1.G \cap t_2.G = \varnothing$$

Die zweite Organisationsform identifiziert die einzelnen Geo-Objekte eines geographischen Gebiets und speichert sie gemeinsam in einer Datenbasis, d.h. die Objekte sind einem einzigen Layer zugeordnet, wobei die dritte Dimension die vertikale Ausdehnung der Welt repräsentieren kann. Diese objekt-orientierte Strukturierung entspricht eher dem menschlichen Wahrnehmen und Denken.

Beide Organisationsformen haben individuelle Vor- und Nachteile. Um nicht eine von beiden favorisieren zu müssen, haben wir unsere Geo-Architektur so entworfen, daß beide Organisationsformen unterstützt werden (vgl. Kapitel 6).

2.1.2 Geo-Objekte und ihre Charakterisierung

Ausgehend von der vorgestellten Modellbildung können wir zusammenfassend feststellen: Die in einem Geo-Datenbanksystem gespeicherten Objekte modellieren einen bestimmten Ausschnitt der Erdoberfläche in bezug auf eine oder mehrere Eigenschaften (Themen). Dementsprechend sind die Objekte durch eine *geometrische Komponente* und eine *thematische Komponente* charakterisiert. Während die geometrische Komponente Ort und Ausdehnung des durch das Objekt repräsentierten Realitätsbereiches beschreibt, enthält die thematische Komponente eine qualitative oder quantitative thematische Charakterisierung.

Geometrische Komponente

Die geometrische Komponente der Objekte setzt sich im Vektormodell aus den topologischen Grundelementen der Ebene, dem *Punkt*, der *Linie* und der *Fläche* zusammen. Für die Bezeichnungen der einzelnen Geo-Objekte gibt es keine standardisierte Terminologie. In der Literatur werden häufig Synonyme verwendet. Daher wollen wir die im weiteren verwendeten Begriffe kurz erläutern.

Punkte sind 0-dimensionale Geo-Objekte, die Positionen im Raum spezifizieren. Punkte lassen sich einfach unter Angabe ihrer Koordinaten bezogen auf ein gegebenes Koordinatensystem (räumliches Referenzsystem) beschreiben. Im Vektormodell ist der Punkt der Träger der geometrischen Information. Die höherdimensionalen Geo-Objekte (Linien, Flächen usw.) bauen auf dem Punkt auf. In Geo-Datenbanksystemen kann ein Punkt eine Reihe semantischer Bedeutungen haben. Er kann ein trigonometrischer Punkt, ein Polygonpunkt, ein Detailpunkt, ein photogrammetrischer Punkt, ein digitalisierter Punkt, ein konstruierter Punkt, usw. sein (vgl. [Bar 88]). Eine wichtige Bedeutung kommt dem Punkt in topologischer Hinsicht zu. *Knotenpunkte* beschreiben topologische Verbindungen oder Endpunkte.

Linienartige Gebilde sind 1-dimensionale Geo-Objekte. Wenn zwei Punkte geradlinig miteinander verbunden sind, bezeichnet man dies als Kante. Falls die Verbindung nicht geradlinig ist, spricht man von einer Linie. Eine Linie kann als Spline-Kurve oder durch eine polynomielle Funktion definiert sein. Eine zusammenhängende, schnittfreie Menge von Kanten oder Linien bezeichnen wir im folgenden als *Linienzug*, wobei bis auf den Start- und Endpunkt in jedem Punkt des Linienzugs genau zwei Kanten oder Linien münden. Falls ausschließlich Kanten verwendet werden, sprechen wir auch von einem *Polygonzug*. Ein Ring ergibt sich, wenn der Linienzug geschlossen ist.

Zweidimensionale Geo-Objekte sind begrenzte, einfach zusammenhängende Gebilde. Der Darstellung flächiger Objekte kommt in Geo-Datenbanksystemen sehr große Bedeutung zu; auf sie wollen wir uns in dieser Arbeit konzentrieren. Für unsere Geo-Architektur sind *einfache Polygone mit Löchern (EPL)* die Objektklasse zur Flächenmodellierung. Ein EPL besteht aus einem einfachen, d.h. nicht-selbstüberlappenden Polygon, aus dem einfache Polygone als Löcher herausgeschnitten sein können (siehe Abb. 3). Die Klasse der EPL ist für geographische Anwendungen gut geeignet. Sie erlaubt eine Flächenbeschreibung in beliebiger Genauigkeit und berücksichtigt explizit die in geographischen Gegebenheiten häufig auftretenden "Lochbereiche" wie Seen oder Enklaven.

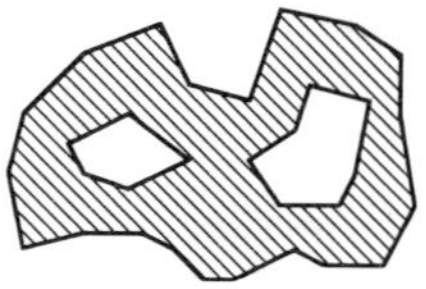

Abbildung 3: Einfaches Polygon mit Löchern

Prinzipiell können alle topologischen Beziehungen zwischen Geo-Objekten aus der geometrischen Darstellung abgeleitet werden. Aus Effizienz-, Konsistenz- oder Darstellungsgründen ist es dennoch häufig notwendig, die Topologie explizit mit Graphen zu modellieren. Beispielsweise spielt bei der Analyse von Transportwegen zwischen verschiedenen Geo-Objekten die räumliche Position und die Verbindung der Objekte die dominierende Rolle. Die Objekte selbst können als 0-dimensionale Knotenpunkte betrachtet werden. Die Verbindungen zwischen den Knoten können gewichtet sein z.B. mit der Weglänge oder abstrakter mit Transportkosten. Eine genauere Erörterung von Graphen erübrigt sich an dieser Stelle, denn sie werden im Bereich der Graphentheorie ausführlichst diskutiert. Ihre Bedeutung für Geo-Datenbanksysteme sind u.a. in [LT 92], [Bar 88] oder [Bur 86] beschrieben. Weiterführende Untersuchungen und interessante Architekturvorschläge zur effizienten Anfragebearbeitung auf Graphen sind in der Literatur zu finden. Güting stellt in [Güt 91] einen interessanten Ansatz zur effizienten Repräsentation von Graphen in Geo-Datenbanksystemen vor.

Thematische Komponente

Die thematische Komponente eines Objektes charakterisiert den durch seine Geo-Komponente modellierten Realitätsausschnitt in bezug auf ein oder mehrere Themen qualitativ bzw. quantitativ, z.B. Flächennutzung oder Niederschlagsmenge. Dazu finden im allgemeinen einfache Zahlen oder Zeichenketten Verwendung, die in ihrer Kombination einen Attributsvektor (Tupel) bilden.

Objektbegriff

Die zu entwickelnde Speicher- und Zugriffsarchitektur für Geo-Datenbanksysteme soll in der Lage sein, Mengen von Geo-Objekten bestehend aus geometrischer (Punkt, Linienzug und EPL) und thematischer Komponente (Vektor einfacher Datentypen) zu verwalten. Abbildung 4 gibt ein Beispiel. Topologische Beziehungen zwischen den Geo-Objekten sind in unserer Geo-Architektur implizit über die Geometrie gespeichert. Explizite Modellierungen räumlicher Beziehungen können über Graphen können integriert werden. Die geeignete Repräsentation von Graphen in Geo-Datenbanksystemen ist eine eigene, komplexe Problemstellung, auf die in der vorliegenden Arbeit nicht weiter eingegangen wird. Es sei auf [Güt 91] verwiesen.

Abbildung 4: Karte europäischer Verwaltungsbezirke modelliert als Menge von EPL

Thematische und geometrische Komponenten erfordern eine völlig unterschiedliche Handhabung durch die Geo-Architektur. Für die Verwaltung von Vektoren einfacher Datentypen (Tupel) existiert in relationalen Datenbanksystemen eine Vielzahl erprobter und effizienter Datenstrukturen und Algorithmen. Demgegenüber erfordert die Organisation der Geo-Komponente neuartige Strukturen, die in der Lage sind, die beliebig komplexe geometrische Beschreibung so zu verwalten, daß Anfragen, die sich auf Lage und Geometrie der Objekte beziehen, möglichst effizient bearbeitet werden können.

Neben diesen grundsätzlichen Eigenschaften der Geo-Objekte sind für den Entwurf der Architektur zwei weitere Aspekte von entscheidender Bedeutung: einerseits eine möglichst genaue Charakterisierung der Objekte aus realen Anwendungen und andererseits eine Spezifikation der auf den Objektmengen auszuführenden Anfragen und Operationen.

Charakteristika von Geo-Objekten

Eine allgemeingültige Beschreibung der Objektmengen, wie sie in Geo-Datenbanksystemen auftreten, läßt sich nicht angeben. Zu unterschiedlich sind die Anforderungen aus dem breiten Spektrum geographischer Anwendungen. Eine grobe grundsätzliche Charakterisierung in bezug auf Komplexität und Variabilität der Daten ist aber möglich.

- Anzahl der Objekte und Datenvolumen

  Die Anzahl der Objekte in einem Geo-Datenbanksystem hängt sehr stark vom Anwendungsbereich ab, für den sie entworfen wurde sowie von den Eigenschaften des modellierten Ausschnittes der Erdoberfläche. Nach [Fra 91a] und [Cra 90] treten in realen Anwendungen Objektmengen mit einer Größe bis zu 10^9 Datensätzen auf. Beim Datenvolumen ist mit bis zu einem TerraByte zu rechnen. Die zu entwickelnde Geo-Architektur muß in der Lage sein, derartige Datenvolumina (auf dem Sekundärspeicher) zu verwalten.

- Variabilität in Objekten und Mengen

  Daten in realen geographischen Anwendungen zeichnen sich durch eine sehr große Variabilität der Objekte und Objektmengen aus [Fra 91a]. Dies bezieht sich vorrangig auf:

- *Objektausdehnung*
  Sie variiert nach [Fra 91a] in einer Spanne von $1 : 10^6$, wobei die größten Objekte den gesamten Datenraum umfassen können.
- *Objektform*
  Die Form der Geo-Objekte mit wenigen Parameter zu beschreiben oder durch eine Kennzahl zu spezifizieren, ist ein schwieriges Unterfangen, aber hilfreich, um die Formkomplexität von Daten aus verschiedenen Quellen quantifizierbar und vergleichbar zu machen. In Abschnitt 2.1.3 unterbreiten wir dazu einen Vorschlag.
- *Speicherplatzbedarf*
  In der World Data Bank II [GC 87] beispielsweise variiert der Speicherplatzbedarf von Polygonen innerhalb einer Spanne von 0,5 KB bis über 1,1 GB.
- *Verteilung der Objekte in der Ebene*
  Die Anzahl der Objekte pro Flächeneinheit (Dichte) variiert in realen Anwendungen nach [Fra 91a] in einer Spanne von $1 : 10^4$.
- *Zeitliche Veränderung*
  Geo-Objekte verändern ihre Form und ihre Lage über die Zeit hinweg.

Insbesondere ist zu beachten, daß es prinzipiell weder für die Objektausdehnung, die Komplexität der Objektstruktur, den Speicherplatzbedarf noch die Dichte der Objekte Obergrenzen gibt. Bei Auswahl bzw. Entwicklung von Datenstrukturen und Algorithmen für eine Geo-Architektur ist dies zu beachten.

Dauerhafte Speicherung des Datenbestandes in schwach dynamischer Umgebung

Die Erfassung des Datenbestandes eines Geo-Datenbanksystems ist ungleich aufwendiger als bei Standardsystemen im betriebswirtschaftlich-administrativen Bereich. Als Datenbasis liegen oft Tausende von Papierkarten vor, die aufwendig digitalisiert und nahtlos in eine Gesamtdatenbank integriert werden müssen. Dieses weitgehend manuelle Vorgehen ist eine Quelle von Ungenauigkeiten und Inkonsistenzen, die durch aufwendige Konsistenzprüfungen auf der Datenbank entdeckt und beseitigt werden müssen. Eine weitere Quelle geometrischer Daten sind Satellitenaufnahmen von der Erdoberfläche, die aufbereitet und in das Vektorformat konvertiert werden. Insgesamt macht die Datengewinnung und Konsistenzerhaltung ca. 80% der Betriebskosten eines Geo-Datenbanksystems aus [Arn 90].

Ist der Datenbestand einmal erfaßt, so wird er persistent gespeichert und langfristig genutzt. Dabei bleiben die Daten im allgemeinen jedoch nicht statisch, sondern unterliegen noch Veränderungen durch die nachträgliche Korrektur von Fehlern oder Inkonsistenzen bzw. durch Veränderungen im modellierten Weltausschnitt. Insgesamt ist der Datenbestand als schwach dynamisch zu charakterisieren.

Die aufgeführten Merkmale der Geo-Objekte und die in Abschnitt 2.2 beschriebenen Anfragen und Operationen bilden gemeinsam eine Art Anforderungsdefinition für die zu entwickelnde Speicher- und Zugriffsarchitektur.

2.1.3 Beschreibungsmodell von Geo-Objekten

Im vorangegangenen Abschnitt sind wir kurz auf die Variabilität und Komplexität von Geo-Objekten eingegangen. Ziel dieses Abschnitts ist es, Mengen von Geo-Objekten mit einer kleinen Zahl von Parameter quantitativ und qualitativ zu beschreiben, um sie zu vergleichen und ihre wichtigsten Charakteristika kompakt und signifikant darzustellen. Dabei konzentrieren wir uns auf die Klasse der einfachen Polygone mit Löchern.

Aussagekräftige Parameter, die die Eingangsdaten beschreiben, sind hilfreich, um standardisierte Benchmarks zu entwickeln und um das Leistungsverhalten von Datenstrukturen vorherzusagen [Kri 89]. Dies beeinflußt nicht nur den Entwurf und die Auswahl geeigneter Datenstrukturen, sondern erlaubt auch Schätzungen über die Bearbeitungszeit von Anfragen und Operationen. Solche Informationen können dann in die Anfrageoptimierung eingehen ([Buc 90], [Ooi 91]).

Obwohl der Nutzen und die Notwendigkeit eines Beschreibungsmodells für Geo-Objektmengen auf der Hand liegt, wurden in der Literatur nur wenige Anstrengungen unternommen, ein solches zu entwickeln. Ansätze sind in [Fra 91a] und [Ooi 91] zu finden. Ausgehend von einer systematischen Aufarbeitung dieses Themas ist in [Bra 92] ein graphikorientiertes Analyse-Tool vorgestellt, mit dem Mengen von Geo-Objekten sowohl automatisch als auch interaktiv analysiert werden können. Unser Beschreibungsmodell basiert auf den in [Bra 92] gewonnenen Ergebnissen und Beobachtungen bei der Untersuchung verschiedener Parameter. Dort ist auch eine vollständige Aufstellung und Klassifizierung aller objektbeschreibenden Parameter zu finden.

Eine Hauptforderung an ein Beschreibungsmodell besteht in einer hohen Informationsverdichtung und in der Redundanzfreiheit der verwendeten Parameter. Die kompakte und signifikante Beschreibung der Ausgangsobjekte muß durch einen knappen Parametersatz gewonnen werden. Im folgenden werden wir einen Parametersatz vorstellen, der diese Forderungen erfüllt. Seine Eignung für Geo-Datenbanksysteme werden wir anschließend anhand realer Geo-Objektmengen evaluieren.

Parametersatz des Beschreibungsmodells einer Menge von Polygonen mit Löchern:

Da wir Objektmengen beschreiben wollen, ist es sinnvoll, bei manchen Parameter statistische Größen wie Minimum, Maximum, Mittelwert und Varianz zu bestimmen. Solche Parameter sind mit * gekennzeichnet. Wir haben insgesamt 10 Parameter ausgewählt, die wir in vier Klassen unterscheiden:

1. Mengenspezifische Parameter:
    - Anzahl der Objekte
    - Überlappung
2. Strukturparameter:
    - Anzahl der Eckpunkte *
    - Fläche *
    - Umfang *
3. Formparameter:
    - Shape-Faktor *
    - Rectangular-Shape-Faktor
    - Quiescence *
4. Lageparameter:
    - Ausrichtung
    - Verteilung

Die Parameter #Objekte, #Eckpunkte, Fläche und Umfang sind selbsterklärend und die Überlappung definiert sich als die Summe der Schnittflächen zwischen allen Objekten. Form- und Lageparameter bedürfen aber näherer Betrachtung, eingehender Motivation und exakter Definition.

Formparameter:

Im Gegensatz zu den übrigen Parametern, die quantitativ meßbar sind, handelt es sich bei den Formbeschreibungen weitgehend um qualitative Aussagen. Dies bedingt eine weit größere Bandbreite an vorstellbaren und sinnvollen Parametern, die dazu noch extrem von den Ausgangsdaten und dem angestrebten Aussagegehalt abhängen. Beispielsweise macht die Aussage, daß alle Objekte rechte Winkel besitzen, bei achsenparallelen Rechtecken wenig Sinn, bei einfachen Polygonen dagegen ist dies eine signifikante Beschreibung der Form. Die Auswahl und Gewichtung der Parameter läßt sich folglich nicht allgemein fassen. Vielmehr sollte ein Formmodell gegenüber Erweiterungen und Veränderungen in seiner Struktur offen sein.

Zur Beschreibung der Form eines Polygons können verschiedene Parameter hinzugezogen werden. Einem Menschen fallen bei der Betrachtung eines Polygons leicht beschreibende Attribute ein, wie verästelt, rund, eckig, elliptisch und viele andere. Diese qualitativen und somit unscharfen Begriffe müssen präzisiert werden. Dies erfolgt durch Messung quantitativer Parameter der Geo-Objekte, die zu Kennzahlen komprimiert und kombiniert werden.

1. Shape-Faktor

Zur Ermittlung eines Formparameters bieten sich Approximationen mit einer kleinen Zahl von Beschreibungsparametern an, die sensitiv auf die Form und Ausdehnung des Objektes reagieren. Approximationen wie das minimal umgebende Rechteck oder die minimal umgebende Ellipse stellen geeignete Kandidaten (siehe Abb. 5) dar, da sie translations- und rotationsinvariant sind. Der *Shape-Faktor*$_{Rec}$ ist als das Verhältnis von Länge zu Breite des minimal umgebenden Rechtecks definiert und der *Shape-Faktor*$_{Ell}$ beschreibt das Verhältnis von längerer zu kürzerer Halbachse. Somit liegen die Werte der Shape-Faktoren im Bereich [0,1]. Quadratische Objekte besitzen demnach einen Shape-Faktor$_{Rec}$ von 1, je gestreckter das Objekt ist, desto stärkert nähert sich der Faktor dem Wert 0 an. Da auf jedem der vier Begrenzungskanten des Rechtecks mindestens ein Polygonpunkt liegt, beschreibt das Rechteck die Ausdehnung des Polygons sehr genau, während die Ellipse das Objekt weiter umfaßt, da ihre Begrenzungslinie nicht geradlinig ist. Mit der Ellipse wird ein eher formbetonter Shape-Faktor berechnet.

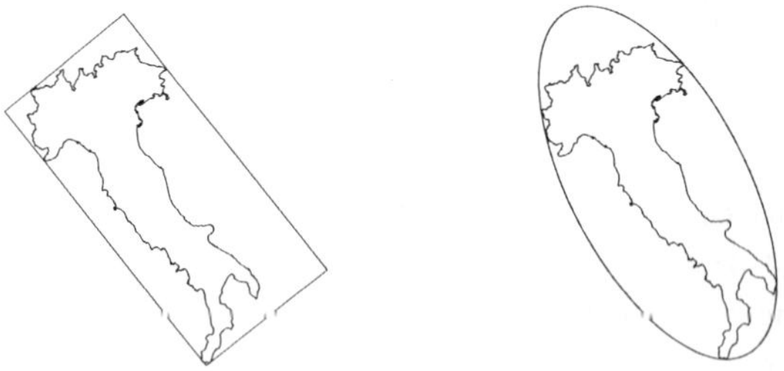

Abbildung 5: Approximation mit dem minimal umgebenden Rechteck und der Ellipse

2. Rectangular-Shape-Faktor

Intuitiv klassifiziert man Objekte mit Adjektiven, wie kreisförmig, quadratisch, rechteckig oder elliptisch. Um dies formal zu fassen haben wir den Rectangular-Shape-Faktor eingeführt. Jedes Objekt der Menge wird sowohl mit dem Rechteck als auch mit der Ellipse approximiert. Dabei werden die Fehlflächen miteinander verglichen, wobei die Fehlfläche als das Verhältnis von Approximationsfläche zur Polygonfläche definiert ist. Der prozentuale Anteil der Objekte, deren Rechtecksapproximation eine geringere Fehlfläche aufweist als die Ellipsenapproximation, definiert den Rectangular-Shape-Faktor (RSF). Je näher RSF an 100% liegt, desto rechteckiger ist die Objektmenge.

3. Quiescence

Die Ausdehnung der Polygone ist durch die Shape-Faktoren beschrieben. Betrachtet man die Form unabhängig von der Ausdehnung, bilden die konvexen Polygone die einfachste Polygonklasse. Der in [Bra 92] entwickelte Parameter Quiescence quantifiziert nun die Abweichung des Polygons von seiner konvexen Hülle. Lediglich konvexen Polygonen ist eine Quiescence von Null zugeordnet. Die Quiescence setzt sich aus den drei Einzelparameter *Dither*, *Umfangsabnahme* und *Flächendifferenz* zusammen, die zu einer einzigen Kennzahl komprimiert werden.

a) Dither (Zittrigkeit)

Ein *Notch* beschreibt eine Stelle der Inkonvexität eines Polygons. Zur Ermittlung eines Notch betrachtet man drei aufeinanderfolgende Eckpunkte eines Objekts. Man nutzt die Wohldefiniertheit des Inneren und ermittelt den Innenwinkel der zwei verbindenden Kanten. Ist dieser größer als 180°, liegt ein Notch vor. Die maximale Anzahl von Notches, die in einem Objekt auftreten kann, hängt offensichtlich von der Anzahl der Eckpunkte n des Ausgangsobjekts ab und ist kleiner gleich (n - 3).

Plausibilitätsbetrachtung: Das einfache Polygon mit der geringsten Eckpunktzahl ist per definitionem das Dreieck. Dieses ist notwendig konvex und hat somit keine Notches. Aus dem Dreieck (n=3) konstruiert man nun sukzessive Polygone mit (n+1) Ecken, indem man eine Kante des Polygons so ersetzt, daß stets zwei neue entstehen, die ein Notch bilden. Dieser Vorgang, der in Abbildung 6 veranschaulicht ist, läßt sich rekursiv beliebig fortsetzen.

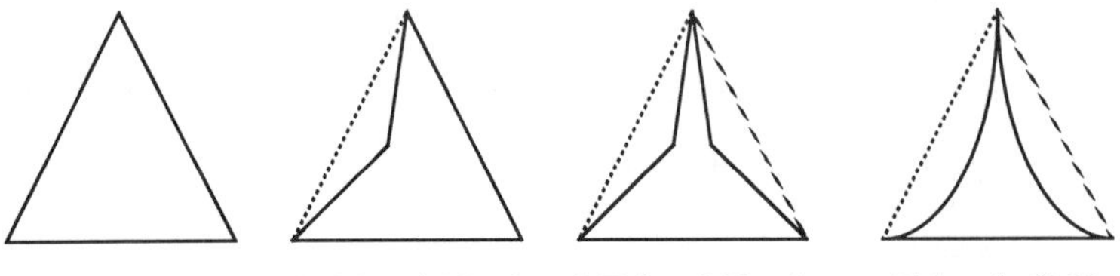

3-Eck = 0 Notches 4-Eck = 1 Notch 5-Ech = 2 Notches n-Eck = (n-3) Notches

Abbildung 6: Konstruktion eines Polygons mit maximaler Anzahl an Notches.

Bei einem Polygon, das keine Notches besitzt, handelt es sich also um ein konvexes Polygon. Ein n-Eck, welches (n-3) Notches aufweist, besitzt mindestens eine Reihe aufeinanderfolgender Notches, die somit ausgeprägt konkav sind. Normiert man die Notches durch

$$notches_{norm} \rightarrow \#notches / (n-3)$$

erhält man eine Abbildung auf den Wertebereich [0,1]. Intuitiv läßt sich formulieren, daß komplexe Polygone keine glatte Objektbegrenzung besitzen, sondern in hohen Maße unruhig sind, sie “zittern”. Die maximale Anzahl der Richtungsänderungen ergibt sich offensichtlich bei (n/2) Notches. Strebt $notches_{norm}$ gegen 1, besitzen die Polygone einen eher glatten und ausgeprägt konkaven Objektrand.

Die Berechnung des Dither erfolgt in Abhängigkeit von $notches_{norm}$. Liegt dieser Wert nahe bei 0, ist das Objekt ausgeprägt konvex, gegen 1 zeichnet es sich durch eine starke Konkavität aus. In beiden Fällen ist die Zittrigkeit des Polygons als gering einzustufen. Die maximale Anzahl der Richtungsänderungen ist dann vorhanden, wenn sich eine Konkavität regelmäßig mit einer Konvexität abwechselt. In diesem Fall sind die Hälfte der möglichen Notches vorhanden ist, also der Wert $notches_{norm}$ ist gleich 0,5. Weiterhin soll ein glockenförmiger Verlauf angestrebt werden, der Wendepunkte zwischen den Minima und dem Maximum besitzt. Notwendig ist also eine Transformation der $notches_{norm}$ in den Wert Dither, wobei die Transformationsfunktion folgende Bedingungen erfüllen muß:

- Wertebereich [0,1]
- $f(0) = f(1) = 0$;
- bei $f(0,5) = 1$ haben wir das Maximum
- symmetrische Funktion um das Maximum.

Der Ansatz für diese Funktion ist ein Polynom vierten Grades $ax^4 + bx^2 + c = 0$. Die Funktion $f(x) := 16(x-0,5)^4 - 8(x-0,5)^2 + 1$ erfüllt alle unsere Bedingungen. Wir erhalten somit

$$Dither := f(notches_{norm}).$$

b) Relative Umfangsabnahme der konvexen Hülle zum Polygon

Der bisherige Parameter Dither betrachtetet Aspekte der Zittrigkeit. Ein quantitatives Maß, das die Mäanderform des Polygons wiederspiegelt, findet man in der relativen Abnahme des Umfangs der konvexen Hülle gegenüber dem Objektrand wieder. Dies läßt sich leicht motivieren, indem man die möglichen Verbindungen zweier Punkte durch Streckenzüge betrachtet. Eine Gerade stellt die “einfachste” Verbindung zweier Punkte dar, während ein beliebig gezackter - und langer - Streckenzug einer komplexen Verbindung entspricht. Wir definieren somit:

$$\text{Umfangsabnahme} := (\text{Umfang(Polygon)} - \text{Umfang(konvexe Hülle)}) / \text{Umfang(Polygon)}$$

Wobei Umfang(*P*) die Summe der euklidischen Abstände zwischen allen aufeinanderfolgenden Eckpunkten eines Polygons *P* darstellt. Handelt es sich um ein konvexes Objekt, beträgt die Abnahme offensichtlich 0. Die Werte liegen um so näher an 1, je komplexer die Objekte werden.

c) Relative Flächendifferenz von konvexer Hülle und Polygon

Eine quantitative Angabe der Konvexität eines Objektes läßt sich in der Flächendifferenz zwischen der Polygonfläche und der Fläche der konvexen Hülle finden.

$$\text{Fläche}_{diff} := (\text{Fläche(konvexe Hülle)} - \text{Fläche(Polygon)}) / \text{Fläche(konvexe Hülle)}$$

Bei konvexen Polygonen ist demnach $\text{Fläche}_{diff} = 0$. Je stärker die Fläche des Polygons von seiner Hülle abweicht, sich also von seiner Konvexität entfernt, desto näher liegt der Wert bei 1. Die Fläche alleine korreliert allerdings nicht so stark mit der intuitiven Komplexität wie die relative Umfangsabnahme. Zum Beispiel besitzen extrem einfach gestaltete, lange gewinkelte Polygone eine große Einbuchtung und somit eine große Inkonvexität. Die Flächenabweichung zur konvexen Hülle ist prozentual gesehen sehr hoch, das Polygon hat aber eine relativ einfache Form (siehe Abb. 7).

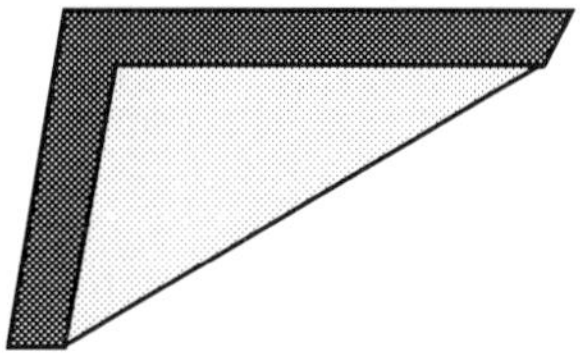

Abbildung 7: Einfaches Polygon mit hoher relativer Flächendifferenz

Dieses Beispiel macht deutlich, daß nur in Zusammenhang mit einer hohen relativen Umfangsabnahme und Zittrigkeit des Objektes die relative Fehlfläche $Fläche_{diff}$ einen aussagekräftigen, quantitativen Beitrag zur Kennzahl der Quiescence eines Polygons liefert.

Die Einzelparameter beleuchten verschiedene Aspekte der Form eines Objektes. Interessant ist eine weitere komprimierte Beschreibung der intuitiv faßbaren Formkomplexität der Objekte in einer Kennzahl, die nicht nur innerhalb einer Anzahl von Objekten eine definierte Ordnung beschreibt, sondern auch absolut eine Klassifizierung ermöglicht. Der Parameter Quiescence faßt die drei Parameter Dither, Umfangsabnahme und Flächendifferenz in gewichteter Form zusammen. Der Einzelparameter, der am stärksten mit der optisch faßbaren Komplexität korreliert, ist die relative Umfangsabnahme. Je komplexer das Objekt wird, desto ausgeprägter verformt sich der Objektrand und umso stärker nimmt die Länge gegenüber der konvexen Hülle zu. Allerdings besitzen regelmäßige mäander- oder spiralförmige Objekte einen hohen relativen Umfangszuwachs, obwohl sie intuitiv nicht komplex bewertet werden. Der Grad der Zittrigkeit, der sich durch die Zahl der Richtungsänderungen ausdrückt, muß also ebenfalls für eine komprimierte Kennzahl beachtet werden. Notwendig ist daher eine direkte Kopplung der Umfangsabnahme an den Dither, um eine qualitativ fundierte Aussage zu gewinnen. Denn nur wenn ein Objekt beide Bedingungen erfüllt, ist von einer hohen qualitativen und quantitativen Formkomplexität auszugehen. Die relative Flächendifferenz wird nur unterstützend gewertet, da auch sehr einfache Polygone eine hohe Flächendifferenz aufweisen können (siehe Abb. 7). Daher sind die Parameter Dither und Umfangsabnahme wesentlich stärker zu gewichten als die Flächendifferenz. Empirisch hat sich das Verhältnis 8:2 als sinnvoll erwiesen. Insgesamt definieren wir somit die Quiescence eines Polygons wie folgt:

$$\text{Quiescence} := (8*(\text{Umfangsabnahme}*\text{Dither}) + 2*\text{Flächendifferenz}) / 10$$

Alle Eingangsparameter sind auf den Wertebereich [0,1] normiert und somit auch die Quiescence. Um auch einen visuellen Eindruck unseres Formparameters zu vermitteln, zeigt Abbildung 8 vier Gemeinden aus Baden-Württemberg mit verschiedenen Werten des Parameters Quiescence.

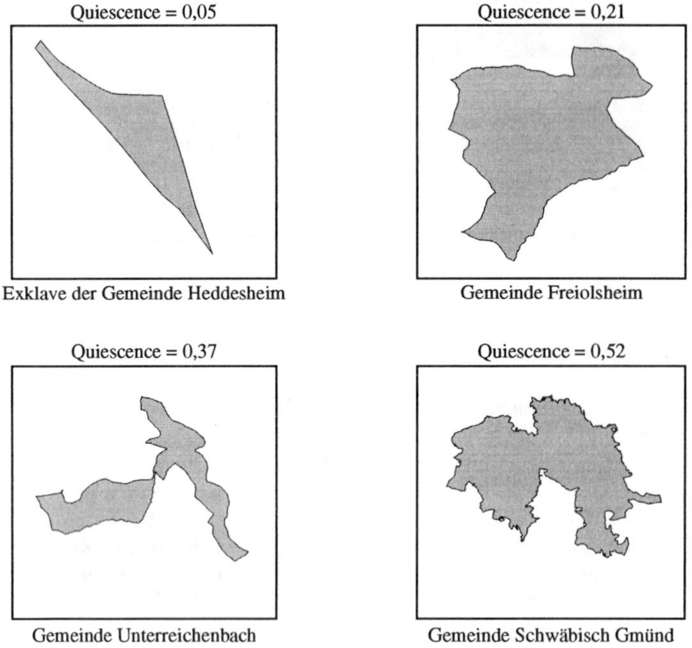

Abbildung 8: Reale Geo-Objekte und ihre Quiescence

Lageparameter

Um die *Ausrichtung* eines Objektes festzustellen, verwenden wir die Lagewinkel des minimal umgebenden Rechtecks und der Ellipse. Zur Berechnung des Winkels wurde die längere Kante des Rechtecks bzw. die dominierende Hauptachse der Ellipse ermittelt und die daraus errechnete Gerade mit der x-Achse geschnitten. Somit läßt sich der Bereich von 0 bis π eindeutig erfassen.

Da man in geographischen Anwendungen daran interessiert ist wie sich die Datenmengen im Raum verteilen, beziehen wir den Parameter *Verteilung* nicht auf die Geo-Objekte selbst, sondern auf die Verteilung der Digitalisierungspunkte. Somit werden unterschiedliche Digitalisierungsdichten berücksichtigt. Unser Parameter Verteilung wird beschrieben, indem man den Datenraum mit einem orthogonalen, äquidistanten Gitter überzieht und die Digitalisierungspunkte pro Gitterzelle zählt. Dabei wird jedes Objekt für sich betrachtet, d.h. die Digitalisierungspunkte von Grenzlinienzügen werden doppelt gezählt. In der Literatur sind auch andere Verteilungsmaße vorgeschlagen (vgl. u.a. [SG 90], [Ooi 91] und [Bra 92]), aber nach unseren Erfahrungen erscheint der vorgestellte Verteilungsparameter für geographische Anwendungen geeigneter.

2.1.4 Anwendung des Beschreibungsmodells auf reale Geo-Daten

Um die Aussagekraft und Realitätsnähe der ausgewählten Parameter zu überprüfen, untersuchen wir reale geographische Daten. Dazu verwenden wir einfache Polygone mit Löchern aus unterschiedlichen realen Karten. Damit Bewertungen möglichst allgemeingültig sind, stammen die Karten aus verschiedenen Quellen und haben unterschiedliche Auflösungen. In den Daten befinden sich sowohl natürliche Objekte wie Inseln und Seen als auch administrative Flächen wie Regierungsbezirke. In Tabelle 1 sind die Charakteristika dieser Karten aufgeführt. n ist die Anzahl der Polygone in der Karte, $m_{\varnothing}$ ist die durchschnittliche Zahl von Polygonpunkten, m_{min} und m_{max} die minimal bzw. maximal auftretende Zahl von Eckpunkten eines Polygons. Eine Darstellung der Karten findet man in Abbildung 9. Bei den Realdaten, die uns zugänglich waren, ist als Besonderheit zu nennen, daß sich die Geo-Objekte nicht überlappen.

Karte	n	$m_{\varnothing}$	m_{min}	m_{max}	Quelle
Afrikanische Länder (Afrika)	104	2769	28	16324	[GC 87]
Seen und Inseln in Afrika (Seen & Inseln)	1253	120	5	9106	[GC 87]
Bezirke von Baden-Württemberg (BW)	1315	572	6	3104	[Lan 91]
Regierungsbezirke in Europa (Europa)	809	84	4	869	[Sta 90]

Tabelle 1: Charakteristika der untersuchten Karten

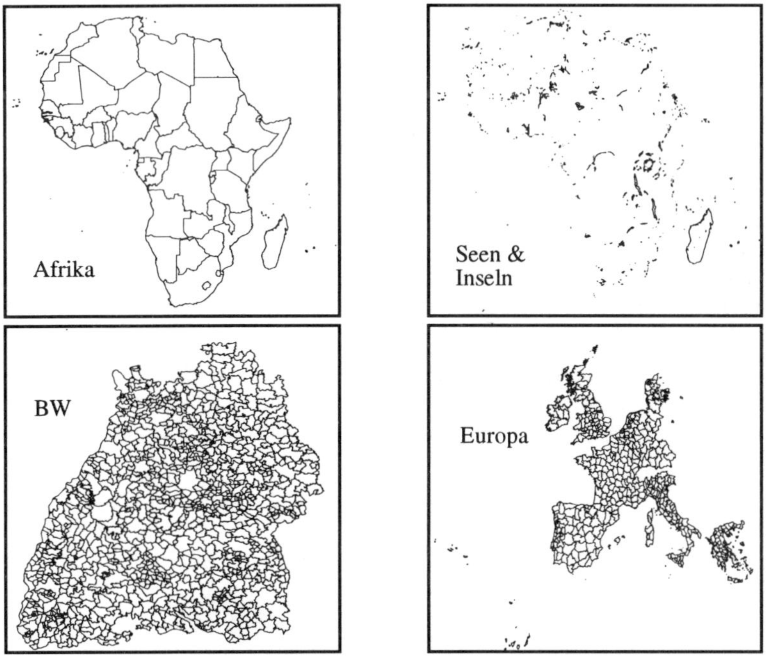

Abbildung 9: Darstellung der untersuchten Karten

Strukturelle Parameter:

In den Abbildungen 10, 11 und 12 haben wir die Verteilungen der strukturellen Parameter Punktanzahl, Fläche und Umfang für die vier Karten veranschaulicht. Neben den gängigen statistischen Auswertungen wie minimaler (*min*) und maximaler (*max*) Wert, Mittelwert (μ) und Standardabweichung (σ) haben wir die Parameterverteilung auch graphisch visualisiert. Dazu sind auf der x-Achse die einzelnen Geo-Objekte einer Karte aufgetragen, wobei sie aufsteigend nach dem analysierten Parameterwert sortiert sind. Der Maximalwert der x-Achse entspricht somit der Anzahl der Objekte in einer Karte. Zur Orientierung haben wir zu jedem Kartennamen die in dieser Karte vorhandene Zahl an Objekten vermerkt und die x-Achse in eine Zehnerskala eingeteilt. Der Sortierung in x-Richtung entsprechend haben wir die y-Achse auf das Minimum und Maximum der Parameter normiert und ebenfalls eine Zehnerskala gewählt. Der y-Wert 0 entspricht bei der gewählten Normierung dem minimalen Parameterwert und der y-Wert 10 dem maximalen Parameterwert. Die verschiedenen Charakteristika der einzelnen Karten sind mit dieser Darstellung auf einen Blick faßbar und können visuell miteinander verglichen werden.

Die so aufgearbeiteten Analyseergebnisse besitzen eine kompakte Darstellung und erlauben eine ganze Reihe von Interpretationen. Die wichtigsten und aussagekräftigsten Ergebnisse lauten:

- Die Werte der strukturellen Parameter haben bei den untersuchten Daten einen exponentiellen Verlauf.
- Die Ausprägung des exponentiellen Verlaufs der Parameterkurven unterscheidet sich für die verschiedenen Karten signifikant.
- Die Punktanzahlen variieren innerhalb einer Karte sehr stark, wobei in der Karte Afrika die größten Punkteanzahlen zu finden sind. Der Maximalwert von 16.324 und der Mittelwert von 2.764 übersteigt die Werte der anderen Karten deutlich. Die Karte BW hat die gleichmäßigsten Punkteanzahlen, während in der Karte Seen & Inseln nur einige wenige extrem hohe Werte vorkommen, während über 95% der Objekte weniger als ein Zehntel des Maximalwerts haben.
- Die Parameterkurven für Punktanzahl, Fläche und Umfang haben für die einzelnen Karten einen äußerst ähnlichen Verlauf. Da aber die Geo-Objekte für die einzelnen Parameter verschieden sortiert sein können, kann aus den dargestellten Kurvenverläufen noch nicht auf eine Korrelation zwischen den einzelnen Parametern geschlossen werden. In [Bra 92] ist aber nachgewiesen, daß tatsächlich eine signifikant hohe Korrelation zwischen den strukturellen Parametern vorliegt, vor allem zwischen Umfang und Anzahl der Digitalisierungspunkte.

Die schon erwähnte hohe Variabilität von Geo-Daten wird durch die Analyse der strukturellen Parameter Punktanzahl, Fläche und Umfang realer geographischer Daten eindrucksvoll bestätigt. Die in den Abbildungen verwendete Darstellungsform visualisiert und beschreibt diese Variabilität in kompakter Art und Weise.

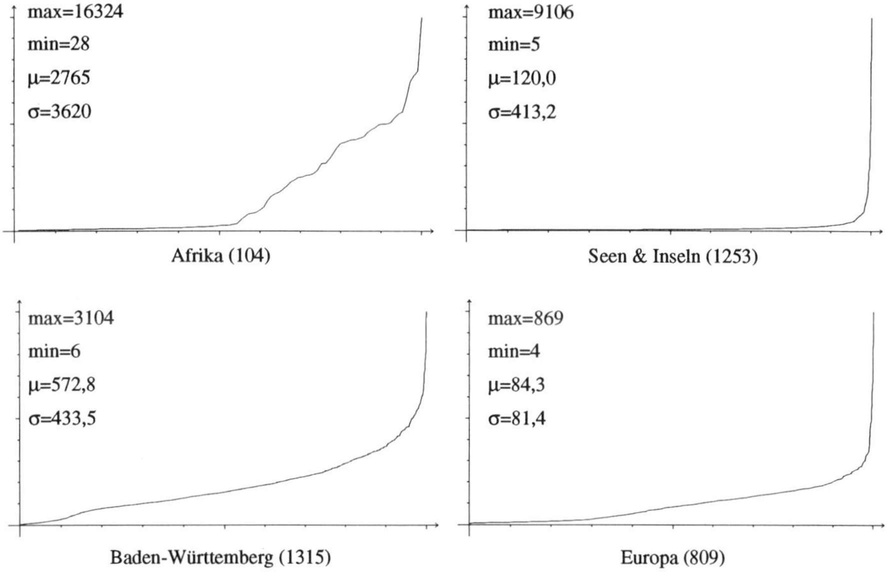

Abbildung 10: Verteilung der Punktanzahl

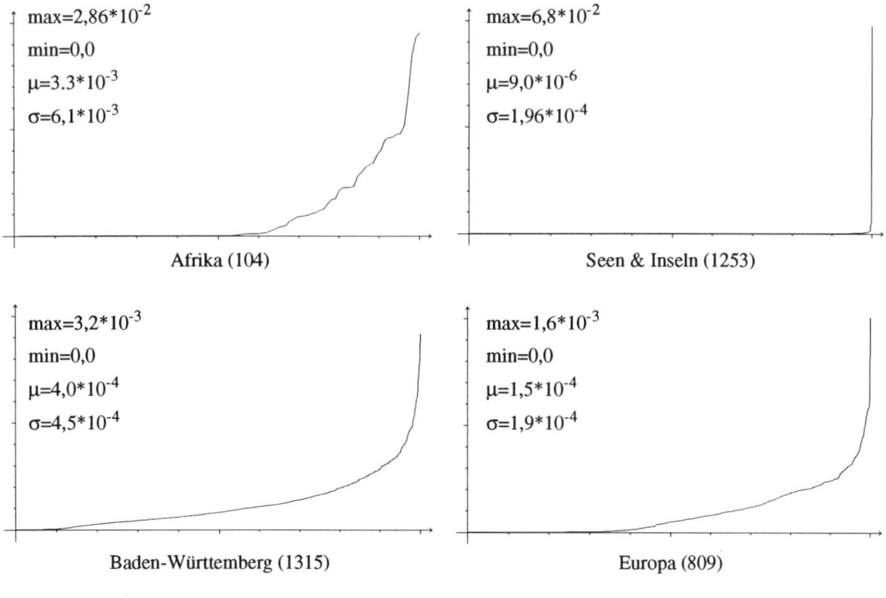

Abbildung 11: Verteilung der Flächen

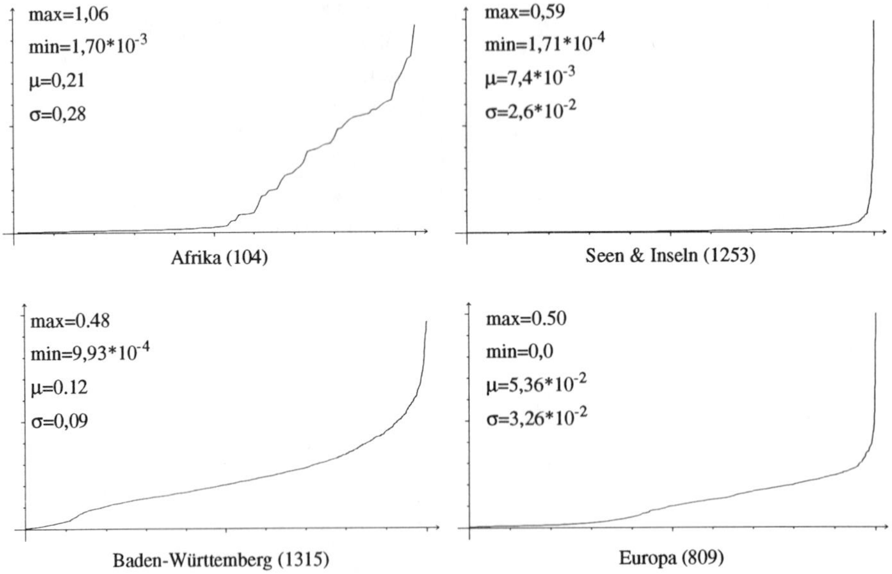

Abbildung 12: Verteilung der Umfänge

Formparameter:

In Tabelle 2 präsentieren wir den Shape-Faktor$_{Rec}$ und den Shape Faktor$_{Ell}$, indem wir für beide Minimum (*min*), Maximum (*max*), Mittelwert (μ) und Standardabweichung (σ) angeben, während der Rectangular-Shape-Faktor durch den prozentualen Anteil an der Gesamtanzahl der Objekte normiert ist. Die Quiescence (siehe Abb. 13) ist analog zu den strukturellen Parametern visualisiert, mit dem einzigen Unterschied, daß wir aufgrund der Normierung der Quiescence auf [0,1] auch für die y-Achse diesen Wertebereich gewählt haben. Somit können die Kurven der verschiedenen Karten direkt miteinander verglichen werden.

	Shape-Faktor$_{Rec}$				Shape-Faktor$_{Ell}$				Rectangular-Shape-Faktor in %
	min	max	μ	σ	min	max	μ	σ	
Afrika	0,11	0,99	0,63	0,22	0,06	0,96	0,62	0,20	61,5
Seen & Inseln	0,06	1,00	0,50	0,21	0,06	0,99	0,51	0,19	56,7
BW	0,18	1,00	0,68	0,18	0,17	0,97	0,66	0,15	62,0
Europa	0,08	1,00	0,62	0,20	0,09	0,98	0,61	0,17	62,8

Tabelle 2: Shape-Faktoren

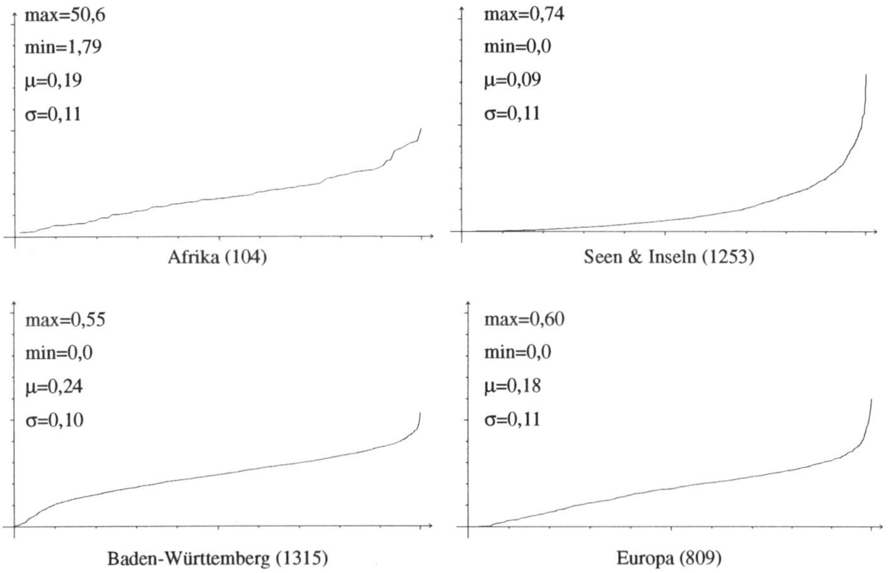

Abbildung 13: Quiescence

Betrachtet man Tabelle 2 und Abbildung 13 im Detail, sind eine Fülle von interessanten Analyseergebnissen zu erkennen. Bei den untersuchten Objekten konnten keine Degenerierungen in der Ausdehnung festgestellt werden. Dies bestätigte sowohl die Rechtecks- als auch die Ellipsenapproximation. Es existiert eine untere Grenze der Shape-Faktoren von 0,06, d.h. ein Längenverhältnis von 1:17 der Hauptachsen der Ellipse bzw. der Begrenzungskanten des Rechtecks wird nicht unterschritten. Im Durchschnitt haben wir ein Verhältnis von 1:1,6 ermittelt. Die natürlichen Objekte in der Karte Seen & Inseln haben die komplexesten Shape-Faktoren, während sich die Objekte in BW durch eine kompakte und eher quadratische Form auszeichnen. Die analysierten Geo-Objekte weisen tendenziell eine eher rechteckige Form auf (vgl. Rectangular-Shape-Faktor in Tabelle 2).

Um auch die Komplexität der Form unabhängig von der Ausdehnung zu vergleichen, ist in Abbildung 13 der Verlauf unseres Parameters Quiescence veranschaulicht. In der Literatur wird die Komplexität der Objektform meist nur qualitativ anhand von Abbildungen veranschaulicht, dagegen stellt der von uns entwickelte Parameter ein quantitatives Maß zur Verfügung. Wir können somit quantitativ bestätigen, daß die Formkomplexität der Geo-Objekte eine hohe Variabilität aufweist. Bei unseren Analysen ergaben sich signifikante Unterschiede zwischen den einzelnen Karten:

- Die Karte BW enthält im Durchschnitt die komplexesten Objekte.
- Die Karte Seen & Inseln zeichnet sich dadurch aus, daß in ihr zum einen sehr viele einfache Objekte zu finden sind und zum anderen einige extrem komplexe.
- In der Karte Europa erkennt man eine fast gleichmäßige Verteilung der Quiescence zwischen 0,0 und 0,35. Lediglich an den Extrema sind einige Abweichungen zu

finden. 5% der Objekte sind konvex, haben also eine Quiescence von 0, und einige wenige Objekte weisen eine extrem hohe Quiescence auf.

- Die Länder in der Karte Afrika weisen eine gleichverteilte Quiescence zwischen 0,02 und 0,35 auf. Lediglich 5% formkomplexe Objekte sind vorhanden.

Vergleicht man diese Ergebnisse mit dem optischen Eindruck bei Betrachtung der Geo-Objekte in den einzelnen Karten (siehe Abb. 9), zeigt sich, daß die in [Bra 92] entwickelte Kennzahl geeignet ist, die Formkomplexität geographischer Objekte zu quantifizieren.

Lageparameter:

Bei der Ausrichtung der Geo-Objekte in der Ebene sind bei der untersuchten Datenbasis keine Besonderheiten vorhanden. Es existieren keine Häufungen bestimmter ausgezeichneter Richtungen (vgl. Tabelle 3 und [Bra 92]). Wesentlich interessantere Ergebnisse können wir bei der Analyse der Verteilungen der Digitalisierungspunkte präsentieren. Abbildung 14 stellt unseren Verteilungsparameter graphisch dar. Für jede Karte haben wir vermerkt, wieviel Prozent der 256 Gitterzellen überhaupt einen Digitalisierungspunkt enthalten. Nur die gefüllten Zellen sind auf der x-Achse aufgetragen, wobei die Zellen nach Punktanzahl aufsteigend sortiert sind. In der Karte Europa sind die meisten ungefüllten Zellen zu finden (63,7%), während die Karte BW (70,3%) am gleichmäßigsten gefüllt ist. Als wichtigstes Ergebnis bleibt festzuhalten, daß die Digitalisierungspunkte in allen Karten extrem ungleichmäßig verteilt sind und starke Clusterbildungen auftreten. Beispielsweise gibt es in der Karte Afrika eine Zelle mit 10.563 Digitalisierungspunkten, wobei der Mittelwert bei 2.304 liegt und die Standardabweichung bei 2002. Ein nicht erwartetes Ergebnis stellt das Fehlen von Plateaus bei den Kurvenverläufen dar. Somit ist nachgewiesen, daß es in den untersuchten Karten keine größere Zahl von Zellen gibt, die die gleiche Anzahl von Digitalisierungspunkten umfassen.

	Rechteck				Ellipse			
	min	max	μ	σ	min	max	μ	σ
Afrika	$1{,}1*10^{-4}$	3,14	1,46	0,84	$9{,}7*10^{-2}$	3,14	1,49	0,81
Seen & Inseln	0,0	3,14	1,43	0,87	$1{,}6*10^{-3}$	3,14	1,44	0,86
BW	$7{,}6*10^{-4}$	3,14	1,59	1,04	$3{,}0*10^{-3}$	3,14	1,63	1,09
Europa	$8{,}6*10^{-4}$	3,14	1,56	0,85	$1{,}3*10^{-2}$	3,14	1,54	0,82

Tabelle 3: Ausrichtung der Polygone im Raum (von $[0,\pi]$)

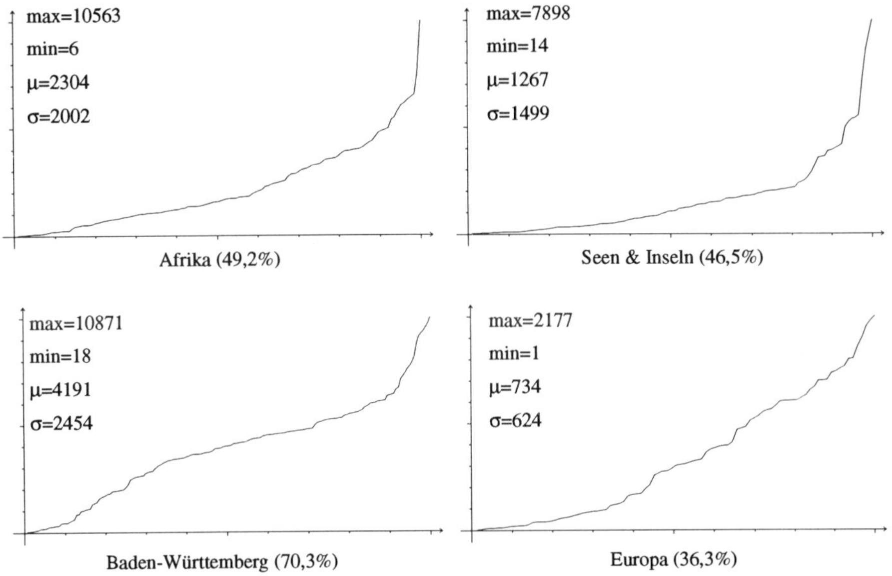

Abbildung 14: Verteilung der Digitalisierungspunkte im Raum

Detailliertere Analysen und Interpretationen sowie eine eingehende Betrachtung zu Korrelationen zwischen den untersuchten Parameter sind in [Bra 92] zu finden.

2.2 Anfragen und Operationen in einem Geo-Datenbanksystem

Aufgrund der sehr unterschiedlichen Anwendungssituationen, in denen Geo-Datenbanksysteme eingesetzt werden, ist es nicht möglich, einen standardisierten Satz von Anfragen und Operationen anzugeben, der allen Anforderungen genügt [SV 89]. In [Rom 90] findet man eine formale Spezifikation einer großen Klasse von Operationen. Wir unternehmen keinen weiteren Versuch einer vollständigen und formalen Beschreibung von Anfragen und Operationen in Geo-Datenbanksystemen. Statt dessen geben wir 4 Basis-Operationsklassen mit jeweils typischen Vertretern an, die aufgrund unserer Erfahrungen auf diesem Gebiet auf jeden Fall durch die Geo-Architektur unterstützt werden sollen. Dabei beschränken wir uns auf die Betrachtung der geometrischen Komponente. Anfragen und Operationen auf der Thematik (Attributsvektor), die man von den Standard-Datenbanksystemen kennt, werden nicht weiter erörtert.

2.2.1 Modifikationen

Analog zu Standard-Datenbanksystemen stehen in einem Geo-Datenbanksystem Operationen zur Verfügung, die Datensätze zur Datenbank hinzufügen, sie löschen oder modifizieren. Da Geo-Objekte sehr komplex werden können und Veränderungen sich häufig nur auf lokale Bereiche beziehen, sollte die Speicher- und Zugriffsarchitektur so entworfen werden, daß lokale Modifikationen in der Geometrie effizient unterstützt werden.

2.2.2 Räumliche Selektionen

Bei den räumlichen Selektionen werden Objekte anhand ihrer räumlichen Lage und Ausdehnung aus einer Menge von Objekten selektiert.

- *Ortsbezogene Selektion: Punktanfragen*
  Für einen gegebenen Anfrageort (Punkt) P und eine gegebene Objektmenge M liefert eine Punktanfrage *(Point Query)* alle Objekte aus M, die sich am Ort P befinden, die P also geometrisch enthalten (siehe Abb. 15a).
- *Bereichsbezogene Selektion: räumliche Bereichsanfragen*
  Für eine gegebene polygonale Anfrageregion R und eine gegebene Objektmenge M liefert die *Region Query* alle Objekte aus M, die die Anfrageregion R schneiden. Ein Spezialfall der Region Query ist die *Window Query*, bei der die Anfrageregion durch ein achsenparalleles Rechteck gebildet wird (siehe Abb. 15b). Die *Containment Query* liefert alle Objekte aus M, die vollständig in der Anfrageregion R liegen, und die *Enclosure Query* liefert alle Objekte aus M, die die Anfrageregion R vollständig umschließen.

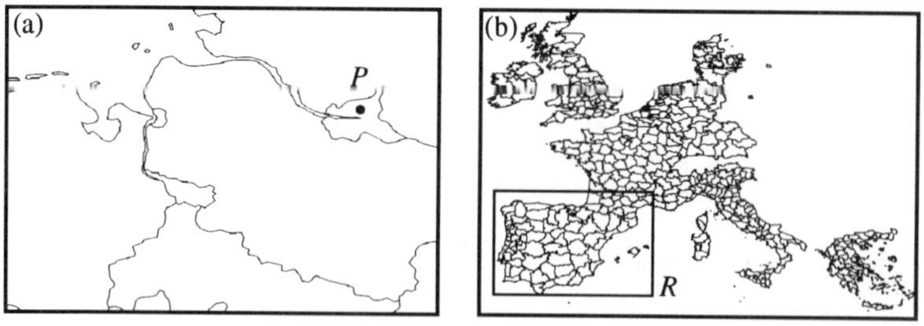

Abbildung 15: Beispiele für ortsbezogene und bereichsbezogene Selektion

- *Nearest Neighbor Query*
  Für ein gegebenes Anfrageobjekt (Punkt, Linienzug, EPL) O und eine gegebene Objektmenge M liefert eine Nearest Neighbor Query alle Objekte aus M, die den kürzesten Abstand zum Objekt O haben.

2.2.3 Kombinationen

- *Geometrische Operationen*
  Die effiziente Berechnung der Differenz, der Vereinigung und des Schnittes von einfachen Polygonen mit Löchern ist sowohl eine notwendige Aufgabe in Geo-Datenbanksystemen als auch ein herausforderndes Problem [LT 92].
- *Spatial Join*
  Die räumliche Join-Operation liefert für zwei Objektmengen A und B alle Paare $(a, b), a \in A, b \in B$, deren geometrische Komponenten sich schneiden. Für jedes Objekt $a \in A$ sind also gerade die Objekte aus B zu finden, die sich mit a überlappen. Für die effiziente Ausführung des Spatial Joins ist ein geometrisch selektiver Zugriff auf die Objekte notwendig.
- *Map Overlay*
  Der Map Overlay ist eine der wichtigsten Operationen in einem Geo-Informationssystem [Bur 86]. Er kombiniert zwei (oder mehr) Mengen von Geo-Objekten. Diese Verknüpfung wird über eine Overlay-Funktion gesteuert, die bestimmt, welche Schnittobjekte in welcher Form zur Ergebnismenge gehören. Der Map Overlay basiert somit auf dem Spatial Join. Zusätzlich zum Spatial Join müssen die tatsächlichen Schnittobjekte zwischen zwei Ausgangsobjekten berechnet oder benachbarte Objekte, die die gleiche Thematik besitzen, miteinander verschmolzen werden [KBS 91a].

Die Begriffe Spatial Join und Map Overlay werden mitunter in der Literatur unklar und widersprüchlich verwendet. Daher haben wir im folgenden einige Definitionen erstellt (vgl. auch [See 91]). Mengen über einen Typ T werden in den Definitionen durch T^* bezeichnet.

Basisdefinitionen

Die betrachtete Objektklasse besteht aus einfachen Polygonen mit Löchern (EPL). Im folgenden sei O die Menge der einfachen Polygone mit Löchern. Jedes einfache Polygon mit Löchern besitzt einen *eindeutigen Bezeichner* aus der Menge ID. Die Funktion Id: $O \rightarrow ID$ liefert den Bezeichner des einfachen Polygons mit Löchern. Wie im Relationenmodell Tupel Relationen zugeordnet sind, werden einfache Polygone mit Löchern zu Karten (siehe Def. 1) zusammengefaßt. Eine Karte K ist Element der Menge O^*. Die Polygone einer Karte sind disjunkt zueinander (genauer: $(o_1, o_2 \in O, Id(o_1) \neq Id(o_2)) \Rightarrow (o_1 \cap o_2 = \emptyset)$, wobei $\cap$ den regulären Schnitt bezeichnet).

Definition 2: ID Spatial Join

Gegeben seien zwei Karten $K_1, K_2 \in O^*$. Der

ID Spatial Join: $O^* \times O^* \rightarrow (ID \times ID)^*$
$(K_1, K_2) \rightarrow R$

liefert dann:

$R = \{ (id_1, id_2) \mid id_1 = Id(o_1), id_2 = Id(o_2), o_1 \in K_1, o_2 \in K_2, o_1 \overline{\cap} o_2 = true \}$

wobei $\overline{\cap} : O \times O \rightarrow \{ true, false \}$ ein Prädikat ist, das feststellt, ob sich zwei einfache Polygone mit Löchern regulär schneiden.

Definition 3: ID Map Overlay

Der *Map Overlay* ist eine Verallgemeinerung des Spatial Joins (vergleichbar mit dem allgemeinen und dem natürlichen Join aus der Relationenalgebra). PR sei die Menge von Prädikaten p: $O \times O \rightarrow \{ \text{true}, \text{false} \}$. Beispiele für solche Prädikate sind der Test auf Schnitt, Gleichheit oder Enthaltensein. Gegeben seien zwei Karten $K_1, K_2 \in O^*$. Der

ID Map Overlay: $O^* \times O^* \times PR \rightarrow (ID \times ID)^*$
$(K_1, K_2, p) \rightarrow R$

liefert dann:

$$R = \{ (id_1,id_2) \mid id_1 = Id(o_1), id_2 = Id(o_2), o_1 \in K_1, o_2 \in K_2, p(o_1,o_2) = \text{true} \}$$

Erweiterte Definitionen

Die erste Erweiterung der Basisdefinitionen besteht in einer Änderung der Ergebnismenge: anstatt Paare von Bezeichnern dort abzulegen, liefern der *Geo Spatial Join* und der *Geo Map Overlay* geometrische Resultate, d.h. Mengen von einfachen Polygonen mit Löchern. *OP* sei die Menge von geometrischen Operationen *op*: $O \times O \rightarrow O^*$, die die Forderung nach Disjunktheit der Objekte einer Karte erfüllen. Daraus ergeben sich folgende Definitionen:

Definition 4: Geo Spatial Join

Geo Spatial Join: $O^* \times O^* \rightarrow O^*$
$(K_1, K_2) \rightarrow K$

$$K = \{ o \mid o_1 \in K_1, o_2 \in K_2, o \in OR \in O^*, OR = o_1 \cap p_2 \neq \emptyset \}$$

Definition 5: Geo Map Overlay

Geo Map Overlay: $O^* \times O^* \times OP \rightarrow O^*$
$(K_1, K_2, op) \rightarrow K$

$$K = \{ o \mid o_1 \in K_1, o_2 \in K_2, o \in OR \in O^*, OR = op(o_1,o_2) \neq \emptyset \}$$

Die Einführung der Menge *OR* ist notwendig, da die Operationen auf den einfachen Polygonen mit Löchern auch mehrere, nichtzusammenhängende Polygone erzeugen können.

Eine noch allgemeinere Definition des Map Overlays findet man in [KBS 91a]. Bei der dortigen Definition wurde (u.a.) berücksichtigt, daß in Geo-Datenbanken in der Regel jeder Fläche auch ein *thematisches Attribut* zugeordnet ist. Die Funktion Attr: $O \rightarrow AT$ liefere das thematische Attribut eines einfachen Polygons mit Löchern. Die *Overlay-Funktion* f: $O \times O \rightarrow AT$ bestimmt das thematische Attribut des Resultat-Polygons; $f \in OF$. Außerdem gebe es ein ausgezeichnetes thematisches Attribut $a \in AT$, das Attribut keines einfachen Polygons mit Löchern einer Karte sei. Dann sieht eine entsprechende Erweiterung der obigen Operationen wie folgt aus:

Definition 6: General Spatial Join

General Spatial Join: $O^* \times O^* \times OF \rightarrow O^*$
$(K_1, K_2, f) \rightarrow K$

$$K = \{ o \mid o_1 \in K_1, o_2 \in K_2, o \in OR \in O^*, OR = o_1 \cap o_2 \neq \emptyset, Attr(o) = f(o_1, o_2) \neq a \}$$

Definition 7: General Map Overlay

General Map Overlay: $O^* \times O^* \times OP \times OF \rightarrow O^*$

$(K_1, K_2, op, f) \rightarrow K$

$$K = \{\ o \mid o_1 \in K_1, o_2 \in K_2, o \in OR \in O^*, OR = op(o_1,o_2) \neq \varnothing, Attr(o) = f\,(o_1, o_2) \neq a\ \}$$

Die bisherigen Definitionen von Spatial Join und Map Overlay beschränken sich auf zwei Karten. Dazu besteht aber inhaltlich kein Grund. Für den *ID / Geo / General Spatial Join** bzw. *ID / Geo / General Map Overlay** gelten die entsprechend erweiterten Definitionen von oben.

2.2.4 Auswertungen

Den Selektionen bzw. Kombinationen bestehender Objektmengen sind innerhalb von Anwendungsprogrammen häufig weitere Verarbeitungsschritte nachgeschaltet. Die dazu notwendigen Operationen und Verfahren richten sich sehr spezifisch nach der jeweiligen Anwendung und sind deshalb nicht selbst Teil einer allgemeinen Speicher- und Zugriffsarchitektur. Grundsätzlich unterscheiden lassen sich aber:

- *Analyse*
  In die Klasse der Analysefunktionen fallen Berechnungen, die auf der geometrischen Komponente der Objekte durchgeführt werden. Typische Vertreter sind z.B. Mittelwertsberechnungen von Fläche oder Umfang von Objekten, Berechnung von Abständen und Wegelängen zwischen Objekten, Berechnungen von Pufferzonen, geometrische Transformationen, Generalisierungen, usw.
- *Visualisierung*
  In vielen Fällen ist eine automatische Analyse eines Datenbestandes nicht möglich, sondern es sind manuelle Zwischenschritte durch den Benutzer zur vollständigen Analyse erforderlich. Dafür ist eine Visualisierung der Daten auf grafischen Ausgabemedien (i.d.R. Bildschirm) erforderlich.

Unsere Aufstellung macht deutlich, daß den räumlichen Selektionen innerhalb der Anfragen und Operationen eine besondere Bedeutung zukommt. Sie sind nicht nur eine eigenständige Anfrageklasse, sondern fungieren auch als wichtigste Basisoperationen. Ihre effiziente Realisierung ist daher notwendige Voraussetzung für ein gutes Leistungsverhalten des gesamten Geo-Datenbanksystems.

2.3 Phasenmodell geometrischer Anfragebearbeitung

Nachdem wir sowohl Objekte als auch Anfragen und Operationen klassifiziert und ihre Charakteristika beschrieben haben, soll jetzt eine Architektur zur Speicherung der Geo-Objekte und zur effizienten Bearbeitung der Anfragen aufgebaut werden. Vorrangige Aufgabe dieser Architektur ist die effiziente Bearbeitung der geometrischen Anfragen und Operationen.

Wie im vorangegangenen Abschnitt beschrieben, sind die räumlichen Selektionen die wichtigsten Basisoperationen bei der Bearbeitung geometrischer Anfragen. Ihre Durchführung läßt sich in verschiedene Schritte einteilen.

Schritt 1: Einschränkung des Datenraumes

Bei räumlichen Selektionen ist es möglich, die Suche nach Objekten auf einen geometrischen Bereich einzuschränken, in dem überhaupt nur Kandidaten liegen können, die die Anfrage erfüllen.

Soll die Einschränkung des Datenraumes möglichst effizient erfolgen, ist der Einsatz von Zugriffspfaden erforderlich, die die Objekte entsprechend ihrer räumlichen Lage und Ausdehnung im Datenraum indizieren und schnell zugreifbar machen. Alle Objekte, die eine Anfrage erfüllen, liegen wegen der geometrischen Selektivität stets auch räumlich benachbart zueinander. Um einen effizienten Objektzugriff zu unterstützen, sollten räumlich nahe beieinanderliegende Objekte daher durch den Zugriffspfad auch möglichst physisch nahe beieinander gespeichert werden, d.h. geclustert werden.

Wegen der bereits beschriebenen Komplexität der Geo-Objekte ist es nicht möglich, über die vollständige Ausdehnungsinformation der Objekte zu indizieren. Ein Zugriffspfad kann daher auch nicht das exakte Ergebnis einer Anfrage liefern, sondern nur einen möglichst großen Teil der Objekte sofort von der Ergebnismenge ausschließen. Es verbleibt eine Menge von Kandidaten, die in der Ergebnismenge liegen können und an Schritt 2 der Anfragebearbeitung weitergeleitet werden.

Schritt 2: Genauere Untersuchung der Objekte

In Schritt 2 der Anfragebearbeitung werden die Kandidaten daraufhin untersucht, ob sie die Anfrage tatsächlich erfüllen. Dazu ist die Auswertung eines geometrischen Prädikates wie z.B. das Enthaltensein eines Punktes im Objekt, das Überschneiden mit einem Rechteck o.ä. zu überprüfen. Ganz analog zu Schritt 1 der Anfragebearbeitung können dabei verschiedene Teilschritte unterschieden werden. Zunächst wird die Untersuchung des Objektes auf die für den Test notwendigen lokalen Teile beschränkt. Abbildung 16 zeigt dazu ein Beispiel: Um zu entscheiden, ob das Anfragefenster den 'Voltasee' schneidet, ist nur dessen nordwestliche Spitze näher zu untersuchen.

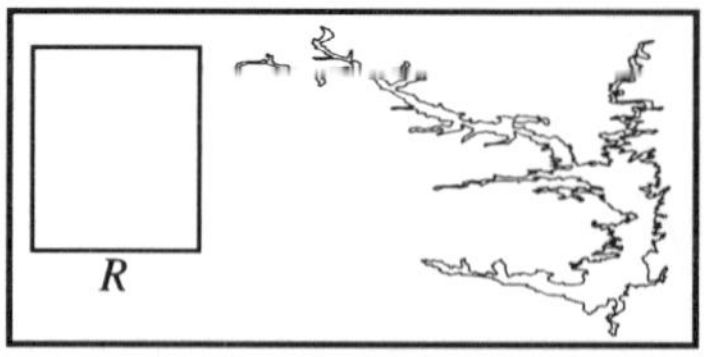

Abbildung 16: Test eines Anfragebereichs gegen den Voltasee

Wegen der Komplexität der Objekte einerseits und der geometrischen Selektivität der Anfragen andererseits ist es sinnvoll, die komplexen Objekte lokal zu strukturieren und die entstehenden Strukturelemente bezüglich ihrer Lage und Ausdehnung räumlich zu organisieren. Auf den für die jeweilige Anfrage tatsächlich relevanten Objektteilen wird dann der geometrische Test durchgeführt. Dazu kommen Verfahren aus dem Gebiet der algorithmischen Geometrie zum Einsatz, die schließlich entscheiden, ob ein Objekt die Anfrage tatsächlich erfüllt oder nicht.

Schritt 3: Ausgabe des Objektes zur Weiterverarbeitung

Ist ein Objekt als Teil des Ergebnisses identifiziert, so muß es möglichst schnell als Gesamtobjekt verfügbar gemacht werden, z.B. um weiterverarbeitet zu werden. Dies macht eine physisch zusammenhängende Speicherung aller zum Objekt gehörenden Teile erforderlich, die durch eine spezielle Speicherungsorganisation realisiert werden muß.

In den nächsten Kapiteln werden wir detailliert beschreiben, mit welchen Konzepten und Verfahren dieses Phasenmodell effizient unterstützt werden kann. Kapitel 6 stellt dann unsere Geo-Architektur vor, in der die mehrstufige Anfragebearbeitung integraler Bestandteil ist.

3 Approximation von Geo-Objekten

Die ersten Abschnitte dieses Kapitels zeigen auf, warum die Approximation von Geo-Objekten für eine effiziente Anfragebearbeitung in Geo-Datenbanksystemen ein unverzichtbares Konzept ist. Ausgehend von dieser Beobachtung wird ein neuer Ansatz, mit dem die Effizienz der approximationsbasierten Anfragebearbeitung in Geo-Datenbanksystemen gesteigert werden kann, entwickelt und vorgestellt.

In Geo-Datenbanksystemen ist eine große Zahl von Objekten - bei integrierten Daten bis zu mehreren Millionen - zu verwalten und persistent zu speichern (vgl. [Cra 90] und [Wid 91]). Deshalb sind Geo-Objekte auf Hintergrundspeichern (Sekundärspeichern) abgelegt. Wie aus Abschnitt 2.2 deutlich wurde, lassen sich Anfragen in Geo-Datenbanksystemen durch ihre hohe geometrische Selektivität charakterisieren. So ist die Suche derjenigen Objekte, die sich in der Nähe eines Punktes der Ebene befinden, die Basis der meisten Geo-Anfragen. Um diesen hochgradig selektiven Suchprozeß wirksam zu unterstützen, ist eine Vereinfachung der Komplexität der Objektgeometrie durch Approximation eine grundlegende Idee.

Der zusätzliche Verwaltungs- und Speicheraufwand für eine approximative Repräsentation der Objekte amortisiert sich bei der Anfragebearbeitung in mehrfacher Hinsicht:

- Geo-Anfragen, bei denen lediglich ein Schätzwert für die Antwortmenge interessiert, können rasch mittels Approximation beantwortet werden. Die Güte der Approximation (vgl. Def. 8) legt dabei die Qualität des Schätzwertes fest.
- Aufgrund der Vereinfachung der Objektgeometrie können geometrische Operationen und Vergleiche effizienter durchgeführt werden. Beispielsweise kann ein Punkt-in-Objekt-Test auf Approximationen um Größenordnungen schneller als auf der exakten Darstellung der Geo-Objekte berechnet werden.
- Zur Repräsentation der Approximationen wird im Vergleich zur exakten Darstellung der Objekte wesentlich weniger Speicherplatz benötigt. Somit kann bei einer Geo-Anfrage eine bedeutend höhere Zahl an Objekten sowohl im Hauptspeicher bearbeitet werden, als auch vom Hintergrundspeicher in den Hauptspeicher pro Transfereinheit übertragen werden. Dies steigert die Effizienz der Anfragebearbeitung, da seltener auf den Hintergrundspeicher zugegriffen werden muß.
- Eine sequentielle Anfragebearbeitung von Geo-Objekten ist ineffizient und kann nur durch Einsatz räumlicher Datenstrukturen vermieden werden. Die in der Literatur vorgeschlagenen Datenstrukturen können lediglich Approximationen von Geo-Objekten effizient verwalten (vgl. [Kri 91a]).

3.1 Klassifikation von Approximationen

Drei Klassen von Approximationen lassen sich unterscheiden:

- konservative Approximation
- progressive Approximation
- generalisierende Approximation

Eine *konservative* Approximation ist dadurch charakterisiert, daß jeder Objektpunkt auch von der Approximation überdeckt wird. Entsprechend ist ein Objekt *progressiv* approximiert, wenn die Punktmenge der Approximation eine Teilmenge der Punktmenge des Objektes ist. Bei der *generalisierenden* Approximation wird versucht, die Kontur der Objekte zu vereinfachen (z.B. durch Verwendung einer geringeren Zahl an Stützpunkten). Im allgemeinen besteht keine topologische

Beziehung zwischen der generalisierenden Approximation und dem Originalobjekt, d.h. das Objekt wird weder von der Approximation vollständig überdeckt noch ist die Approximation vollständig im Objekt enthalten (siehe Abb. 17).

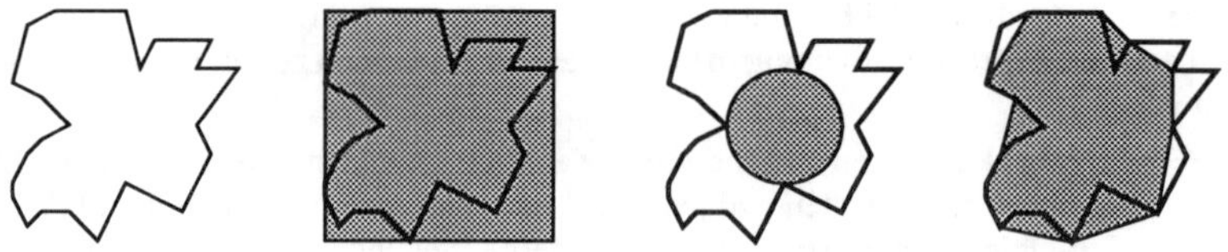

Objekt konservativ progressiv generalisierend

Abbildung 17: Visualisierung der verschiedenen Approximationsklassen

Neben diesen qualitativen Unterschieden kann die Abweichung der Approximation vom Originalobjekt auch quantifiziert werden. Abstandsmaße zwischen Polygonen sind in der Literatur ausführlich diskutiert. Beispielsweise werden in [AB 92] die Hausdorff-Metrik, die Fréchet-Metrik und die Symmetrische Differenz als Maßzahl verwendet und untersucht. Diese Abstandsmaße sind geeignet, um die Formähnlichkeit zwischen Polygonen zu quantifizieren. Da bei der Anfragebearbeitung in Geo-Datenbanksystemen aber die Formähnlichkeit von Approximation und Originalobjekt nicht von entscheidender Bedeutung ist, sondern vielmehr die Fehlfläche zwischen den beiden (vgl. [Kri 91a]), wird in dieser Arbeit die Flächenabweichung der Approximation vom Originalobjekt als *Approximationsgüte* bezeichnet. Die exakte Definition lautet wie folgt:

Definition 8: Die Approximationsgüte eines Geo-Objektes O ist gegeben durch

$$G_{Appr} = \frac{F(O) + F(O \setminus Appr[O]) + F(Appr[O] \setminus O)}{F(O)} \times 100\%$$

F bezeichnet die Fläche eines Geo-Objektes, *Appr* ist eine beliebige Approximation und das Symbol '\' entspricht der geometrischen Differenz. Im Zähler wird die Fläche des Objektes, die Flächen der Abweichungen der Approximation ins Innere und in das Äußere des Objektes aufsummiert. Durch Division mit der Fläche des Objektes wird der Wert der Approximationsgüte normiert und ist unabhängig von der Fläche des Ausgangsobjektes. Eine Approximationsgüte von 100% ist nur dann gegeben, wenn die Approximation mit dem Ausgangsobjekt identisch ist. Eine Approximationsgüte von $c \geq 100\%$ beschreibt eine (c-100)% Abweichung der Approximationsfläche von der Fläche des Ausgangsobjektes.

In der Literatur (vgl. [Nie 89], [Wid 91], [Kri 91a]) werden die Begriffe *Container-Approximation* bzw. *Kernel-Approximation* verwendet, falls eine einzige Komponente das Objekt konservativ bzw. progressiv approximiert. Ein Geo-Objekt kann aber auch durch eine Menge von Komponenten konservativ bzw. progressiv approximiert werden (*mengenorientierte Approximation*), wobei sich die Mengen von disjunkten und nichtdisjunkten Approximationskomponenten unterscheiden lassen. Der Mengenansatz bietet die Möglichkeit, die Güte einer Approximation zu verbessern, benötigt im allgemeinen aber einen höheren Speicherbedarf. Zusätzlich verursacht eine mengenorientierte Approximation einen erhöhten Verwaltungsaufwand bei der Anfragebearbeitung, denn mehrere Approximationskomponenten verweisen auf ein Objekt. Diese Mehrfachverweise bringen einen Redundanzeffekt mit sich, der bei der Bearbeitung von Geo-Anfragen ausgefiltert werden muß. In [Kri 91a] und [KHS 91] ist die Problematik der Mehrfachverweise ausführlich beschrieben.

Bei konservativen, nichtdisjunkten, mengenorientierten Approximationen, die in [Cha 88] und [Fra 89] diskutiert werden, lassen sich zwei Klassen unterscheiden: Die *additive Überdeckung* approximiert das Objekt als die Vereinigung der Komponenten, während eine *allgemeine Überdekkung* auch die Differenz von Komponenten zuläßt. Diese nichtdisjunkten Approximationsklassen bieten die Möglichkeit, mit sehr wenigen Komponenten eine hohe Approximationsgüte zu erzielen. Als Nebeneffekt ist aber das Objekt an den Überlappungsstellen einzelner Komponenten redundant approximiert. Durch Überlappung implizierte Redundanz erhöht zwangsläufig den algorithmischen Aufwand bei der Anfragebearbeitung, z.B. wenn der Schnitt von Approximationen berechnet werden soll. Für Anwendungsbereiche, wie z.B. für das Auffinden formähnlicher Objekte [Jag 91], wurden solche Approximationen entworfen und detailliert untersucht. Obwohl grundsätzlich deren Einsatz bei der Anfragebearbeitung in Geo-Datenbanksystemen möglich ist, spricht die zweifache Redundanz aufgrund der Mengenorientierung und der Überlappung dagegen. Diese qualitativen Gegenargumente führen auch zu der Entscheidung, Approximationen, bei denen sich Komponenten überlappen dürfen, in dieser Arbeit nicht weiter zu betrachten.

Ein klassifizierendes Schaubild der beschriebenen Approximationsmöglichkeiten von Geo-Objekten zeigt Abbildung 18, wobei diejenigen Approximationsklassen, die im folgenden detaillierter untersucht werden, hervorgehoben sind.

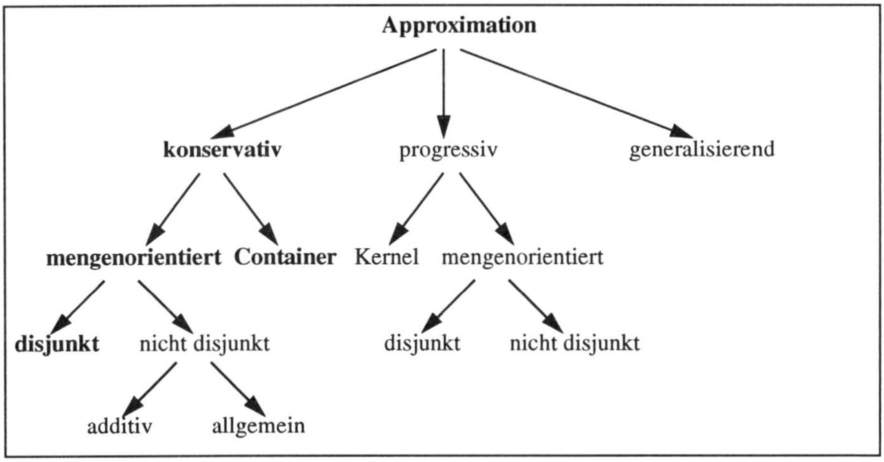

Abbildung 18: Approximationsklassen ausgedehnter Geo-Objekte

Bei Verwendung von Approximationen kann die Anfragebearbeitung nur näherungsweise durchgeführt werden. Falls die Anfrage aber korrekt und nicht nur näherungsweise beantwortet werden soll, ist auf die exakte Repräsentation der Objekte zurückzugreifen. Wünschenswert ist daher, daß die approximative Anfragebearbeitung diesen nachgeschalteten Bearbeitungsschritt unterstützt bzw. vorbereitet. Im allgemeinen sind generalisierende Approximationen unter dieser Zielsetzung nicht einsetzbar, da sie in keiner topologischen Beziehung mit dem Originalobjekt stehen. Bei einigen kartographischen Generalisierungen kann man Schranken für die Abweichung der Approximation vom Original angeben. Würde man die generalisierende Approximation um die bekannte Fehlerschranke vergrößern, könnte man sie als konservativen Container benutzen [Wid 92]. Diese Idee stellt eine weitere interessante Alternative für die approximationsbasierte Anfragebearbeitung in Geo-Datenbanksystemen dar, wird in dieser Arbeit aber mangels entworfener bzw. implementierter Verfahren nicht weiter verfolgt. Weiterführende Literatur zu generalisierenden Approximationen sind z.B. in [Bar 88], [Oos 90] und [BSW 91] zu finden.

Eine progressive Approximation eignet sich nur dann, wenn die Suche häufig erfolgreich verläuft. Denn lediglich falls die Suche nach der progressiven Approximation des Objektes fehlschlägt, muß das exakte Objekt betrachtet werden. Dementsprechend verwendet man konservative Approximationen, wenn die Suche häufig fehlschlägt. In diesem Fall sind lediglich diejenigen Objekte gegen die Anfrage zu testen, die durch die gefundenen konservativen Approximationen repräsentiert werden.

Wie schon in Abschnitt 2.2 erwähnt, zeichnen sich viele Anfragen in Geo-Datenbankanwendungen durch eine starke geometrische Selektivität aus, d.h. eine Anfrage spezifiziert nur einen Teilbereich des gesamten Datenraums. Aus diesem Grund sind konservative Approximationsmethoden für die Anfragebearbeitung in Geo-Datenbanksystemen prädestiniert.

3.2 Konservative Approximationsmethoden

Bei Verwendung konservativer Approximationen läuft die Bearbeitung raumbezogener Anfragen in zwei Schritten ab (vgl. [Ore 89]):

1. Filterschritt
2. Verfeinerungsschritt

Im ersten Schritt, dem sogenannten *Filterschritt*, wird auf der Basis von konservativen Approximationen eine Obermenge der korrekten Antwortmenge geliefert. Diese Obermenge enthält Ergebnisse der Anfrage und potentielle Kandidaten. Im nachgeschalteten *Verfeinerungsschritt* müssen die Kandidaten weiter untersucht werden. Dabei sind für die Kandidaten die exakten Repräsentationen der Objekte zu betrachten und die korrekte Antwortmenge zu ermitteln. Hierbei werden Kandidaten, die nicht zur Antwortmenge der Anfrage gehören (auch als *False Hits* bezeichnet), eliminiert (siehe Abb. 19). Ein Filterschritt ist insbesondere dann angebracht, wenn der erforderliche Verfeinerungsschritt sehr aufwendig ist.

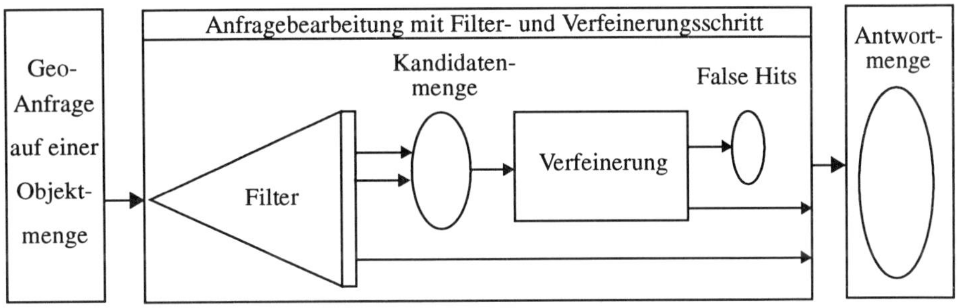

Abbildung 19: Schematischer Ablauf der Anfragebearbeitung auf konservativen Approximationen

Die zweistufige Anfragebearbeitung läßt sich anhand einer Window Query beispielhaft beschreiben. In Abbildung 20 ist eine Menge einfacher Polygone gemeinsam mit ihrer konservativen Approximation durch ein minimal umgebendes, achsenparalleles Rechteck (*Bounding Box*) dargestellt.

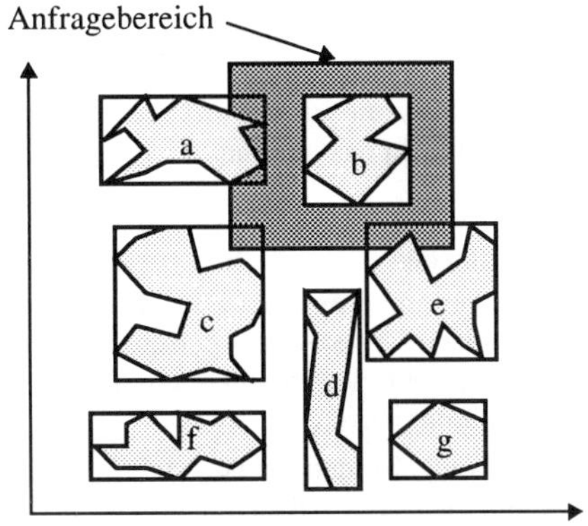

Abbildung 20: Beispiel einer Window Query

Gesucht sind alle Objekte, die den Anfragebereich schneiden. Um diese Anfrage zu beantworten, werden zunächst im Filterschritt alle Bounding Boxes bestimmt, die den Anfragebereich überlappen. Als Ergebnis des Filterschritts werden Objekte geliefert, die in der Antwortmenge der Window Query liegen oder potentielle Kandidaten sind. Im Beispiel sind die Objekte *a* und *b* schon durch den Filterschritt als Ergebnisse identifiziert, während *c* und *e* lediglich Kandidaten sind.

Im anschließenden Verfeinerungsschritt werden sämtliche von Schritt 1 gelieferten Kandidaten daraufhin überprüft, ob sie die Anfrage tatsächlich erfüllen. Bei der Window Query müssen dazu der Anfragebereich und das Kandidaten-Polygon auf Schnitt getestet werden. Nach diesem Verfeinerungsschritt ist neben den Objekten *a* und *b* auch das Objekt *e* als korrekte Antwort der Window Query identifiziert. Anhand dieser Beispielsanfrage wird sichtbar, wie effektiv Approximationen genutzt werden können. Verwendet man im Filterschritt Approximationen mit Bounding Boxes, so müssen bei der Window Query nur solche Objekte im Verfeinerungsschritt überprüft werden, deren Bounding Boxes mindestens einen Eckpunkt des Anfragerechtecks enthalten.

Ein auf den ersten Blick vielversprechender Ansatz besteht darin, die konservative Approximation mit einer progressiven zu kombinieren. Eine Anfrage kann in diesem Fall exakt beantwortet werden, indem lediglich die Differenz der Antwortmengen der konservativen Approximation mit der der progressiven Approximation in einem Verfeinerungsschritt überprüft wird. Im günstigsten Fall ist die Anfrage exakt beantwortet, falls die Antwortmengen beider Approximationen identisch sind. Der Filterschritt auf den konservativen Approximationen ist bei den meisten Geo-Anfragen stark selektiv. Deshalb kann die noch zu testende Kandidatenmenge durch Verwendung einer progressiven Approximation nur marginal verringert werden. Daneben ist eine entscheidende Reduzierung der Kandidatenmenge mit dem progressiven Ansatz nur bei einer hohen Approximationsgüte zu erreichen. Sowohl die konservative als auch die progressive Approximation mit einem einzigen Container kann beliebig schlecht werden, d.h. man kann keine feste, problemunabhängige Schranke für die Güte der Approximation angeben, die nie unterschritten wird. Eine solche untere Schranke für die Approximation ist nur mengenorientiert möglich. Mengenorientierte Approximationen komplexer Geo-Objekte verursachen aber hohe Kosten sowohl hinsichtlich des Verwaltungsaufwands als auch des Speicherbedarfs. Diese qualitativen Beobachtungen lassen den Schluß zu, daß durch eine zusätzliche progressive Approximation der Objekte nur eine geringe bzw. keine Effizienzsteigerung bei der Anfragebearbeitung in Geo-Datenbanksystemen zu erzielen ist.

3.2.1 Approximationen durch Geo-Primitive

Dieser Abschnitt stellt die Approximation durch Geo-Primitive vor. Geo-Primitive zeichnen sich durch ihre einfache geometrische Form und eine kurze Beschreibung konstanter Länge aus. Die wichtigsten Vertreter sind der Kreis, die Ellipse und das achsenparallele Rechteck. Die Güte der Approximation wird optimiert, indem das minimal umgebende Geo-Primitiv berechnet wird.

a) Die Kreis-Approximation

Der Kreis kann durch drei Parameter (x- und y-Koordinate des Kreismittelpunktes und Radius) beschrieben werden. Die Kreis-Approximation eines einfachen Polygons, d.h. der minimal umgebende Kreis, weist als charakteristische Eigenschaften Translationsinvarianz, Rotationsinvarianz und Eindeutigkeit auf, wobei die Eindeutigkeit schon durch höchstens drei Objektpunkte, die auf dem Rand des Kreises liegen, bestimmt ist.

Zur Bestimmung des minimal umgebenden Kreises stellte Megiddo in [Meg 83] einen deterministischen linearen Algorithmus vor. Wir haben für unsere Tests einen effizienten, randomisierten Algorithmus mit einer erwarteten linearen Komplexität verwendet [Wel 91], der auf Seidels linearem Optimierungsalgorithmus [Sei 90] basiert. Ein Vergleich weiterer in der Literatur vorgeschlagener Verfahren ist in [DF 91] zu finden.

b) Die BB-Approximation

Die Bounding Box (BB) ist das kleinste umschließende, achsenparallele Rechteck. Im Gegensatz zu den beiden anderen vorgestellten Geo-Primitiven ist die Bounding Box keine analytische Kurve, sondern ein geradlinig begrenztes Objekt, das durch vier Parameter repräsentiert werden kann. Die Bounding Box wird in der Datenbankliteratur häufig als Approximation gebraucht, wobei mehrere Repräsentationen vorgeschlagen sind: Entweder verwendet man die Koordinaten gegenüberliegender Eckpunkte oder das Zentrum und die Ausdehnung in x- und y-Richtung oder sogar eine Repräsentation mit den Parameter Zentrum, Volumen und Länge der Diagonalen. Die BB-Approximation ist eindeutig und translationsinvariant, aber nicht rotationsinvariant. Sie ist mit einem einfachen linearen Algorithmus zu berechnen, der die minimale und maximale Ausdehnung des Objektes in x- und y-Richtung bestimmt. Zusätzlich kann bei Verzicht auf Achsenparallelität die Approximationsgüte gesteigert werden. Das dann entstehende minimal umgebende Rechteck wird durch die Bounding Box und einen Rotationsparameter repräsentiert. Als weitere Varianten, die die Anzahl der Beschreibungsparameter verringern, können das achsenparallele Quadrat (3 Parameter) oder das gedrehte Quadrat (4 Parameter) verwendet werden.

c) Die Ellipsen-Approximation

Durch eine Rotation und eine Translation kann eine beliebige Ellipse so abgebildet werden, daß die vier Scheitel der Ellipse auf den Achsen liegen. Nach dieser Abbildung ist die Ellipse durch die Gleichung $\frac{x^2}{a^2} + \frac{y^2}{b^2} = 1$ bestimmt. Insgesamt ist also eine beliebige, zweidimensionale Ellipse durch 5 Parameter eindeutig festgelegt. Üblicherweise wird die Ellipse durch eine symmetrische Matrix $M = \begin{bmatrix} A & B \\ B & C \end{bmatrix}$ und dem Zentrum $Z = (z_1, z_2)$ dargestellt. Das Zentrum ist der Schnittpunkt der Halbachsen und legt die Position der Ellipse in der Ebene fest. Ist M eine Diagonalmatrix, d.h. B=0, dann ist die Länge der einen Hauptachse $\frac{1}{\sqrt{A}}$, die andere ist entsprechend $\frac{1}{\sqrt{C}}$. Ist M keine Diagonalmatrix, so gibt es eine orthogonale Basis der Ebene, nämlich genau die Hauptachsen der Ellipse, bezüglich derer die Ellipse durch eine Diagonalmatrix darstellbar ist. Berechnet man die Eigenwerte w_1 und w_2 der Matrix M, so spannen die zugehörigen Eigenvektoren die Hauptachsen auf. Die Längen der Hauptachsen sind folglich gegeben durch $\frac{1}{\sqrt{w_1}}$ und $\frac{1}{\sqrt{w_2}}$.

Die Ellipsen-Approximation ist eindeutig und translationsinvariant. Gegenüber dem Kreis ist ein erhöhter Aufwand zur Repräsentation einer Ellipse (um den Faktor 5/3) erforderlich. Zwei zusätzliche Parameter bieten aber die Möglichkeit, die Güte der Approximation zu erhöhen. Ein deterministischer $O(n^2)$-Algorithmus zur Bestimmung der minimal umgebenden Ellipse wird in [Pos 84] vorgestellt. In unseren Untersuchungen wurde ein randomisierter Algorithmus von Welzl [Wel 91] verwendet, der lediglich eine erwartete lineare Komplexität benötigt. Um einen besseren Kompromiß zwischen Repräsentationsaufwand und Approximationsgüte zu erzielen, wird in [Oos 90] vorgeschlagen, auf den Rotationsparameter zu verzichten. Die Objekte werden dann durch eine minimal umgebende Ellipse repräsentiert, deren Hauptachsen parallel zu den Koordinatenachsen liegen.

Abbildung 21 visualisiert die implementierten Verfahren anhand eines realen Geo-Objektes:

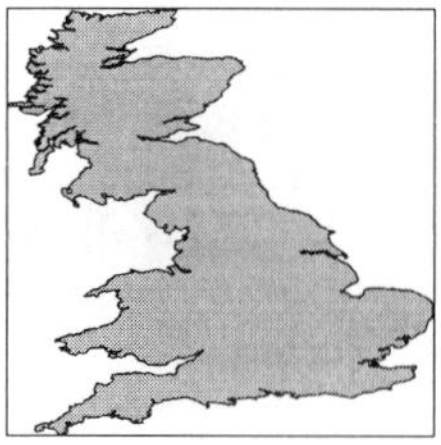

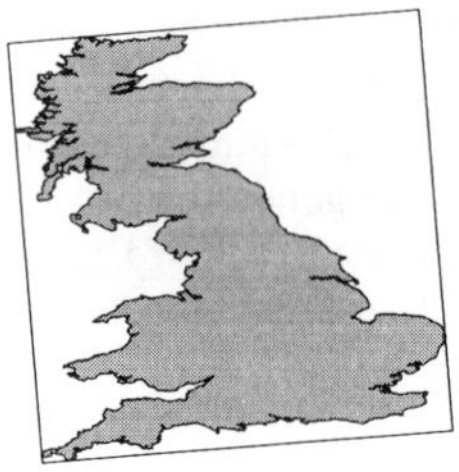

BB-Approximation gedrehte Bounding Box

Kreis-Approximation Ellipsen-Approximation

Abbildung 21: Approximation durch Geo-Primitive

Analytischer Vergleich der Approximationsgüte von Geo-Primitiven

In knapper Form soll die Approximationsgüte, die durch die beschriebenen Geo-Primitive zu erzielen ist, analytisch untersucht werden. Mit den vorgestellten Geo-Primitiven kann nur die konvexe Hülle eines Polygons angenähert werden. Daher kann eine vergleichende Analyse der Approximationsgüte als Ausgangsobjekte konvexe Polygone verwenden. Ein beliebiges konvexes Polygon variiert in der Anzahl der Eckpunkte, in den Längen und in den Steigungen der Kanten. Wie auch in [Oos 90] aufgeführt, ist das statistische Modell, d.h. die parametrisierte Beschreibung für konvexe Polygone, äußerst kompliziert. Eine Analyse ausgehend von solch einem Modell würde den Rahmen dieser Arbeit sprengen. Deshalb verwendet der anschließende analytische Vergleich wie in [Oos 90] als vereinfachendes Objektmodell ein Rechteck mit den Seitenlängen l_1 und l_2 ($l_1 < l_2$). Da die Approximationen durch Geo-Primitive alle translationsinvariant, aber teilweise nicht rotationsinvariant sind, wird das Rechteck um den Winkel α rotiert.

Die Fläche des Kreises ist unabhängig vom Rotationswinkel α:

$$F_{Kreis} = \frac{l_1^2 + l_2^2}{4}\pi$$

Die Fläche der Ellipse ist unabhängig vom Rotationswinkel α:

$$F_{Ellipse} = \frac{l_1 \times l_2}{2}\pi$$

Unter der Modellannahme der Gleichverteilung des Rotationswinkels beträgt die erwartete Fläche der Bounding Box:

$$F_{BB} = \frac{2}{\pi}\int_0^{\frac{\pi}{2}} (l_1 \times l_2) + (l_1^2 + l_2^2)\sin\alpha\cos\alpha \; d\alpha = l_1 \times l_2 + \frac{l_1^2 + l_2^2}{\pi}$$

(aus Symmetriegründen muß lediglich der Bereich $0 \le \alpha \le \frac{\pi}{2}$ betrachtet werden)

Die erwartete Fläche der BB-Approximation ist genau dann mit der Kreis-Approximation identisch, wenn $l_1 = c \times l_2$ mit $c = \frac{2\pi - \sqrt{-\pi^4 + 12\pi^2 - 16}}{\pi^2 - 4} \approx 0.689$. Falls also die Länge einer Seite des Rechtecks mehr als das 0.689fache der Länge der anderen beträgt, approximiert der Kreis im Durchschnitt besser als die Bounding Box. Im schlechtesten Fall für die Bounding Box, wenn das Rechteck ein Quadrat ist, weicht die BB-Approximation ungefähr 4% von der Kreis-Approximation ab, während im anderen Extremfall, wenn das Verhältnis von l_1 zu l_2 gegen Null konvergiert, die Güte der Kreis-Approximation im Vergleich zur BB-Approximation beliebig schlecht werden kann. Dieser Degenerierungseffekt der Kreis-Approximation ist auch bei realen Daten zu beobachten. So stellt Oosterom in [Oos 90] für die Objekte der 'World Data Bank' [GC 87] fest, daß die Gesamtfläche der BB-Approximationen lediglich ca. 50% der Gesamtfläche der Kreis-Approximationen beträgt. Bestätigt wird dies auch durch die Ergebnisse aus Abschnitt 3.3.2.

Wie nicht anders zu erwarten, approximiert die Ellipse aufgrund der 5 Parameter genauer als BB und Kreis. Mit $l_1 = c \times l_2$ ergeben sich folgende Verhältnisse:

$$\frac{F_{BB}}{F_{Ellipse}} = \frac{2}{\pi^2}\left(\frac{1 + c^2}{c}\right) + \frac{2}{\pi}$$

$$\frac{F_{Kreis}}{F_{Ellipse}} = \frac{1 + c^2}{2c}$$

Falls das Rechteck ein Quadrat ist (c=1), sind Ellipsen-Approximation und Kreis-Approximation identisch. In diesem Fall approximiert die Bounding Box um ungefähr 4% schlechter. Je weniger quadratisch das Rechteck ausfällt, desto günstiger wird das Verhältnis für die Ellipsen-Approximation entsprechend der obigen Formeln.

Schon dieses einfache Modell legt die Vermutung nahe, daß Kreise reale Geo-Objekte schlechter approximieren als Bounding Boxes. Die Ellipse ist unter den gemachten Modellannahmen den anderen beiden Approximationen hinsichtlich der Approximationsgüte klar überlegen. Folgende Frage ist nach dieser Analyse naheliegend: Wie fällt das Ergebnis aus, wenn die

Ellipsen-Approximation mit einer um den Rotationsparameter verbesserten BB-Approximation verglichen wird? Zur Untersuchung dieser Frage ist unser Modell eines rotierenden Rechtecks natürlich nicht geeignet. Ein genaueres Objektmodell, das konvexe Polygone modelliert, wäre dazu notwendig. Da sich die Verwendbarkeit von Approximationen nach den realen Daten richtet und da, wie in Abschnitt 2.1.2 beschrieben, die Daten im Geo-Datenbankbereich sehr spezielle Charakteristika aufweisen, wird in dieser Arbeit eine solch aufwendige Analyse für allgemeine Polygone nicht durchgeführt, sondern in Abschnitt 3.3.2 der Weg beschritten, anhand realer Daten empirisch fundierte, praxisrelevante Ergebnisse zu erhalten.

3.2.2 Approximation durch nichtprimitive Geo-Objekte

a) Z-Wert-Approximation

Eine sehr einfache Approximation kann erzeugt werden, indem der Objektraum als Folge von orthogonalen, äquidistanten Gittern mit immer feineren Unterteilungen betrachtet wird. Angepaßt an die Ausdehnung der kleinsten Objekte ist die maximale Granularität des letzten Gitters vordefiniert. Durch rekursives Halbieren des Objektraumes abwechselnd in x- und y- Richtung ermittelt der Approximationsalgorithmus diejenige Zelle eines Gitters, die das Objekt vollständig umgibt. Die minimal umgebende Zelle eines Objektes ist eindeutig bestimmt, wenn das Objekt bei der nachfolgenden Halbierung von beiden Zellen des nächsten Gitters geschnitten wird oder falls die maximale Granularität erreicht ist. Durch die Technik des Bit-Mischens oder der Z-Ordnung (vgl. z.B. [TH 81] oder [OM 84]) kann eine so erzeugte Zelle abhängig von der vordefinierten maximalen Granularität des Gitters mit wenigen Bytes beschrieben werden.

b) Konvexe Hülle

Eine naheliegende Approximation für einfache Polygone ist die konvexe Hülle. Die Konstruktion der konvexen Hülle ist eines der am besten verstandenen Probleme der algorithmischen Geometrie. Algorithmen zur Bestimmung der konvexen Hülle sind in der Literatur ausführlich diskutiert, wobei die verschiedensten Konstruktionstechniken verwendet werden (vgl. [CK 70], [Gra 72], [Jar 73], [Edd 77], [PH 77], [Sha 78] und [Sei 90]). Der einfache Grahams Scan-Algorithmus [Gra 72] erzeugt die konvexe Hülle unter Verwendung von Polar-Koordinaten laufzeitoptimal in $O(n \log n)$. In unseren Tests verwenden wir eine in [DHH 90] entwickelte Variante, die kartesische Koordinaten anstatt Polar-Koordinaten benutzt. Dadurch entfallen aufwendige Koordinatentransformationen. Für einfache Polygone gibt es aber mehrere Algorithmen, die in linearer Zeit die konvexe Hülle berechnen (z.B. [Mel 87]). Der Speicherbedarf für die Approximation mit der konvexen Hülle wird durch die Komplexität der Geometrie des Objektes bestimmt und kann von Objekt zu Objekt variieren.

c) orthogonales Polygon

In [Fra 92] beschreiben Franciosa et al. einen Algorithmus zur approximativen Berechnung der konvexen Hülle, basierend auf einem immer feiner werdenden orthogonalen Raster. Dieser Algorithmus kann auch zur Approximation einfacher Polygone genutzt werden, da er eine Approximation von zunehmender Feinheit, beginnend mit der Bounding Box hin zu einem orthogonalen Polygon, gestattet [Wid 92].

d) minimal umgebendes n-Eck

Besteht die Anforderung an die Approximation darin, daß ein vordefinierter konstanter Speicherbedarf nicht überschritten wird, kann ausgehend von der konvexen Hülle das minimal umgebende n-Eck erzeugt werden, wobei n kleiner als die Anzahl der Kanten der konvexen Hülle ist. Ein Algorithmus zur Konstruktion des minimal umgebenden n-Ecks wurde erstmals in [DB 83] vorgestellt. Eine detaillierte Beschreibung und Untersuchung dieses Algorithmus ist in [Sch 92] zu finden.

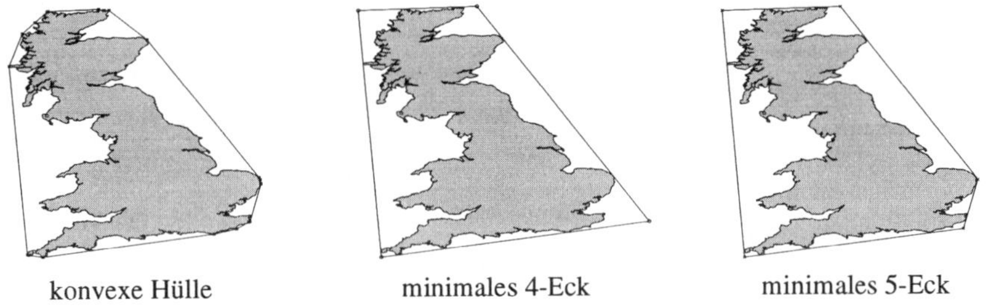

Abbildung 22: Beispiele einer Approximation durch nichtprimitive Geo-Objekte

3.2.3 Mengenorientierte Approximationen

Die bis hier beschriebenen Approximationen verwenden einen einzigen Container; somit besteht eine 1:1-Beziehung zwischen Objekt und Approximation. Ausgehend von der Container-Approximation gibt es im allgemeinen keine Möglichkeit, ein Objekt mit beliebiger bzw. vorgegebener Genauigkeit zu approximieren, denn die Form eines Containers kann sich nur beschränkt an die des Objektes anpassen. Um die Approximationsgüte weiter zu steigern, muß man die Restriktion der 1:1-Beziehung aufgeben. Im folgenden werden Approximationsmethoden vorgestellt, die ein Objekt durch eine Menge disjunkter Teilkomponenten konservativ approximieren.

a) Raster-Approximation

Der einfachste Ansatz einer mengenorientierten Approximation besteht in der Repräsentation des Objektes durch ein Raster. Sei im folgenden o.B.d.A. der Objektraum auf das Intervall $[0,1) \times [0,1)$ normiert. Eine Zerlegung dieses Intervalls durch einen Bintree der Höhe 2^a erzeugt ein orthogonales, äquidistantes Gitter mit $(2^a \times 2^a)$ vielen Zellen. *a* wird als *Auflösung* oder auch *Granularität* des Gitters bezeichnet und kann entsprechend der gewünschten Approximationsgüte vordefiniert werden. Die Menge aller Gitterzellen, die einen nichtleeren Schnitt mit dem Objekt aufweisen, bilden dann die Approximation. Der Speicherbedarf hängt proportional von der Fläche des Objektes und der Granularität des Gitters ab. Dabei ist bei dieser Art der Approximation allerdings ein gegenläufiger Effekt zu beobachten. Eine sehr feine Auflösung des Gitters erzielt eine gute Approximation, verursacht aber einen unakzeptablen Speicherbedarf, während eine grobe Auflösung den Speicherbedarf verringert und die Approximationsgüte verschlechtert.

b) Quadtree-Approximation

Quadtree-Approximationen basieren auf dem Prinzip der rekursiven Zerlegung des Objektraumes. Der Zerlegungsprozeß beruht auf dem sukzessiven Unterteilen des Objektraumes in vier gleich große *Quadranten* (auch *Zellen* genannt), wobei nur diejenigen Zellen weiter unterteilt werden, die nicht vollständig im Objekt oder nicht vollständig außerhalb des Objektes liegen. Dieser Zerlegungsprozeß terminiert durch Angabe eines spezifischen Abbruchkriteriums (z.B. die maximale Auflösung). Diejenigen Zellen, die vollständig im Objekt liegen oder teilweise das Objekt überdecken, bilden die konservative Approximation des Objektes. Das Abbruchkriterium, das die Approximationsgüte und die Anzahl der Approximationskomponenten entscheidend beeinflußt, charakterisiert die einzelnen Varianten:

- *Allgemeiner Quadtree:* Der Zerlegungsprozeß wird abgebrochen, wenn die maximale Auflösung erreicht ist. Die Zellenanzahl ist im Gegensatz zur Raster-Approximation nicht mehr von der Fläche des zu approximierenden Objektes, sondern proportional von der Länge des Randes abhängig (vgl. [Sam 90b]).
- *SizeBound(c):* In der SizeBound(c)-Variante wird die maximale Anzahl der Zellen auf *c* beschränkt. Die Fläche, die die *c* Zellen überdecken, ist abhängig von der Form und der Lage des zu approximierenden Objektes. Der Zeitaufwand zur Erzeugung der SizeBound(c)-Approximation eines Polygons mit *n* Eckpunkten in eine maximale Anzahl von $c \leq n$ Approximationskomponenten hat als obere Schranke $O(n \log n)$ (vgl. [OM 86]).
- *ErrorBound(c):* In der ErrorBound(c)-Variante wird eine Auflösungstiefe von *c* vorgegeben, wobei *c* kleiner als die maximale Auflösung ist. Der Zerlegungsprozeß terminiert, wenn diese wählbare Auflösung von *c* erreicht ist. Die Anzahl der Zellen wird indirekt durch die einstellbare Auflösung beschränkt und ist bei einer Auflösung *c* kleiner gleich 2^{2c}. Der Zeitaufwand zur Erzeugung der ErrorBound(c)-Approximation ist durch $O(2^{2c} n \log n)$ nach oben beschränkt (vgl. [OM 86]).
- *Flächendifferenz:* Die Flächendifferenz-Variante wurde in [Bus 91] entwickelt, um die Approximationsgüte weiter zu steigern, ohne allzu viele Approximationskomponenten zu erzeugen. Der Zerlegungsprozeß terminiert, falls die Differenz der Fläche einer Zelle und die Fläche des Objektteils innerhalb dieser Zelle kleiner gleich einer vorgegebenen oberen Schranke ist. Die Zellenanzahl hängt von metrischen Charakteristika des Objektes ab und ist bei einer maximalen Auflösung *a* kleiner gleich 2^{2a}.

Im Gegensatz zu den bis jetzt genannten Abbruchkriterien gibt es auch Quadtree-Varianten, die das Objekt nicht nur approximieren, sondern Zellen erzeugen, deren Inhalt ein spezielles Einfachheitskriterium erfüllen (z. B. höchstens ein Eckpunkt pro Zelle).

- *PM_1-Quadtree:* Samet und Webber stellten den PM_1-Quadtree in [SW 85] erstmals vor. Der Zerlegungsprozeß wird beim PM_1-Quadtree abgebrochen, falls eine Zelle vollständig im Objekt liegt oder genau eine Kante oder einen Eckpunkt, von dem aus zwei Kanten starten, enthält.
- *PMR-Quadtree:* Der Zerlegungsprozeß wird beim PMR-Quadtree (vgl. [NS 86]) abgebrochen, falls eine Zelle vollständig im Objekt liegt oder die Anzahl an Kanten in einer Zelle eine obere Schranke nicht überschreitet.

Das Erfüllen eines Einfachheitskriterium für jede Zelle bedingt eine von vornherein nicht beschränkbare Zellenanzahl, da der Zerlegungsprozeß von metrischen Charakteristika des Objektes abhängt. Ist der minimale Abstand zweier Eckpunkte immer größer als 2^{-a}, dann ist die maximale Auflösung durch $a+1$ beschränkt und somit die Anzahl von Gitterzellen kleiner gleich 2^{a+1}. Der Zeitaufwand zur Erzeugung der Approximationen hat bei einer maximalen Auflösung *a* die obere Schranke $O(2^{2a} n \log n)$.

c) RectilinearSizeBound-Approximation

Auf der einen Seite soll die Approximationsgüte für das Objekt verbessert werden, auf der anderen Seite darf der Speicherbedarf für die Approximation nicht beliebig anwachsen. Dies kann erreicht werden, indem die Anzahl und die Komplexität der Approximationskomponenten beschränkt wird. Deshalb ist die Überdeckung eines Objektes mit einer vordefinierten Anzahl von disjunkten, achsenparallelen Rechtecken ein vielversprechender Ansatz. Im Gegensatz zu den beiden in a) und b) beschriebenen Approximationsmethoden wird bei der RectilinearSizeBound-Approximation der Zerlegungsprozeß nicht durch eine Gitterstruktur bestimmt, sondern richtet sich lediglich nach der Form des Objektes. Da die Generierung einer solchen Approximation mit einer festen Anzahl von Rechtecken und maximaler Approximationsgüte NP-vollständig ist, wurde in [Her 90] ein heuristischer Algorithmus mit einer Laufzeitkomplexität von $O(n \log n)$ entwickelt. Dieser Algorithmus geht von der BB-Approximation aus und schneidet sukzessive achsenparallele Rechtecke heraus. Das verbleibende achsenparallele Polygon kann mit dem Algorithmus von Liou et al. [LTL 89] in eine minimale Anzahl von Rechtecken zerlegt werden. Dieser Algorithmus hat für rechtwinklige Polygone ohne Löcher eine Laufzeit von $O(n \log\log n)$ und für Polygone mit Löchern eine Laufzeit von $O(n \log n)$.

Um ein intuitives Verständnis in die mengenorientierten Approximationstechniken zu geben, sind in Abbildung 23 die wichtigsten anhand eines Beispiels visualisiert:

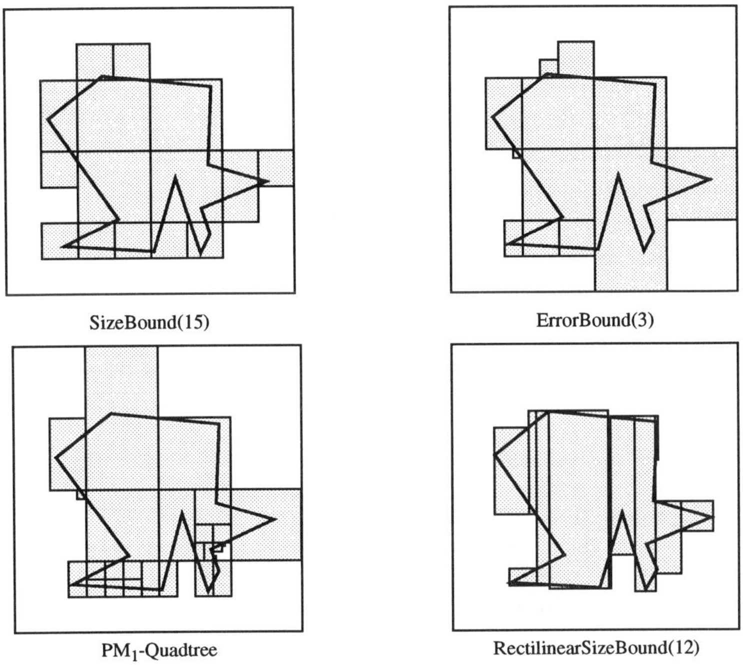

Abbildung 23: Visualisierung von mengenorientierten Approximationsmethoden

3.3 Vergleich der Approximationsmethoden

Der vorangegangene Abschnitt stellte eine Reihe verschiedener Approximationen vor, wobei die wichtigsten Charakteristika der einzelnen Approximationen genannt wurden. Ziel des nun folgenden Abschnitts ist es, Vergleichs- und Bewertungsparameter für Approximationen herauszuarbeiten, um eine Entscheidungshilfe zu geben, welche Approximationen sich für eine Speicher- und Zugriffsarchitektur für Geo-Datenbanksysteme eignen.

3.3.1 Qualitative und quantitative Gesichtspunkte

Um Approximationen vergleichen und bewerten zu können, werden im folgenden unabhängig voneinander qualitative und quantitative Gesichtspunkte informell beschrieben, wobei jeweils die spezifischen Vorteile und Optimierungsmöglichkeiten für die Anfragebearbeitung im Filterschritt aufgezeigt werden. Im Zuge einer effizienten Anfragebearbeitung ist aber eine integrierte Betrachtungsweise und eine Gewichtung der einzelnen Gesichtspunkte notwendig.

1. *Speicherbedarf:*

   Eine Approximation ist eine Zusatzrepräsentation. Der zusätzliche Speicherplatz, der durch eine Approximation belegt wird, ist somit direkt proportional zur Anzahl der Objekte. Je geringer der Speicherbedarf für die Approximation eines Objektes ausfällt, desto größer ist die Zahl der Approximationen, die im Hauptspeicher bearbeitet bzw. pro Transfereinheit vom Hintergrund- in den Hauptspeicher geladen werden können.

2. *Approximationsgüte:*

   Die Anzahl der False Hits bei der Anfragebearbeitung ist direkt proportional zur Approximationsgüte. Eine hohe Approximationsgüte verringert die Anzahl der False Hits und kann deshalb die Effizienz der Anfragebearbeitung steigern.

3. *Komplexität der Approximation:*

   Eine niedrige geometrische Komplexität der Approximation beschleunigt Berechnungen und Operationen auf den Approximationen und erleichtert die Verwaltung durch Datenstrukturen.

4. *Anzahl von Approximationskomponenten:*

   Je niedriger die Anzahl der Approximationskomponenten ist, desto einfacher ist die Verwaltung der Approximation. Mehrere Komponenten für eine Approximation erzeugen einen Redundanzeffekt (vgl. [Kri 91a]), dem bei der Bearbeitung der meisten Geo-Anfragen Rechnung getragen werden muß.

5. *Einfachheit des Inhalts der einzelnen Approximationszellen:*

   Einige der oben beschriebenen Methoden approximieren die Objekte nicht nur. Zusätzlich erfüllt der Inhalt einer Approximationszelle ein Einfachheitskriterium (z.B. der PM_1-Quadtree). Dies kann für den Verfeinerungsschritt ausgenutzt werden und ihn beschleunigen.

6. *Aufwand für die Konstruktion der Approximation:*

   Die Erzeugung der Approximation sollte mit möglichst geringem Aufwand möglich sein, denn eine Approximation ist eine Zusatzrepräsentation und muß zum Zeitpunkt des Einfügens des Objektes konstruiert und gespeichert werden.

7. *Variable oder konstante Beschreibungslänge:*

   Eine konstante Beschreibungslänge der Approximationen erleichtert deren Verwaltung durch Datenstrukturen, während variable Längen zusätzlichen Aufwand verursachen.

Wie weit ein Objekt vereinfacht und welche Approximationsgüte erzielt werden soll, um den Filterschritt bei der Anfragebearbeitung in Geo-Datenbanksystemen so effizient wie möglich zu gestalten, ist eine offene Frage. Bei mengenorientierten Approximationen besteht die Gefahr, daß der Speicherbedarf kaum zu kontrollieren ist (vgl. ErrorBound(c)), wenn eine hohe Approximationsgüte erzielt werden soll. Wenn hingegen der Speicherplatz beschränkt bleibt (vgl. SizeBound(c), RectilinearSizeBound), ist auch mit den Mengenansatz keine entscheidende Verbesserung gegenüber Approximationen mit nur einem Container zu erzielen (vgl. [Kri 91a]). Auch sprechen die Bewertungspunkte 3, 4, 6 und 7 gegen eine Verwendung von mengenorientierten Approximationen im Filterschritt. Die Quadtree-Varianten sollen durch diese Aussage nicht disqualifiziert werden, denn ein Quadtree ist nicht nur eine Approximationstechnik, sondern eine Datenstruktur, die diese Approximationen auch verwaltet. In der Literatur und in der Praxis werden Quadtree-Varianten vorgestellt, die Approximationen und die exakten Repräsentationen der Objektmenge abspeichern. Eine solch integrierte Verwendung von Quadtrees stellt eine Alternative für den Einsatz in Geo-Datenbanksystemen dar, während Quadtrees zur Approximation eines Einzelobjektes nicht geeignet erscheinen.

Im weiteren werden deshalb nur noch Container-Approximationen im Detail untersucht. Die Arbeiten anderer Autoren lassen dieses Vorgehen ebenfalls sinnvoll erscheinen. So ist die BB-Approximation sehr weit verbreitet, und Container wie Kreise [Oos 90] oder konvexe Polygone (vgl. [Gün 89] und [Sch 92]) werden ebenfalls verwendet.

Um die Frage systematisch anzugehen, welcher Container bei welchen Objekten am geeignetsten ist, wird zunächst ein empirischer Vergleich der Approximationsgüte unter Verwendung realer Daten durchgeführt. Da aber die Approximationsgüte nicht das einzige ausschlaggebende Beurteilungskriterium ist, untersuchen wir im Abschnitt 3.4 für die verschiedenen Approximationen, wie effizient sie durch eine Raumzugriffsstruktur verwaltet werden können.

3.3.2 Empirischer Vergleich der Approximationsgüte

Um aussagekräftige und realitätsnahe Resultate über die Güte der vorgestellten Approximationen zu gewinnen und damit die Aussagen möglichst allgemeingültig sind, verwenden wir als Testdaten die Geo-Objekte, die in Abbildung 9 (siehe Seite 19) dargestellt sind. Diese Geo-Objekte stammen aus verschiedenen Quellen und haben unterschiedliche Auflösungen. In den Karten (Afrika, Seen & Inseln, BW und Europa) befinden sich sowohl natürliche Objekte wie Inseln und Seen als auch administrative Flächen wie Regierungsbezirke. Daneben variieren die Geo-Objekte der einzelnen Karten in der Anzahl der Digitalisierungspunkte und in ihrer Formkomplexität (vgl. Abschnitt 2.1.2).

Die ermittelten Approximationsgüten G_{Appr} für die verschiedenen Approximationen und Karten sind in Tabelle 4 dargestellt. Dabei sind die einzelnen Approximationen wie folgt abgekürzt: konvexe Hülle mit *konH*, Bounding Box mit *BB*, gedrehte Bounding Box mit *GBB*, minimal umgebende Ellipse mit *MUE* und minimal umgebender Kreis mit *MUK*. G*Appr* ∅ ist die über die verschiedenen Karten gemittelte Approximationsgüte. Zusätzlich wurde in der Zeile M_{Appr} der benötigte Speicherplatzbedarf für die Approximationen in Byte aufgeführt. Dabei wurden 4 Byte pro Parameter angesetzt.

G_{Appr} in %	konH	5-Eck	4-Eck	GBB	MUE	BB	MUK
Europa	125	133	144	163	170	193	213
BW	129	136	149	167	174	193	205
Seen & Inseln	119	128	139	157	160	197	230
Afrika	123	133	144	161	168	189	211
$G_{Appr\varnothing}$ in %	124	133	144	162	168	193	215
M_{Appr} in Byte	32-640	40	32	20	20	16	12

Tabelle 4: Approximationsgüte

3.3.3 Interpretation der Ergebnisse

Die Ergebnisse zeigen, daß alle untersuchten Approximationsverfahren Approximationsgüten haben, die annähernd unabhängig von den untersuchten Daten sind. Wie zu erwarten war, nimmt die Approximationsgüte um so mehr zu, je mehr Parameter zu deren Darstellung zur Verfügung stehen. 5-Ecke zeigen eine Approximationsgüte, die fast an die von konvexen Polygonen heranreicht. Der Speicherplatzbedarf der konvexen Hülle variiert stark und liegt auch im Durchschnitt (Europa 104, BW 184, Seen & Inseln 136, Afrika 248 Byte) deutlich über den der anderen Approximationen. Die wichtigsten Folgerungen aus Tabelle 4 lauten:

1. Bei einer Approximation mit der Bounding Box liegt im Durchschnitt die Fehlfläche zum Originalobjekt bei 93%. Man hat also genügend Spielraum, um die Approximationsgüte zu steigern.
2. Die konvexe Hülle approximiert geographische Objekte sehr gut. Man hat im Durchschnitt lediglich 24% Fehlfläche. Approximationsverfahren mit dem Ziel zu entwickeln, besser als die konvexe Hülle zu approximieren, erscheinen nicht besonders lohnend, da die Approximationsgüte nur noch eingeschränkt zu steigern ist.
3. Mit der Hinzunahme nur eines weiteren Parameters erzielt die gedrehte Bounding Box einen Gewinn von über 30 Prozentpunkten gegenüber der BB. Gewichtet man Speicherplatzbedarf und Approximationsgewinn gleich, so stellt die GBB den besten Kompromiß dar.
4. Die GBB approximiert 6 Prozentpunkte besser als die minimal umgebende Ellipse, die den gleichen Speicherplatz benötigt. Die untersuchten geographischen Objekte ähneln damit in ihrer Form eher einem Rechteck als einer Ellipse. Ein Ergebnis, das nicht unbedingt vorherzusehen war.
5. Das 5-Eck erzielt einen hohen Gewinn von 60 Prozentpunkten, kommt der Approximation der konvexen Hülle sehr nahe, benötigt aber nur 10 Parameter. Um eine hohe Approximationsgüte zu erzielen und dennoch den Speicherbedarf zu kontrollieren, ist das 5-Eck die beste Wahl.

Die Verbesserung der Approximationsgüte bringt eine Reihe von Vorteilen:

- Im Filterschritt werden Approximationen verwendet. Für eine Point Query ist die Wahrscheinlichkeit, ein Objekt fälschlicherweise zu treffen (False Hit), proportional zur Fehlfläche der Approximation gegenüber dem Ausgangsobjekt. Mit anderen Worten: je schlecher die Approximationsgüte ist, desto häufiger greift man unnötigerweise auf die exakte Polygondarstellung zu. Bezogen auf das Objekt wird die Zugriffsersparnis durch die Differenz der Approximationsgüten bestimmt. So ergibt sich z.B. für die GBB gegenüber der BB ein Gewinn von 31 Prozentpunkten.

- Aus Tabelle 1 (siehe Seite 19) wird deutlich, daß Geo-Objekte mehrere *Blöcke* (*Seiten*) des Sekundärspeichers belegen. Daher werden Objekt und Approximation nicht gemeinsam auf einer Seite gespeichert. Somit kostet jeder Zugriff auf die exakte Objektdarstellung mindestens einen, in der Regel aber mehrere Seitenzugriffe. Über das Verhältnis der Approximationsgüten zueinander kann die Zugriffsersparnis unter Berücksichtigung der durchschnittlichen Objektgröße berechnet werden.
- Der Aufwand für den Verfeinerungsschritt übersteigt den des Filterschrittes (vgl. auch [KHS 91]). Jede Verbesserung der Approximationsgüte bewirkt somit einen entscheidenden Gewinn zugunsten des Verfeinerungsschrittes. Für Point Queries ist dieser Gewinn proportional zum Approximationsgewinn. Auch für Anfragen wie die Region Query, die Enclosure Query und die Containment Query hängt die Zugriffshäufigkeit auf die Exaktdarstellung von der Approximationsgüte ab. Dieses gilt umso mehr, je komplexer und kleinräumiger das Anfragepolygon ist. Effizienzsteigerungen erreicht man auch bei Nearest Neighbour Queries und dem Spatial Join.
- Insbesondere beim Spatial Join ist ein hoher Gewinn zu erwarten, da approximierte Objekte gegeneinander getestet werden. Dadurch kommt eine Verbesserung der Approximationen quadratisch zum Tragen.

3.4 Verwaltung konservativer Approximationen

Wie in den bisherigen Abschnitten aufgezeigt gibt es vielfältige Möglichkeiten, Geo-Objekte konservativ zu approximieren. Konservative Approximationen zeichnen sich durch eine Vereinfachung der Komplexität der Objektgeometrie aus, wobei die Approximation im allgemeinen deutlich weniger Speicherplatz als das Ausgangsobjekt benötigt. Wegen der großen Zahl zu verwaltender Objekte und wegen der Forderung nach Persistenz müssen auch die Approximationen auf Hintergrundspeichern abgelegt werden.

Mit einer gewissen Abstraktion von den tatsächlichen Gegebenheiten kann der Hintergrundspeicher als eine lineare Folge von Blöcken mit relativen Nummern (Adressen) betrachtet werden. Diese Blöcke sind die kleinsten Transfereinheiten vom Hintergrundspeicher in den Hauptspeicher. Bei kommerziellen Rechnerarchitekturen liegt die Blockgröße üblicherweise zwischen 1 und 8 KByte. Abschnitt 3.4.1 soll die Zweckmäßigkeit dieser abstrakten Modellannahme, die der gesamten Speicher- und Zugriffsarchitektur zugrundeliegt, anhand heute gängiger Technologie vermitteln.

3.4.1 Magnetplattenspeicher als Hintergrundspeicher

Als Externspeichermedium werden heute meist *Magnetplattenspeicher* eingesetzt. Ein Plattenspeicher besteht aus mehreren einzelnen Platten, die sich um eine gemeinsame Achse (*Spindel*) drehen. Als *Spur* einer Platte bezeichnet man die Daten, die mit festem Abstand um die Spindel rotieren. Die Menge derjenigen Spuren des Plattenspeichers, die den gleichen Abstand zur Achse haben, wird als *Zylinder* bezeichnet. Für jede Platte des Laufwerks gibt es einen Arm, der mit seinem Schreib- und Lesekopf Daten überträgt. Die Positionen der Arme sind für alle Platten identisch (siehe Abb. 24).

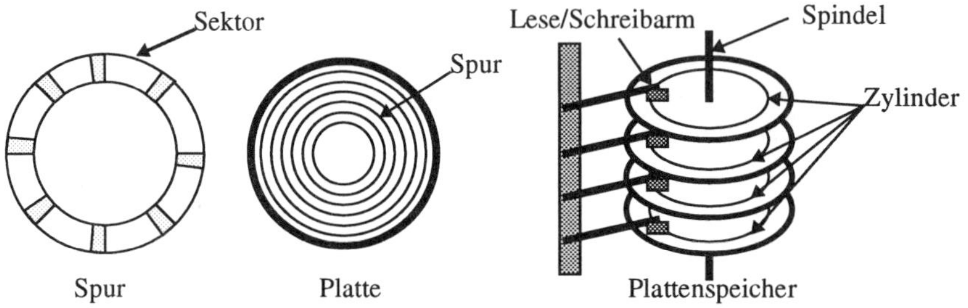

Abbildung 24: Architektur des Plattenspeichers

Daten werden in Blöcken, auch *Sektoren* genannt, auf die Spuren einer Platte geschrieben. Die Größe eines Sektors entspricht der kleinsten Einheit, auf die zugegriffen werden kann. Zwischen den Sektoren befinden sich Lücken. Sobald die Arme auf den gewünschten Zylinder positioniert worden sind, kann die Übertragung der Daten einer Spur beginnen. Die Einschränkung ist hierbei, daß nur ein Arm aktiv sein kann. Falls die nächste Operation (Schreiben oder Lesen) auf einer anderen Spur des gleichen Zylinders ausgeführt werden soll, wird der aktive Arm ab- und der gewünschte Arm angeschaltet. Da sich zwischen den gelesenen Daten stets genügend große Lücken befinden, ist der Zeitaufwand für dieses Umschalten in der Regel vernachlässigbar, d.h. ein nachfolgender Block desselben Zylinders kann ohne Verzögerung gelesen werden.

Als *Plattenkontroller* bezeichnet man die Verbindungskomponente zwischen der Platte und dem Hauptspeicher. Der Kontroller empfängt Befehle vom Betriebssystem und gibt diese Befehle über den I/O-Kanal an die Platte weiter. Typischerweise können mehrere Platten an einen I/O-Kanal angeschlossen und somit durch einen Kontroller organisiert werden.

Die benötigte Zeit eines Zugriffs auf einen Block - auch *Sekundärspeicherzugriff* genannt - wird durch drei Parameter bestimmt: Die *Suchzeit* ist die Zeit, die benötigt wird, um den Arm auf den richtigen Zylinder zu führen. Danach muß gewartet werden, bis die richtige Position auf der Spur unter dem Arm vorliegt. Diese Zeit wird als *Latenzzeit* bezeichnet. Im Durchschnitt wird hierfür die halbe Rotationszeit einer Platte benötigt. Danach wird der Block gelesen, die hierfür benötigte Zeit wird als *Transferzeit* bezeichnet. Dabei übersteigen die ersten beiden Zeiten die Transferzeit bei weitem [HP 90]. Die *I/O-Rate* einer Platte wird durch die durchschnittliche Anzahl der Zugriffe pro Sekunde definiert.

Nachdem im laufenden Abschnitt die blockorientierte Organisation des Hintergrundspeichers erläutert wurde, beschreibt Abschnitt 3.4.2 Raumzugriffsstrukturen, die die Approximationen so auf die Blöcke verteilen, daß die Geo-Anfragen effizient beantwortet werden können.

3.4.2 Raumzugriffsstrukturen

Bei Verwendung von Approximationen bedingt alleine die Reduzierung des Speicherbedarfs zur Repräsentation eines Objektes folgende Vorteile:

- eine größere Anzahl an Objekten - auch wenn es sich nur um Approximationen handelt - kann zur gleichen Zeit im Hauptspeicher gehalten werden
- eine größere Anzahl an Objekten kann pro Transfereinheit zwischen Hintergrund- und Hauptspeicher übertragen werden

Beim Ausfiltern derjenigen Objekte, die die Anfrage auch in konservativer Approximationsform nicht erfüllen, können somit teure Sekundärspeicherzugriffe gespart werden. Je größer die Selektivität einer Geo-Anfrage ist, desto stärker macht sich dieser Effekt bemerkbar. Weitere Sekundärspeicherzugriffe sind einzusparen, wenn ein ineffizientes, sequentielles Durchsuchen der Menge der Approximationen vermieden wird.

Lokale Ordnungserhaltung

Das Konzept der *Clusterung* von Objekten ist der entscheidende Ansatzpunkt für eine Leistungssteigerung bei der Anfragebearbeitung in Geo-Datenbanksystemen. In der Datenbank-Technologie wird der Begriff Clusterung verwendet, wenn Objekte, die häufig gemeinsam bei Anfragen angefordert werden, auch physisch zusammenhängend abgespeichert werden. Analog wird in dieser Arbeit vom Begriff der *räumlichen Clusterung* von Objekten gesprochen, wenn Geo-Objekte, die häufig gemeinsam durch Geo-Anfragen spezifiziert werden, auch physisch beieinander auf dem Sekundärspeichermedium abgelegt sind. Da sich Geo-Anfragen auf die räumliche Nachbarschaft ausgedehnter Objekte in der Ebene beziehen, muß die zweidimensionale Anordnung der Objekte auf eine eindimensionale Anordnung auf dem Sekundärspeicher in einer solchen Art und Weise abgebildet werden, daß die Bearbeitung der Geo-Anfragen effizient unterstützt wird. Techniken, die dies gewährleisten, sind als *Raumzugriffsstrukturen* bekannt.

Entsprechend der oben beschriebenen Aufteilung des Hintergrundspeichers in Blöcke muß eine effiziente Raumzugriffsstruktur auf jeden Fall die Objekte so auf die Blöcke verteilen, daß ein Block, der gelesen werden muß, möglichst viele für die Anfragebearbeitung nützliche Daten enthält. Für Geo-Anfragen bedeutet dies, daß alle in einem Block gespeicherten Objekte auch räumlich benachbart sein sollten. In der Literatur wird dies auch als *lokale Ordnungserhaltung* (vgl. [Wid 91]) bezeichnet, im Gegensatz zu *globaler Ordnungserhaltung*, bei der überdies noch Objekte benachbarter Blöcke räumlich benachbart sind. Auf globale Ordnungserhaltung wird in

Abschnitt 6.2 detailliert eingegangen. Lokale Ordnung auf Basis der exakten Geometriebeschreibungen anzustreben, macht für Geo-Objekte wenig Sinn, denn häufig passen nur wenige Geo-Objekte in einen Block bzw. die Objektgröße überschreitet die Blockgröße (vgl. Tabelle 1 auf Seite 19). Aus diesem Grund ermöglichen häufig erst Approximationen eine lokale Ordnungserhaltung in Geo-Datenbanksystemen. Diese lokale Ordnungserhaltung auf Approximationsebene kann dann ausgenutzt werden, um in einem schnellen Filter diejenigen Objekte auszusondern, die die Geo-Anfrage auch in Approximationsform nicht erfüllen.

Überblick bekannter Raumzugriffstrukturen

In den letzten Jahren wurden eine Reihe von Raumzugriffsstrukturen entwickelt, wobei die meisten die BB-Approximation als räumlichen Index verwenden, wie z.B. das Gridfile [NHS 84], der Buddy-Baum [SK 90], der R-Baum [Gut 84], das R-file [HSW 90], der LSD-Baum [HSW 89] und der R*-Baum [Bec 90]. Ausnahmen sind der Sphere-Baum [Oos 90], der die Geo-Objekte mit dem kleinsten umschließenden Kreis approximiert, der Cell-Baum [Gün 89] und der P-Baum [Sch 92], die konvexe Hüllen als Approximationen verwenden. Ausführliche Beschreibungen, Klassifizierungen und Erläuterungen zu den bekannten Raumzugriffsstrukturen sind in [Sam 90a und b], [Kri 91a], [See 89], [Ooi 88], [Oos 90], [Sch 92] und [Wid 91] zu finden.

Transformationstechnik

Im Datenbankbereich werden Objekte konzeptionell als Punkte im mehrdimensionalen Raum betrachtet. Dieses Konzept wird häufig verwendet, um Geo-Objekte zu handhaben. Dabei wird ein Geo-Objekt in einen Punktraum der gleichen Dimension (z.B. [Jag 90]), einer niedrigeren Dimension (z.B. [OM 84]) oder einer höheren Dimension (z.B. [HN 83]) abgebildet. Die Komplexität der Objektgeometrie kann solche Transformationen erschweren bzw. unmöglich machen [Ore 89]. Wie bereits ausführlich beschrieben, kann man diese Problematik aber in den Griff bekommen, indem die Geo-Objekte durch Geo-Primitive approximiert werden. Die Beschreibungen dieser Geo-Primitiven haben eine niedrige Dimensionalität und ermöglichen somit Transformationen.

Transformationen ist aber ein entscheidender Nachteil inhärent: Sie bewahren nicht die räumliche Nähe der Ausgangsobjekte. Eine Bounding Box kann beispielsweise durch gegenüberliegende Eckpunkte repräsentiert werden. Sie ist demnach durch ein 4-Tupel bestehend aus einem Paar von x-Koordinaten und einem Paar von y-Koordinaten dargestellt. Auf diese Weise kann eine Abbildung von einem 2-dimensionalen Raum in den 4-dimensionalen konstruiert werden. Diese Abbildung ist für Speicherungszwecke geeignet, aber nicht für die räumliche Suche, da die räumliche Nähe von Objekten im 2-dimensionalen Raum im 4-dimensionalen verloren gehen kann. In anderen Worten, obwohl die Ausgangsobjekte in der Ebene nahe beieinander liegen, kann ihr euklidischer Abstand im transformierten Raum sehr groß werden (vgl. [HS 92]).

Da also Transformationen die räumliche Nähe der Objekte im Ursprungsraum nicht bewahren und da die Verteilung der Transformationspunkte große Abhängigkeiten aufweist, kann dies zu einem Anwachsen der Directorygröße der Raumzugriffsstruktur und zu einer geringen Speicherplatzausnutzung in den Datenseiten führen [SW 92].

Raumorganisierende Raumzugriffssstrukturen

Raumzugriffsstrukturen, die nicht auf Transformationen basieren, sondern den Raum, in dem die Approximationen eingebettet sind, organisieren, erscheinen aus den oben genannten Gründen für Geo-Datenbanksysteme geeigneter. Es existieren vier prinzipielle Ansätze den Datenraum zu zerlegen.

Technik der überlappenden Regionen:

Der erste Ansatz gruppiert die Menge der Approximationen in Teilmengen und ist charakterisiert durch die Technik der überlappenden Regionen [SK 88]. Diese Teilmengen entsprechen räumlichen Clustern, d.h. die Approximationen innerhalb einer Teilmenge sind räumlich benachbart. Eine hierarchische Baumstruktur organisiert die Menge der konservativen Approximationen des Raumes, der durch die einzelnen Cluster eingenommen wird. Die Approximationen der Cluster können sich dabei überlappen. Der R-Baum [Gut 84] ist ein typischer Vertreter dieser Klasse. Er approximiert die Cluster mit Bounding Boxes. Dieser "objekt-orientierte" Ansatz hat die folgenden Eigenschaften:

Vorteile:

- Ein Cluster und somit jede Approximation ist eindeutig einem physischen Block zugeordnet. Es gibt keine Verweise oder Duplikate. Die zweidimensionale Anordnung der Approximationen ist durch eine eindimensionale Ordnung auf Blockebene repräsentiert. Die Raumzugriffsstruktur teilt eine einzelne Approximation nicht über mehrere Blöcke auf.
- Approximationen können in einfacher Weise eingefügt oder gelöscht werden.
- Die Cluster können etwas großräumiger als eigentlich nötig beschrieben werden. Damit kann eine ganzzahlige Darstellung die Approximationen repräsentieren und sicherstellen, daß der Filterschritt trotz numerischer Ungenauigkeiten immer korrekt ausgeführt wird. Die exakte Bearbeitung einer Anfrage, d.h. die eigentlichen geometrischen Berechnungen und Vergleiche,werden auf der Originaldarstellung der Objekte mit höchster Genauigkeit bestimmt. Die Genauigkeit und Korrektheit der Originaldaten bestimmt somit vollständig das Antwortverhalten bei Anfragen. Ein Einfluß seitens der Raumzugriffsstruktur kann ganz ausgeschlossen werden.

Nachteile:

- Die Aufteilung des Datenraumes richtet sich nach den Approximationen. Auf der Menge der so entstandenen Aufteilungen kann keine vollständige räumliche Ordnung definiert werden. Bei Bearbeitung von Anfragen wie z.B. Spatial Join (vgl. Abschnitt 2.2) ist dies zu berücksichtigen.
- Da sich die Approximationen der Cluster überlappen können, ist die räumliche Suche nach einem Objekt nicht auf einem Pfad im Baum beschränkt.

Clipping-Techniken:

Die drei anderen Ansätze basieren auf dem Prinzip, den Datenraum in disjunkte Zellen zu zerlegen, wobei sich diese Ansätze im Grad der Regularität der Zerlegung und in der Art der Vereinigung der Zellen unterscheiden. Das Zerlegen von Approximationen an disjunkten Zellengrenzen wird in der Literatur auch *Clipping* genannt (vgl. z.B. [SK 88]). Es gibt drei prinzipielle Vorgehensweisen, Clipping zu handhaben:

- Man zerschneidet die Approximation an den Zellengrenzen und speichert die entstehenden Teilobjekte in der zugehörigen Zelle ab. Diese Methode ist kaum praktikabel, denn künstliche Schnittpunkte verursachen numerische Genauigkeitsprobleme und lassen den Speicherbedarf stark anwachsen.
- Man speichert in jeder betroffenen Zelle die Approximation ab. Dies verursacht Redundanz und damit Konsistenzprobleme. Daneben kann der Speicherbedarf stark ansteigen.

- Man speichert in jeder betroffenen Zelle Verweise auf die Approximation ab. Mehrfachverweise haben neben der Redundanzproblematik (vgl. [Kri 91a] und [KHS 91]) folgende ungünstige Eigenschaft: Entweder verwaltet die Raumzugriffsstruktur ausschließlich Verweise und nimmt keinen Einfluß auf die Objektspeicherung, oder die Approximation wird einer einzigen Zelle zugeordnet und in den anderen durch Verweise referenziert. Das erster Verfahren widerspricht dem Grundsatz, daß es in Geo-Datenbanksystemen nicht ausreichend ist, die Raumzugriffsstruktur lediglich als Sekundärindex zu verwenden; vielmehr müssen die geometrisch organisierenden Datenstrukturen als primäre Organisationsform eingesetzt werden, also mit Einfluß auf die physische Speicherung der Daten (vgl. [Wid 91]). Die zweite Möglichkeit verursacht aufgrund der Verweise zwischen Zellen zusätzliche Sekundärspeicherzugriffe auf Approximationsebene. Auch wenn das Phänomen des Verweisens schon dadurch auftritt, daß die Approximation auf die exakte Darstellung des Geo-Objektes verweist, haben die durch Clipping verursachten Verweise eine andere Qualität. Wie in Abschnitt 3.2 beschrieben, können durch die approximationsbasierte Anfragebearbeitung die Anzahl der zu untersuchenden exakten Darstellungen der Geo-Objekte stark reduziert werden. Im Filterschritt müssen aber meist sehr viele Approximationen getestet werden. Zusätzliche Sekundärseitenzugriffe aufgrund der Tatsache, daß in manchen Blöcken die Approximationen nur referenziert sind, verschlechtern das Antwortzeitverhalten.

Als weitere negative Eigenschaft bedingt Clipping eine Zersplitterung der Approximationen. Dies wirkt sich für Operationen negativ aus, die sich auf ein einzelnes, spezifiziertes Objekt beziehen. Wenn beispielsweise eine Approximation gelöscht wird, müssen alle Zellen aufgesucht und verändert werden, die von dieser Approximation überdeckt werden.

Die folgenden drei Ansätze basieren auf einer disjunkten Aufteilung des Datenraumes. Die Reihenfolge der Ansätze spiegelt den Grad der Abhängigkeit der Zerlegung von den Daten wieder.

1. Der Datenraum wird gleichmäßig zerlegt. Alle Zellen haben die gleiche Größe und die Approximationen werden an den Zellengrenzen geclippt [Fra 84]. Dieser Ansatz orientiert sich nicht nach der Verteilung der Objekte und ist günstig bei Gleichverteilung, degeneriert aber bei extremer Ungleichverteilung.
2. Quadtree-Varianten [Sam 90b] eignen sich besser für Ungleichverteilungen, da sich die Zellengröße der Datenverteilung anpaßt, wobei sowohl die Ausdehnungen der Zellen auf Zweierpotenzen eingeschränkt als auch die Positionen der Zellen beschränkt sind.
3. Die Approximationen werden in disjunkte Teilobjekte zerlegt. Diese Teilmengen werden zu Clustern gruppiert. In einer baumartigen Datenstruktur werden rekursiv die Cluster zu größeren Clustern zusammengefaßt. Die Zerlegung und die Gruppierung werden so ausgeführt, daß die Approximationen der Teilobjekte und der Cluster auf jedem Level der Raumzugriffsstruktur disjunkt sind. Der R^+-Baum [FSR 87] und der Cell-Baum [Gün 89] sind Beispiele hierfür. Der R^+-Baum organisiert Bounding Boxes und der Cell-Baum konvexe Polygone.

Aus dem eben beschriebenen wird das folgende Prinzip offenkundig: Neben dem Ansatz, Approximationen als räumlichen Index zu verwenden, existiert die Möglichkeit, die komplexen Geo-Objekte in einfache Teilkomponenten zu zerlegen, die wiederum durch Raumzugriffsstrukturen verwaltet werden. Diese zum Approximationskonzept orthogonale Vorgehensweise wird in dieser Arbeit als *Zerlegungsansatz* bezeichnet. Die Quadtree-Varianten [Sam 90b] für ausgedehnte Geo-Objekte und die in [Kri 91a] beschriebenen strukturorientierten Zerlegungen beruhen auf diesem Zerlegungsansatz. In Kapitel 4 wird dieser Zerlegungsansatz im Detail vorgestellt und diskutiert.

Auswahl einer Raumzugriffsstruktur

In der Literatur werden Raumzugriffsstrukturen vorgestellt, deren Directorystruktur der Form der Approximationen angepaßt ist. Beispiele sind der Sphere-Baum [Oos 90] für Kreise sowie der Cell-Baum [Gün 89] und der P-Baum [Sch 92] für konvexe Polygone. Ich halte diese Ansätze für wenig erfolgversprechend, da diese Zugriffsstrukturen einen komplexen Aufbau besitzen und aufwendig zu implementieren sind. So muß man z.B. Kreise oder konvexe Polygone im Directory verwalten. Dadurch wird die Bearbeitung von Operationen und Anfragen sehr aufwendig [Oos 90]. Statt dessen verfolge ich nach dem Prinzip "Simpler is Better" den Weg, beliebige Approximationen durch eine Raumzugriffsstruktur zu verwalten, die möglichst einfache Elemente, wie z.B. Zellen eines orthogonalen Gitters oder achsenparallele Rechtecke, im Directory organisiert. Die Robustheit und Einfachheit dieser Strukturen bleibt auch bei Abspeicherung beliebiger Approximationen erhalten. Es stellt sich aber die Frage, wie eine Directorystruktur aus achsenparallelen Rechtecken mit den jeweiligen Approximationen harmonisiert.

Unter der Vielzahl der vorgeschlagenen Raumzugriffsstrukturen, die in ihrem Directory achsenparallele Rechtecke organisieren, die leistungsfähigste zu ermitteln, ist ein müßiges - wenn nicht sogar unmögliches - Unterfangen, denn verschiedene Anfrageprofile bzw. verschiedene Testdaten beeinflussen die Ergebnisse eines Vergleichs stark. Neueste Forschungsergebnisse [HS 92] bestätigen diese Aussage und erhärten die Vermutung, daß sich die bekannten Raumzugriffsstrukturen in ihrer Leistungsfähigkeit kaum unterscheiden. Diese Arbeit präsentiert deshalb keinen weiteren Leistungsvergleich zwischen Raumzugriffsstrukturen, sondern konzentriert sich auf eine eingehende Untersuchung des R*-Baumes. Der R*-Baum ist eine Datenstruktur, die konservative Approximationen lokal ordnungserhaltend organisiert und sich als effiziente und robuste Raumzugriffsstruktur erwiesen hat (vgl. [Bec 90], [HS 92] und Abschnitt 3.4.4). Robustheit ist eine wichtige Eigenschaft, denn Objekte in Geo-Datenbanksystemen weisen extrem heterogene Charakteristika (vgl. Abschnitt 2.1.2) auf. Ein weiterer gewichtiger Vorzug des R*-Baumes liegt darin begründet, daß er prinzipiell alle konservativen Approximationen bis hin zur exakten Darstellung verwalten kann. Somit kann die Problemstellung, welche Approximationen bei der Anfragebearbeitung in Geo-Datenbanksystemen am geeignetsten sind, anhand des R*-Baumes genauer untersucht werden. Die konzeptionelle Einfachheit und Leistungsfähigkeit des R*-Baumes lassen ihn als lohnenden Forschungsgegenstand erscheinen. Dies bestätigt auch eine in [BZ 91] vorgestellte objekt-orientierte Implementierung des R*-Baumes.

Nachdem in Abschnitt 3.4.3 der R*-Baum kurz beschrieben wird, gibt Abschnitt 3.4.4 einen Einblick in die Leistungsfähigkeit des R*-Baumes. Abschnitt 3.4.5 beschäftigt sich schließlich mit der Fragestellung, welche Auswirkungen eine Abspeicherung von nichtachsenparallelen Approximation auf das Leistungsverhalten des R*-Baumes hat.

3.4.3 Beschreibung des R*-Baumes

In [Bec 90] haben wir den R*-Baum, eine optimierte Variante des bekannten R-Baumes [Gut 84], vorgestellt. Der R-Baum (R*-Baum) ist eine dem B^+-Baum [BM 72] ähnliche Struktur, die beliebige konservative Approximationen als komplette Objekte in Blöcken abspeichert ohne sie zu clippen oder sie in einen höher dimensionalen Raum zu transformieren. Falls die Ausgangsobjekte (Approximationen oder Originalobjekte) in einem Block liegen, wird ein Block auch als Datenseite bezeichnet. Dagegen wird von Directoryseiten gesprochen, wenn ein Block lediglich Datenelemente enthält, die die Datenstruktur zur Verwaltung der Ausgangsobjekte benötigt. R-Baum-Varianten organisieren die Geo-Objekte in einer höhenbalancierten Baumstruktur, wobei im wesentlichen räumlich benachbarte Objekte zu Clustern zusammengefaßt werden. Diese Cluster werden in den Datenseiten des Baumes abgespeichert.

Das Prinzip eines R*-Baumes ist denkbar einfach. Zunächst besteht der R*-Baum aus einer einzigen leeren Datenseite. Läuft diese Datenseite über, d.h. durch Einfügen eines weiteren Geo-Objektes wird die Kapazität der Datenseite überschritten, werden die Objekte nach einer vorgegebenen Splitstrategie auf zwei Datenseiten aufgeteilt. Zusätzlich wird eine Directoryseite angelegt, die für jede Datenseite Einträge der Form *E* = (Ptr, BB) enthält, wobei *E*.Ptr auf eine Datenseite verweist und *E*.BB das kleinste umschließende Rechteck (Bounding Box) derjenigen Objekte beschreibt, die in dieser Datenseite abgespeichert sind. Jeder weitere Split einer Datenseite führt zu einem neuen Eintrag im Directory. Wenn dadurch die Kapazität der Directoryseite überschritten wird, wird die Directoryseite auf die gleiche Weise wie zuvor die Datenseite gesplittet, wobei eine neue Directoryseite auf einer höheren Schicht angelegt wird. Dieses Konstruktionsprinzip setzt sich rekursiv fort (siehe Abb. 25).

Verweist ein Directoryeintrag auf eine Directoryseite, so beschreibt *E*.BB die Bounding Box der Menge der Bounding Boxes in der referenzierten Directoryseite, während bei einem Verweis auf eine Datenseite *E*.BB die Bounding Box einer Menge von konservativen Objektapproximationen repräsentiert. Die Einträge in den Datenseiten haben die Form *E* = (Oid, Appr), wobei *E*.Oid den Objektidentifier des Geo-Objektes angibt. *E*.Oid wird als Surrogat vergeben. Dagegen ist *E*.Appr kein Verweis, sondern repräsentiert die konservative Approximation des Geo-Objektes. *E*.Appr kann wiederum durch eine Datenstruktur organisiert sein, z.B. wenn Quadtree-Varianten als Approximationen verwendet werden. Falls *E*.Appr eine komplexere Darstellung besitzt, wie z.B. bei der konvexen Hülle, bei einem Quadtree oder im Extremfall bei der exakten Repräsentation, können als Variante Einträge der Form *E* = (Oid, BB, Appr) verwendet werden, wobei *E*.BB die Bounding Box der konservativen Approximation *E*.Appr bezeichnet. Der Vorteil der letzteren Darstellung liegt darin, daß die Berechnung der Bounding Box auf der Menge von Bounding Boxes abhängig von der Komplexität der Geometrie der Approximation wesentlich schneller durchgeführt werden kann als auf der Menge der Approximationen. Zusätzlich wird hierbei ein weiterer, u.U. leistungsfördernder Filter etabliert, denn schlägt die Geo-Anfrage auf der Bounding Box der Approximation fehl, muß die komplexere Approximation *E*.Appr nicht mehr betrachtet werden.

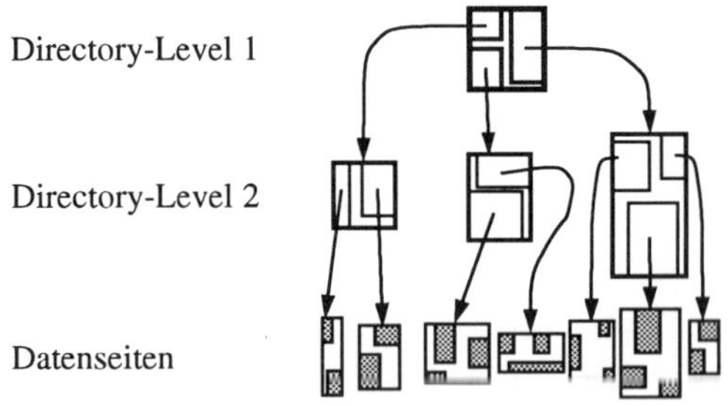

Abbildung 25: Schematischer Aufbau eines R*-Baumes

Das Aufteilen von Daten in Blöcke (Datenseiten oder Directoryseiten) hat zur Konsequenz, daß abhängig von Blockgröße und Bytelänge der Seiteneinträge eine maximale Anzahl von Einträgen lokal in einem Block geclustert werden kann. Haben die Einträge feste Längen, wie dies für Directoryeinträge im R*-Baum der Fall ist, ist diese Zahl fest und im voraus bekannt. Wird dagegen die konvexe Hülle als Approximation verwendet und die Approximation nicht referenziert, sondern direkt in den Datenseiten des R*-Baumes abgespeichert, treten variabel lange Einträge auf, die eine spezielle Organisation erfordern. Ein Unterschreiten von drei Einträgen in einer Datenseite verschlechtert das Leistungsverhalten des R*-Baumes beträchtlich. Deshalb sollte in diesem Fall ein Auslagern der Approximationsdarstellung einzelner Einträge erzwungen werden, bis eine untere Schranke von drei Einträgen gewährleistet ist.

Struktureigenschaften eines R-Baumes (R*-Baumes)

Sei m bzw. M die minimale bzw. maximale Anzahl an Einträgen in einer Directoryseite. Weiterhin sei, falls in den Datenseiten konservative Approximationen fester Länge abgespeichert werden, $\tilde{m}$ bzw. $\tilde{M}$ die minimale bzw. maximale Anzahl an Einträgen in einer Datenseite. Dann erfüllen R-Baum-Varianten die folgenden Eigenschaften:

- Die Wurzel enthält mindestens zwei Söhne, außer sie ist eine Datenseite.
- Jede Directoryseite hat zwischen m und M Söhne, außer sie ist die Wurzel.
- Jede Datenseite enthält zwischen $\tilde{m}$ und $\tilde{M}$ Einträge, außer es handelt sich um die Wurzel oder es werden variabel lange Approximationen abgespeichert. Im letzteren wird eine minimale Anzahl von 3 garantiert.
- Alle Datenseiten liegen auf demselben Level

Falls die BB-Approximation verwendet wird, ist $\tilde{m} = m$ und $\tilde{M} = M$. Werden Kreise zur Approximation benutzt, gilt $\tilde{m} = \lfloor 4/5 \times m \rfloor$ und $\tilde{M} = \lfloor 4/5 \times M \rfloor$. R-Baum-Varianten sind vollständig dynamisch. Einfügen und Löschen von Objekten kann sich mit Anfragen abwechseln, ohne daß eine periodische, globale Reorganisation erforderlich wird. Offensichtlich muß die Struktur der R-Baum-Varianten überlappende Bounding Boxes im Directory zulassen. Somit ist die exakte Suche nach einem Objekt nicht auf einem Pfad beschränkt. In [Bec 90] haben wir gezeigt, daß die Technik der überlappenden Regionen nur im schlechtesten Fall degeneriert, während sie im Durchschnitt ein äußerst gutes Leistungsverhalten erzielt.

Entwurfskriterien bei einem R-Baum (R*-Baum)

Das Hauptproblem aller R-Baum-Varianten liegt genau darin, in einer dynamischen Umgebung, d.h. Objekte werden eingefügt und gelöscht, Bounding Boxes von Rechtecksmengen zu erzeugen, deren Kardinalität zwischen m und M für Directoryseiten bzw. zwischen $\tilde{m}$ und $\tilde{M}$ für Datenseiten liegt. Dabei sollen Geo-Anfragen (vgl. Abschnitt 2.2) effizient unterstützt werden.

Folgende Entwurfskriterien haben wir in [Bec 90] betrachtet, um eine leistungsfähige R-Baum-Variante zu entwerfen:

- Die *Fläche*, die durch die Bounding Box eines Directoryeintrags überdeckt wird, soll minimiert werden.
- Die *Überlappung* zwischen den Bounding Boxes der Directoryeinträge soll minimiert werden.
- Der *Rand* der Bounding Box eines Directoryeintrags soll minimiert werden.
- Die *Speicherplatzausnutzung* soll optimiert werden. Die Speicherplatzausnutzung einer Seite ist definiert als aktuelle Eintragszahl dividiert durch maximale Eintragszahl.

Diese Entwurfskriterien beeinflussen sich gegenseitig in einer komplexen Art und Weise, so daß ein einzelnes Entwurfskriterium nicht optimiert werden kann, ohne daß es sich auf die anderen Entwurfskriterien auswirkt, was wiederum das Gesamtleistungsverhalten verschlechtern kann. Da die Geo-Objekte sehr große Unterschiede in Größe und Form aufweisen und die Bounding Boxes im Directory dynamisch anwachsen und schrumpfen, ist die Optimierung eines einzelnen Entwurfskriteriums für ein optimales Gesamtleistungsverhalten in hohem Maße unsicher. Deshalb haben wir in einem heuristischen Ansatz den R*-Baum entwickelt. Dieser Ansatz basiert auf vielen unterschiedlichen Experimenten, die in einer systematisierten Testumgebung ausgeführt wurden. Der entworfene R*-Baum ist so leistungsfähig, daß er in allen Experimenten bei unterschiedlichen Anfrageprofilen auf verschiedenen Datenmengen den anderen R-Baum-Varianten ([Gre 89] und [Gut 84]) überlegen ist (vgl. [Bec 90] und Abschnitt 3.4.4).

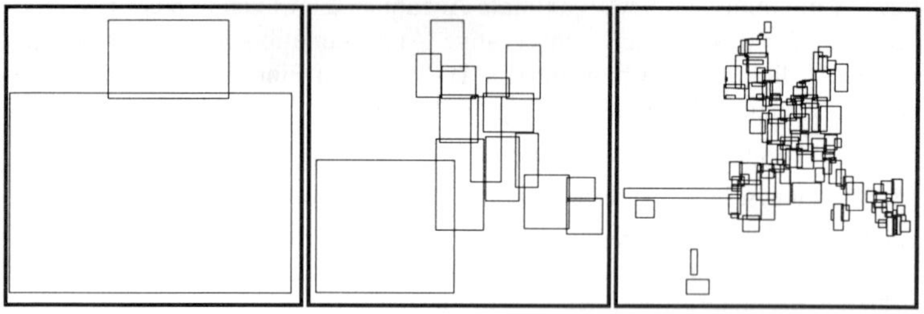

Abbildung 26: Partitionierung der BB-Approximation der Europa-Karte durch den R*-Baum

Konzepte des R*-Baumes

Die wichtigsten Konzepte des R*-Baumes sollen kurz vorgestellt werden. Eine detaillierter Beschreibung ist in [Bec 90] zu finden.

a) Einfügealgorithmus

Um beim Einfügen eines neuen Geo-Objektes das Problem der Auswahl eines geeigneten Einfügepfades zu lösen, minimieren die früheren R-Baum-Varianten ausschließlich das Flächenkriterium. Der R*-Baum unterscheidet sich dahingehend, daß auf Datenseitenebene die Überlappung minimiert wird.

b) Splitstrategie

Die wichtigste Komponente des R*-Baumes ist die Ausführung des Splits einer Seite, d.h. das Aufteilen einer Menge *A* von n Bounding Boxes auf zwei Bounding Boxes *B* und *C*, so daß alle Elemente aus *A* von *B* oder *C* überdeckt werden und die Verteilung der Mengen von Bounding Boxes auf *B* und *C* balanciert ist. Für den R*-Baum wurde in einem heuristischen und experimentellen Vorgehen ein ausgefeilter Split-Algorithmus entwickelt, der in einer komplexen und integrierten Art und Weise das Flächen-, Überlappungs- und Randkriterium sowie die Speicherplatzausnutzung berücksichtigt. Der genaue Algorithmus ist in [Bec 90] beschrieben.

Die Notwendigkeit einer heuristischen Herangehensweise beim Entwurf eines effizienten R*-Baum-Splits, der auf der integrierten Optimierung der vier Effizienzkriterien beruht, wurde durch die Forschungsgruppe um Prof. Widmayer eindrucksvoll bestätigt. Guttman schlägt in seinem Originalartikel beim Split einen speziellen quadratischen Algorithmus vor, der die Fläche der entstehenden beiden Bounding Boxes unter der Nebenbedingung der Balancierung minimieren soll. Zu dieser Zeit war ein polynomieller Algorithmus für dieses Problem nicht bekannt. In [Bec 91] wurde erstmals ein Algorithmus vorgestellt, der das oben beschriebene Verteilungsproblem unter der Nebenbedingung, daß die Gesamtfläche von *B* und *C* minimal ist, in einer Zeitkomplexität von $O(n^3)$ löst. Wird dieser von Becker et al. [Bec 91] entwickelte Algorithmus bei der lokalen Optimierung des Splits bzgl. der Gesamtfläche der Bounding Boxes *B* und *C* verwendet, wie von Guttman eigentlich erwünscht, verbessert sich das globale Leistungsverhalten einer solchen R-Baum-Variante gegenüber dem R*-Baum nicht, sondern verschlechtert sich sogar [SW 92].

c) Forced Reinsert

Vor allem in einer dynamischen Umgebung steigert die Methode des *Forced Reinsert* das Leistungsverhalten des R*-Baumes. Sowohl der R-Baum als auch der R*-Baum sind nicht deterministisch bei der Zuteilung der Datenelemente auf die Seiten, d.h. verschiedene Einfügereihenfolgen derselben Geo-Objekte erzeugen unterschiedliche Bäume. Aus diesem Grund leidet das Leistungsverhalten des R-Baumes an den vorangegangenen Aufteilungen auf die Seiten. Geo-Objekte, die in einem früheren Stadium des Baumes eingefügt wurden, können Bounding Boxes im Directory erzeugt haben, die nicht optimal für die momentane Anfragebearbeitung sind. Die Reorganisation von Bounding Boxes im Directory während des Splits ist lediglich lokal. Ein mächtigeres und weniger lokales Werkzeug zur Reorganisation von Bounding Boxes im Directory ist notwendig. Beim Einfügen eines neuen Geo-Objektes verursacht jeder erste Überlauf einer Seite auf jedem Level des Baumes ein Wiedereinfügen von p Einträgen der Seite. Dies kann einen Split der Datenseite nach sich ziehen, falls alle Einträge wieder an die gleiche Stelle eingefügt werden. Ist dies nicht der Fall, können Splits in einer oder mehreren anderen Seiten auftreten, aber in vielen Situationen werden Splits vollkommen vermieden. Ein Parameter von $p = 30\%$ erzielte in den Experimenten die besten Ergebnisse. Zusammengefaßt kann festgestellt werden:

- Forced Reinsert tauscht Einträge zwischen benachbarten Seiten aus.
- Die Speicherplatzausnutzung wird erhöht.
- Aufgrund der Reorganisation treten weniger Splits auf.
- Die Form der Bounding Boxes ist eher quadratisch.

Nachdem das Leistungsverhalten des R*-Baumes in Abschnitt 3.4.4 näher beleuchtet wird, gibt Abschnitt 3.4.5 Aufschluß darüber, welche und wie Approximationen eingesetzt werden sollen, um die Anfragebearbeitung in Geo-Datenbanksystemen so effizient wie möglich zu gestalten.

3.4.4 Leistungsdaten des R*-Baumes

In [Bec 90] haben wir die verschiedenen Varianten des R-Baumes gegen unseren R*-Baum getestet. Über das Leistungsverhalten von Raumzugriffsstrukturen existieren kaum verwertbare analytische Ergebnisse, und wenn man solche finden sollte, dann nur unter der Annahme der Gleichverteilung der Daten. Eine Annahme, die für Geo-Datenbanksysteme sehr unrealistisch ist. Ein Vergleich verschiedener Raumzugriffsstrukturen kann deshalb nur auf experimenteller Ebene wie in [Kri 89] erfolgen.

Die Unterschiede zwischen den verschiedenen Implementierungen des R-Baumes betreffen die Splitstrategie bzw. die darin enthaltenen Algorithmen zur Überlappung der im Directory gespeicherten Bounding Boxes. Bereits in [Gut 84] wurden verschiedene Splitstrategien untersucht. Die Varianten wurden nach ihrem Aufwand als linearer bzw. quadratischer R-Baum bezeichnet. Eine weitere Splitstrategie wurde von Greene [Gre 89] entwickelt. Der in [Bec 90] präsentierte Vergleichstest demonstriert, daß unser R*-Baum den anderen Varianten überlegen ist. Dabei ist hervorzuheben, daß er bei jedem Einzeltest für alle Anfragetypen und für alle untersuchten Geo-Objekte immer das beste Leistungsverhalten zeigte. Dies gilt sowohl für die Anzahl der Sekundärseitenzugriffe beim Einfügen, für die Speicherplatzausnutzung als auch für die Abarbeitung von Anfragen. Tabelle 5 zeigt die ungewichteten Durchschnitte über alle in [Bec 90] verwendeten Datenverteilungen. Der Aufwand beim Einfügen der Geo-Objekte wurde durch die Anzahl der Sekundärseitenzugriffe pro eingefügtem Objekt gemessen (Abk. *insert*). Die Speicherplatzausnutzung (Abk. *storage*) der aufgebauten R-Bäume ist als die aktuelle Eintragszahl in den Knoten dividiert durch die maximale Eintragszahl definiert. Für die Anfragetypen Point Query, Intersection Query, Enclosure Query und Spatial Join wurde die Anzahl der Sekundärseitenzugriffe als

Leistungsparameter verwendet. Wir haben die Ergebnisse von Anfragen normiert, indem wir die Ergebnisse des R*-Baumes auf 100% gesetzt haben (vgl. Tabelle 5).

	insert	storage	Point	Inter-section	Enclosure	Spatial Join
linearer Gutt.	12.63	62.7%	251.9%	203.8%	265.3%	261.2%
quad. Gutt.	7.76	68.1%	135.3%	127.3%	134.2%	147.3%
Greene	7.67	69.7%	148.7%	137,7%	150.1%	171.3%
R*-Baum	6.13	73.0%	100.0%	100.0%	100.0%	100.0%

Tabelle 5: Vergleich von R-Baum-Varianten mit dem R*-Baum (aus [Bec 90])

Wie man aus Tabelle 5 erkennt, dominiert der R*-Baum über die anderen R-Baum-Varianten. Die bekannteste Variante, der lineare R-Baum, zeigt mit Abstand das schlechteste Leistungsverhalten. Die folgenden Anmerkungen unterstreichen die Dominanz des R*-Baumes gegenüber den anderen R-Baum-Varianten:

- Der R*-Baum ist die robusteste Struktur. Dies wird durch die Tatsache bestätigt, daß er für alle Daten- und Anfragefiles weniger Sekundärseitenzugriffe als die anderen Varianten benötigt. Um es in anderen Worten zu sagen: Es gab kein Experiment, bei dem der R*-Baum nicht der Gewinner war.
- Die Leistungssteigerung durch den R*-Baum ist für kleinere Window Queries höher als für größere, da die Speicherplatzausnutzung immer wichtiger wird, je größer die Anfrageregionen wird. Diese Beobachtung macht deutlich, daß der R*-Baum die Geo-Objekte in effizienter Weise clustert.
- Der maximale Leistungsgewinn des R*-Baumes, über alle Experimente hinweg betrachtet, war im Vergleich zum linearen R*-Baum ca. 400%, zu Greenes R-Baum ca. 200% und zum quadratischen R-Baum 180%.
- Wie erwartet hat der R*-Baum die höchste Speicherplatzausnutzung.
- Überraschenderweise sind auch die Einfügekosten bzgl. Sekundärseitenzugriffe am geringsten, obwohl das Konzept von Forced Reinsert im R*-Baum verwendet wird.
- Der durchschnittliche Leistungsgewinn beim Spatial Join ist höher als bei den anderen Anfragetypen, da die Speicherplatzausnutzung und die Güte der Clusterung das Gesamtleistungsverhalten quadratisch beeinflußt.

Die ausführliche Beschreibung der Testumgebung, des Anfrageprofils, der getesteten Geo-Objekte und der Datenverteilungen sowie eine detailliertere Präsentationen der Ergebnisse sind in [Bec 90] nachzulesen.

Der R*-Baum wurde auch mit anderen Raumzugriffsstrukturen wie dem Buddy-Baum, Gridfile, PMR-Quadtree und R$^+$-Baum verglichen (vgl. u.a. [Bec 90], [See 91] und [HS 92]). Als Quintessenz aus diesen Vergleichen kann man feststellen, daß es keinen klaren Gewinner unter den verschiedenen Raumzugriffsstrukturen gibt. Jede Struktur hat individuelle Vor- und Nachteile, aber im großen und ganzen sind sie in ihrem Leistungsverhalten vergleichbar.

Wie der R*-Baum die Geo-Objekte zu Clustern zusammenfaßt und wie seine Directorystruktur bei realen Anwendungen aussieht, wird aus den eben beschriebenen Leistungsparameter nicht deutlich. Deshalb wollen wir die Clusterungseigenschaften eines R*-Baumes anhand von realen geographischen Karten visualisieren. Dazu ist in den Abbildungen 27, 28, 29 und 30 das Directory verschiedener R*-Bäume dargestellt. Als reale Daten verwenden wir die in Tabelle 1 (siehe Seite 19) beschriebenen Geo-Objektmengen.

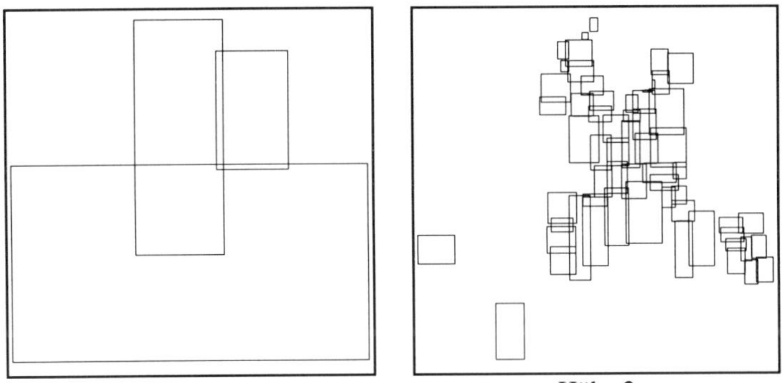

Höhe 1 Höhe 2

Abbildung 27: Visualisierung der Clusterung der Karte 'Europa'

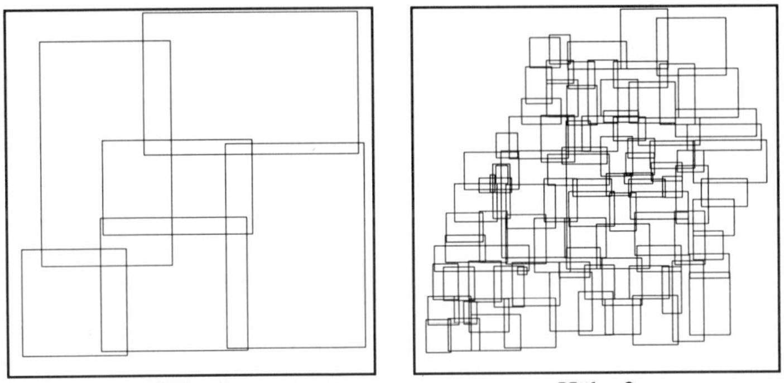

Höhe 1 Höhe 2

Abbildung 28: Visualisierung der Clusterung der Karte 'BW'

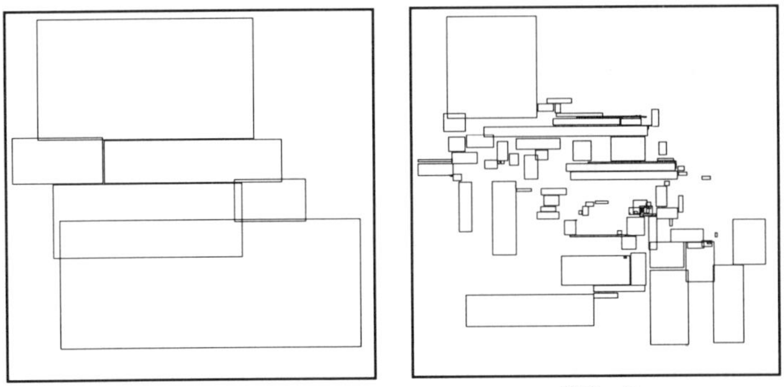

Höhe 1 Höhe 2

Abbildung 29: Visualisierung der Clusterung der Karte 'Seen & Inseln

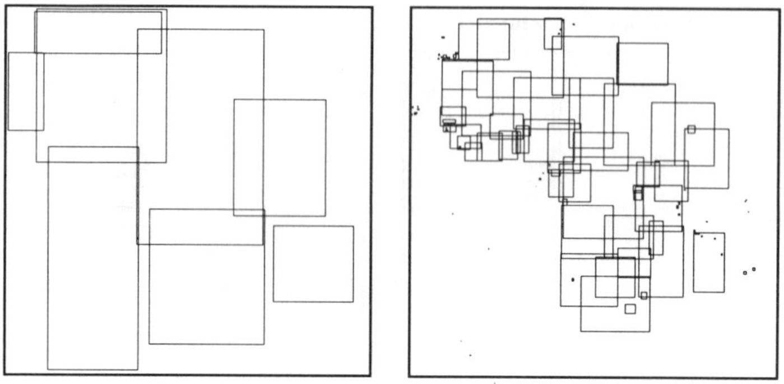

Höhe 1 Höhe 2

Abbildung 30: Visualisierung der Clusterung der Karte 'Afrika'

3.4.5 Empirischer Vergleich der Approximationen im R*-Baum

Auf die Effizienzsteigerung, die durch eine approximationsbasierte Anfragebearbeitung erzielt werden kann, wurde bereits in Abschnitt 3.3.2 eingegangen. In diesem Abschnitt werden die Folgen untersucht, die die Verwaltung der verschiedenen Approximationen im R*-Baum hat:

- Komplexere Approximationen benötigen mehr Speicherplatz. Dieser Mehrbedarf wirkt sich auf die Raumzugriffsstruktur aus.
- In einer Datenseite werden mehrere Approximationen zu einer Seitenregion zusammengefaßt. Die untersuchten Approximationen haben größtenteils eine größere x- und y-Ausdehnung als die Bounding Box. Diese Ausdehnung bestimmt aber die Beschreibung der Seitenregionen.

Testumgebung

Da der R*-Baum eine heuristische Datenstruktur ist, sind analytische Modelle und Aussagen über dessen Leistungsverhalten praktisch nicht möglich bzw. in ihrer Aussagekraft zu eingeschränkt. Statt dessen versuchen wir, die Speicherung der Approximationen unter möglichst realistischen Bedingungen empirisch zu untersuchen. Aufgrund der genannten Eigenschaften wie Einfachheit, Robustheit und Effizienz erfolgte dies anhand des R*-Baumes.

Die folgenden Tests haben R*-Bäume betrachtet, denen eine reale Europa-Karte mit 33204 Datensätzen zugrunde liegt. Für Geo-Anwendungen ist es realistisch anzunehmen, daß das Directory die Höhe 3 nicht übersteigt. Bei einer Seitengröße von 4 KByte lassen sich unter dieser Annahme z.B. über 300 Millionen BB-Approximationen verwalten. Daher haben wir den maximalen Verzweigungsgrad innerhalb einer Seite auf 25 beschränkt (vgl. auch [BSW 91]). Der R*-Baum hatte einen LRU-Seitenpuffer, der in Abhängigkeit vom maximalen Verzweigungsgrad 35 Directoryseiten (Faktor 1.4) umfaßte.

Anfrageprofil

Wir möchten Aussagen über die Leistungsfähigkeit des R*-Baumes bei den verschiedenen Approximationen gewinnen. Dazu benötigen wir ein Maß zur Beschreibung seines Leistungsverhaltens. Unterscheidungsmerkmal zwischen verschiedenen R*-Bäumen ist die Form und die Überlappung der Directoryelemente. Unser Ansatz sieht vor, die Sekundärseitenzugriffe einer Point Query als Beschreibungsmaß der Strukturunterschiede der einzelnen R*-Bäume zu verwenden. Dieses Vorgehen erscheint gerechtfertigt, da gerade Point Queries die Überlappungen in der Directorystruktur des R*-Baumes signifikant reflektieren. Wir haben dazu folgendes, möglichst realistisches Anfrageprofil entwickelt: Ein typisches Anfrageprofil besteht sowohl aus Treffern als auch aus Fehltreffern, d.h. Anfragen, die kein Objekt erfüllt. Da die Testdaten nur einen Teil des Datenraumes überdecken, würden bei einer über den gesamten Datenraum gleichverteilten Anfrage die Fehltreffer unrealistisch stark überwiegen. Daher haben wir folgende Anfrageverteilung angenommen: Zu dem *überdeckten Datenraum D* gibt es einen *Anfrageraum* $Q_\varepsilon(D)$ (kurz: Q), wobei gilt:

$$P \in Q \Rightarrow \exists P' \in D: \ (\|P, P'\| \leq \varepsilon)$$

Für dieses Anfrageprofil können wir den Anteil der Fehltreffer steuern. Für unsere Tests haben wir 10000 Point Queries als Basis für unser Leistungsmaß genommen. Innerhalb von Q sind die Punkte der Point Queries gleichverteilt. p_{succ} gibt die Wahrscheinlichkeit an, daß ein Punkt aus Q im überdeckten Datenraum D liegt. Abbildung 31 zeigt ein Beispiel für $p_{succ} = 0.41$.

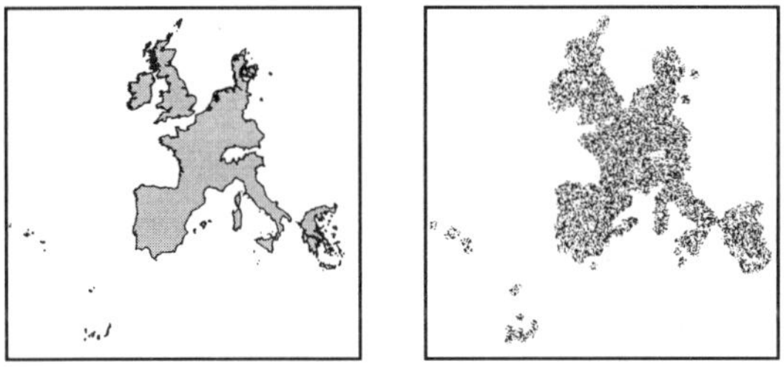

überdeckter Datenraum *D* Anfrageraum

Abbildung 31: Beispiel für überdeckten Datenraum und Anfrageraum

Die BB-Approximation ist die traditionelle Approximation in Raumzugriffsstrukturen. Um einen Vergleich zu diesem traditionellen Vorgehen zu haben, wird die BB im folgenden als Testbasis genommen. Das Leistungsverhalten für die anderen Approximationen wird bezüglich dieser Approximation in Prozent angegeben. Je nach p_{succ} benötigt man bei Verwendung von BB-Approximationen unter den gegebenen Test-Konstellationen (Directory-Höhe 3) folgende Anzahlen von Directory- bzw. Datenseitenzugriffen (Acc_{dir} bzw. Acc_{data}) pro Point Query (siehe Tabelle 6).

	$p_{succ} = 1{,}0$	$p_{succ} = 0{,}72$	$p_{succ} = 0{,}59$	$p_{succ} = 0{,}41$
Acc_{dir}	1,12	1,04	0,92	0,67
Acc_{data}	1,76	1,39	1,16	0,81

Tabelle 6: Seitenzugriffe für Point Queries

Erhöhung des Speicherbedarfs

Komplexere Approximationen benötigen mehr Speicherplatz als die BB-Approximation (vgl. Tabelle 4). Dadurch können weniger Approximationen in einer Seite gespeichert werden. Entsprechend steigt die Zahl von Daten- und Directoryseiten. Die Auswirkungen auf die Leistungsfähigkeit des R*-Baumes haben wir näher untersucht. Die Ergebnisse sind in Tabelle 7 zusammengefaßt. Die Zugriffe sind in Prozent auf die Zugriffe bei Verwendung der Bounding Box normiert. S ist der Speicherplatzbedarf in Byte für einen Approximationseintrag, der sich aus dem Bedarf für die Repräsentation der Approximation (M_{Appr}) und einem Verweis auf die Exaktdarstellung (4 Byte) zusammensetzt.

S (Byte)	$p_{succ} = 1{,}0$		$p_{succ} = 0{,}59$	
	Acc_{dir} (%)	Acc_{data} (%)	Acc_{dir} (%)	Acc_{data} (%)
16	92	102	94	103
20	100	100	100	100
24	127	108	125	108
36	151	106	141	102
44	163	108	149	104
108	261	113	231	106

Tabelle 7: Prozentuale Seitenzugriffe bei unterschiedlichem Speicherbedarf der Approximationen

Die Veränderung der Zugriffszahl auf Datenseiten ist eine vernachlässigbare Größe. Der Zugriff auf Directoryseiten hängt dagegen deutlich von S ab und die Zahl der Directoryzugriffe ist in etwa logarithmisch von S abhängig. Bei Einträgen mit $S = 108$ (durchschnittlicher Speicherplatzbedarf für die konvexe Hülle in der Europa-Karte) ist ein Höhensprung im Directory von 3 auf 4 eingetreten. Daher sind die Zugriffszahlen bei $S = 108$ wesentlich höher und nicht mehr ohne weiteres mit den übrigen Zahlen vergleichbar.

Vergrößerung der Approximationsausdehnung

Die Approximationen mehrerer Objekte sind in einer Datenseite zusammengefaßt. Die untersuchten Approximationen haben größtenteils eine größere x- und y-Ausdehnung als die BB-Approximation. Daraus resultiert eine größere *Flächenausdehnung* A_{Appr} = x-Ausdehnung $\times$ y-Ausdehnung. Unser Ziel ist es, die Auswirkungen der Flächenausdehnung auf die Leistungsfähigkeit des R*-Baumes zu untersuchen. Ausgehend von den in Tabelle 1 (siehe Seite 19) und Abbildung 9 (siehe Seite 19) vorgestellten Real-Daten haben wir die Flächenausdehnung der betrachteten Approximationen untersucht. In Tabelle 8 ist sie im Verhältnis zur BB-Approximation (100%) dargestellt.

A_{Appr} (%)	5-Eck	4-Eck	GBB	MUE	MUK
Europa	119	141	149	122	141
BW	119	142	149	121	136
Seen & Inseln	121	144	152	121	149
Afrika	123	147	152	123	142
$A_{Appr\,\varnothing}$ (%)	121	144	151	122	142

Tabelle 8: Flächenausdehnungen der Approximationen

Dabei zeigt sich, daß im Durchschnitt die Flächenausdehnung des 5-Ecks und der minimal umgebenden Ellipse etwa 22% und die des 4-Ecks, der gedrehten BB und des Kreises 42 bis 51% größer ist als die Fläche der BB-Approximation.

Die Flächenausdehnung bestimmt aber die Beschreibung der Seitenregionen. Eine Seitenregion wird im R*-Baum durch die Bounding Box der in einer Datenseite enthaltenen Approximationen beschrieben. Der Einfluß der Vergrößerung der Flächenausdehnungen auf das Leistungsverhalten des R*-Baumes ist in Tabelle 9 dargestellt. Acc_{dir} ist die Zahl der Directoryseitenzugriffe und Acc_{data} die Zahl der Datenseitenzugriffe in Prozent. Bezugsbasis ist die Flächenausdehnung A der BB (= 100%).

A (%)	p_{succ} = 1,0		p_{succ} = 0,59	
	Acc_{dir} (%)	Acc_{data} (%)	Acc_{dir} (%)	Acc_{data} (%)
120	107	109	106	110
140	109	120	106	121
160	114	129	113	130
180	117	138	117	141
200	119	148	117	151

Tabelle 9: Prozentuale Entwicklung der Seitenzugriffe für unterschiedliche Flächenausdehnungen

Unabhängig vom Anfrageprofil ergibt sich ein Zuwachs bei den Seitenzugriffen, der proportional zur Flächenzunahme ist. Dabei beträgt der Zuwachs von Directoryseitenzugriffe 20% und der Datenseitenzugriffe 50% der Zunahme der Flächenausdehnung.

Speicherung der Approximationen

Zunächst hatten wir die Erhöhung des Speicherplatzbedarfs und die Vergrößerung der Approximationsausdehnungen getrennt betrachtet, um eine Vorstellung davon zu bekommen, wie sich diese Einzelfaktoren auf die Leistungsfähigkeit des R*-Baumes auswirken. In diesem Abschnitt untersuchen wir die tatsächliche Leistungsfähigkeit des R*-Baumes bei Speicherung der Approximationen. Dazu werden die verschiedenen Approximationen mit einem R*-Baum verwaltet.

Tabelle 10 zeigt das Leistungsverhalten für die verschiedenen Approximationen. *Acc* gibt die Gesamtzahl der Seitenzugriffe bezogen auf die BB-Approximation in Prozent an. Acc_Δ ist die zusätzlich notwendige Zahl von Seitenzugriffen pro Point Query ohne Berücksichtigung des Verfeinerungsschrittes. Als Anhaltspunkt zur Interpretation der Ergebnisse haben wir in Tabelle 10 nochmals den Speicherplatzbedarf S, die durchschnittliche Flächenausdehnung A_{Appr} und die durchschnittliche Approximationsgüte G_{Appr} für alle untersuchten Dateien aufgeführt.

Appr	S (Byte)	A_{Appr} (%)	G_{Appr} (%)	p_{succ} = 1,0		p_{succ} = 0,59	
				Acc (%)	Acc_Δ	Acc (%)	Acc_Δ
konH	108	100	124	170	2,03	162	1,29
5-Eck	44	121	133	144	1,29	139	0,80
4-Eck	36	144	144	143	1,25	138	0,80
GBB	24	151	162	130	0,85	128	0,59
MUE	24	123	168	118	0,51	115	0,31
MUK	16	142	215	105	0,13	106	0,12

Tabelle 10: Seitenzugriffe für unterschiedliche Approximationen

Aus Tabelle 10 kann man folgende Interpretationen ableiten:

- Es zeigt sich, daß der Kreis als Approximation ungeeignet ist; er approximiert über 20 Prozentpunkte schlechter als die BB (G_{BB} = 193%) und benötigt zusätzlich mehr Seitenzugriffe.
- Bei den anderen Approximationen (mit Ausnahme der konvexen Hülle) läßt sich festhalten, daß der Mehraufwand in der Raumzugriffsstruktur bei den untersuchten Anfrageprofilen zwischen 0.51 und 1.20 (p_{succ} = 1.0) bzw. zwischen 0.31 und 0.8 Seitenzugriffen (p_{succ} = 0.59) liegt. Dieser Mehraufwand wird aber in der Regel durch die Zugriffsersparnis beim Verfeinerungsschritt, die durch die bessere Approximationsgüte gegeben ist, wieder wettgemacht. Das heißt, durch die Verringerung der False Hits wird der erhöhte Speicherplatzbedarf und die größere Ausdehnung der Approximationen kompensiert.
- Die Güte der 5-Eck-Approximation (133%) ist fast genauso gut wie die der konvexen Hülle (124%). Die konvexe Hülle benötigt aber erheblich mehr Speicherplatz (Faktor 2.45 für Europa und Faktor 5.7 für Afrika). Daher ist es sinnvoll, anstatt der konvexen Hülle das 5-Eck als Approximation in den Datenseiten der Raumzugriffsstrukturen zu speichern.
- Im Verfeinerungsschritt kann durch Verwendung von Approximationen mit besserer Approximationsgüte ein entscheidener Leistungsgewinn erzielt werden. Je aufwendiger dieser Verfeinerungsschritt ist, desto stärker lohnt sich der Einsatz von Approximationen mit guter Approximationsgüte. Hier ist das 5-Eck der beste Kandidat.
- Großräumige Window Queries profitieren kaum von besseren Approximationen. Um auch eine solche Anfrage in der Bearbeitung gut zu unterstützen, sollte eine Approximation eingesetzt werden, deren Speicherplatzbedarf nicht wesentlich größer als der der Bounding Box ist. Dafür bieten sich insbesondere die minimal umgebende Ellipse und die gedrehte Bounding Box an.

Die beiden letzten Anforderungen lassen sich wie folgt kombinieren: In den Datenseiten der Raumzugriffsstruktur wird eine Approximation mit geringem Platzbedarf gespeichert (z.B. MUE oder GBB). Die Exaktdarstellung reichert man durch eine weitere Approximation an, die eine hohe Approximationsgüte aufweist (z.B. 5-Eck oder konvexe Hülle).

Zusammenfassend können wir festhalten, Approximationen mit dem 5-Eck, der gedrehten Bounding Box und der Ellipse erhöhen die Zahl der Seitenzugriffe, wenn der R*-Baum durchsucht wird. Jedoch werden diese Kosten mehr als kompensiert, da wegen der verbesserten Approximationsgüte seltener auf False Hits zugegriffen wird. Falls es sich nicht gerade um sehr einfache Geo-Objekte handelt, erhöht sich somit der Aufwand für den Filterschritt nicht, wenn diese neuen Approximationen verwendet werden. In [KHS 91] haben wir gezeigt, daß der Zeitaufwand im Verfeinerungsschritt eindeutig die Gesamtzeit der 2-stufigen Anfragebearbeitung dominiert. Deshalb ist mit unseren neuen Approximation die Gesamtzeit signifikant verbessert, da für eine geringere Zahl an False Hits teure Algorithmen im Verfeinerungsschritt durchgeführt werden müssen. Bei Point Queries korrespondiert der Leistungsgewinn mit der verbesserten Approximationsgüte unserer neuen Approximationen gegenüber der Bounding Box. Dies entspricht einen Gewinn von 60% für das 5-Eck.

Abschlußbemerkungen zu Approximationen von Geo-Objekten:

Approximationen von Geo-Objekten, die in einer 2-stufigen Anfragebearbeitung genutzt werden, sollten zum einen einfach genug sein, damit der Filterschritt schnell durchgeführt werden kann (Einfachheitskriterium). Zum anderen sollten sie eine hohe Approximationsgüte haben (Qualitätskriterium), um die Zahl der False Hits zu reduzieren und schon im Filterschritt so viele tatsächliche Antworten zu identifizieren wie möglich. Es gibt mehrere konservative Approximationen, die diese beiden Anforderungen erfüllen. Für einen experimentellen Test wählten wir die Bounding Box, die konvexe Hülle, das minimal umgebende 4- und 5-Eck, die gedrehte Bounding Box, die minimal umgebende Ellipse und den minimal umgebenden Kreis aus. Die gemessenen Approximationsgüten waren näherungsweise unabhängig von den verschiedenen getesteten Daten (Europa, Afrika, Seen & Inseln und die Gemeinden von Baden-Württemberg). Dieses Ergebnis war überraschend, da die einzelnen Landkarten aus verschiedenen Quellen stammten und auch unterschiedliche Auflösung hatten. Es ergab sich auch eine eindeutige Rangfolge in der Approximationsgüte. Die konvexe Hülle hatte natürlich die beste Approximationsgüte (124%), gefolgt vom 5-Eck (133%), dem 4-Eck (144%), der gedrehten Bounding Box (162%), der Ellipse (168%) und dem Kreis (215%). Verglichen mit der Bounding Box (193%) ist eine signifikante Verbesserung zu verzeichnen. Die gedrehte Bounding Box übertrifft um 30 Prozentpunkte und das 5-Eck sogar um 60 Prozentpunkte die Approximationsgüte der herkömmlichen Bounding Box. Je besser die Approximationsgüte ausfällt, desto weniger Zugriffe auf die exakte Darstellung der Objekte sind notwendig. Somit werden viele Aufrufe teurer Algorithmen aus der Computational Geometry im Verfeinerungsschritt vermieden.

Mit dem R*-Baum können unsere neuen Approximationen effizient organisiert werden, obwohl der R*-Baum ursprünglich für Bounding Boxes entworfen wurde. Es ist offensichtlich, daß andere Approximationen als die Bounding Box bei der räumlichen Suche im R*-Baum mehr Seitenzugriffe verursachen, da sie mehr Speicherplatz und eine größere Flächenausdehnung (vgl. Tabelle 8) benötigen. Jedoch amortisieren sich diese leicht erhöhten Kosten, da wegen der verbesserten Approximationsgüte weniger False Hits untersucht werden. Effiziente Approximationen schlagen dann im Verfeinerungsschritt zu Buche und es sind Leistungsgewinne bis zu 60% zu erzielen.

Die Einfachheit und Robustheit des R*-Baumes blieb erhalten, da im Directory einfache Bounding Boxes verwaltet werden und nur in den Datenseiten komplexere Approximationen gespeichert sind. Wir verwendeten die Anzahl der Seitenzugriffe bei einer Point Query als Maß für die Strukturveränderung eines R*-Baumes, wenn verschiedene Approximationen genutzt wurden. Es stellte sich heraus, daß die zweistufige Anfragebearbeitung wesentlich effizienter durchgeführt werden kann, wenn man das 5-Eck, die Ellipse oder die gedrehte Bounding Box im R*-Baum abspeichert anstatt der herkömmlichen Bounding Box. 5-Ecke haben eine extrem hohe Approximationsgüte, die in unseren Experimenten nur um 33% von den Ausgangsobjekten abweicht. Die Ellipse oder die gedrehte Bounding Box sind die beste Wahl, wenn Speicherplatzbedarf und Approximationsgüte gleich gewichtet werden.

4 Der Zerlegungsansatz

Das vorangegangene Kapitel befaßte sich eingehend mit Approximationen, einem Konzept, die Effizienz der Anfragebearbeitung in Geo-Datenbanksystemen zu steigern. Hierbei wird die Komplexität der Objektgeometrie auf ein handhabbares Maß reduziert, indem die Ausgangsobjekte durch einfachere geometrische Objekte approximiert werden. Eine zweite prinzipielle Strategie, die Objektgeometrie für die Anfragebearbeitung zu vereinfachen, besteht darin, die Ausgangsobjekte in einfache Teilkomponenten zu zerlegen. Während die Objektapproximationen das Ziel haben, möglichst häufig geometrische Tests auf den ursprünglichen Geo-Objekten ganz zu verhindern, dienen Objektzerlegungen dazu, diese Tests zu vereinfachen, d.h. schneller ausführbar zu machen. Objekte zu zerlegen entspricht dem algorithmischen Prinzip *'Divide and Conquer'* und wird in vielen Gebieten der Informatik verwendet. Chazelle und Dobkin motivieren den Zerlegungsansatz für geometrische Probleme in [CD 85] mit einer netten Analogie: "In gleicher Weise wie die englische Schrift davon profitiert, daß sie in einem 26 Buchstabenalphabet ausgedrückt werden kann, können komplexe geometrische Strukturen leichter gehandhabt werden, wenn sie in einfachere Strukturen zerlegt werden".

Im Bereich der Computational Geometry wird der Zerlegungsansatz beispielsweise genutzt, um geometrische Problemstellungen von Polygonen effizient zu lösen, indem die Polygone in einfache Komponenten zerlegt werden. Mit einem speziellen Algorithmus wird dann die Fragestellung für jede Komponente beantwortet, und diese Teillösungen werden schließlich zum Endergebnis zusammengesetzt. Schon seit den siebziger Jahren haben Zerlegungstechniken in Bereichen wie Mustererkennung und Bildverarbeitung eine besondere Bedeutung ([FP 75] [Pav 77] [Tou 80]). Auch bei der Objektrepräsentation nehmen Zerlegungen eine zentrale Rolle ein, z.B. Triangulationen bei digitalen Höhenmodellen (vgl. u.a. [Bur 86]).

4.1 Der Zerlegungsansatz in Geo-Datenbanksystemen

Mit Approximationen wird ein schneller geometrischer Filter etabliert, doch zur korrekten Bearbeitung der Anfrage muß im Verfeinerungsschritt die komplexe Geometrie der Objekte betrachtet werden. Dazu sind Algorithmen aus dem Bereich der Computational Geometry (CG) [PS 88] erforderlich, die sowohl bei ihrer Implementierung als auch bei der benötigten Laufzeit erheblichen Aufwand verursachen können. Kriegel und andere führen in [Kri 91a] und [KHS 91] anhand empirischer Untersuchungen aus, daß in Geo-Datenbanksystemen die Anfragebearbeitung komplexer geometrischer Objekte durch diese komplexen und zeitaufwendigen CG-Algorithmen dominiert wird. Diese Beobachtung wurde in [BZ 91] für komplexe Geo-Objekte aus der Biologie bestätigt.

Ein weiterer Ansatzpunkt, die Effizienz der Anfragebearbeitung in Geo-Datenbanksystemen zu steigern, liegt somit auf der Hand. Der Anteil komplexer und zeitaufwendiger CG-Algorithmen bei der Bearbeitung der Geo-Anfragen muß drastisch reduziert werden. An dieser Stelle kommt ein weiteres allgemeingültiges Prinzip der Informationsverarbeitung zum Tragen. Der Aufwand bei der Anfragebearbeitung kann verringert werden, wenn in einem Vorverarbeitungsschritt Zeit und Speicherplatz in die Repräsentation der Objekte investiert wird. Ein vielversprechender Ansatz beruht in diesem Zusammenhang auf der Idee, die Objekte durch eine Menge einfacher Teilkomponenten zu repräsentieren, denn damit vereinfachen sich auch die Algorithmen zur Bearbeitung der geometrischen Operationen und Anfragen. Beispielsweise wird ein komplexer Punkt-in-Polygon-Test beantwortet, indem einfache Teilkomponenten überprüft werden; oder der Schnitt zweier Polygone wird durch den Schnitt einfacher Komponenten ersetzt. Abstrakter und allgemeingültiger ausgedrückt: Der Zerlegungsansatz ermöglicht es, komplexe und zeitaufwendige Algorithmen durch eine Menge einfacher und schneller Algorithmen zu ersetzen.

4.1.1 Architekturvorschläge

In der Literatur werden zwei grundsätzlich verschiedene Strategien vorgeschlagen, den Zerlegungsansatz für die Anfragebearbeitung in Geo-Datenbanksystemen zu nutzen.

1. Der Raum, in dem alle Objekte eingebettet sind, wird in disjunkte Zellen zerlegt. Die Vereinigung aller Zellen überdeckt die Menge der Objekte. Die disjunkte Zellenaufteilung impliziert an den Zellgrenzen eine Zerlegung der Objekte in Teilkomponenten. Die entsprechend der Zellaufteilung zerlegten Objekte werden durch eine Raumzugriffsstruktur verwaltet. Ein bekannter Vertreter dieser Methode ist der PMR-Quadtree [HS 91]. PMR-Quadtrees erzeugen und speichern diese Teilkomponenten nicht ab, sondern geben lediglich an, ob eine Zelle vollständig von einem Objekt überdeckt wird oder welche Kanten welcher Objekte eine Zelle kreuzen. Diese Kanten, die in einer Tabelle abgelegt sind, werden über einen Verweis referenziert. Somit handelt es sich beim PMR-Quadtree nur um einen räumlichen Sekundärindex. Da er keinen Einfluß auf die physische Speicherung der Objekte ausübt, werden Bereichsanfragen nicht immer effizient unterstützt (vgl. [Wid 91] und [Bri 92b]). Objektmengen, in denen man Überlappungen zuläßt, sind mit Quadtrees schwer zu handhaben. Dem Autor ist kein entsprechender Ansatz bekannt.
2. Jedes einzelne Objekt wird unabhängig von den anderen in Teilkomponenten zerlegt. Die Menge der Teilkomponenten aller Objekte wird in einer Raumzugriffsstruktur gespeichert ([Kri 91a], [KHS 91] und [Sch 92]). Mit folgendem Problem wird man bei diesem Vorschlag konfrontiert: Werden in einer Datenstruktur die Teilkomponenten verschiedener Objekte verwaltet, so geht die Zugehörigkeit von Teilkomponenten zum Objekt verloren. Deshalb muß jede Teilkomponente über einen Verweis dem Ausgangsobjekt zugeordnet sein. Diese Organisationsform birgt die Gefahr in sich, die Clusterung eines Objektes in einer zusammenhängenden Speichereinheit zu zerstören, denn Teilkomponenten, die zu einem Objekt gehören, können in der Raumzugriffsstruktur verstreut abgespeichert sein. Die Ausgabe eines bestimmten Objektes verursacht z.B. ein Zusammensuchen der entsprechenden Teilkomponenten. Da in Geo-Datenbanksystemen auf Objektclusterung nicht verzichtet werden kann, wird eine zusätzliche Repräsentation benötigt, die diese Objektclusterung realisiert. Ein Anfrageprozessor regelt dann die Auswahl der jeweiligen Repräsentationsform, um die verschiedenen Geo-Anfragen so effizient wie möglich ablaufen zu lassen (vgl. [Sch 92]). Mehrfachrepräsentationen benötigen zusätzlichen Speicherplatz und eine Komponente, die die Konsistenz der Daten sicherstellt.

Ausgehend von diesen Überlegungen beschreitet diese Arbeit einen neuen Weg. Jedes Geo-Objekt wird sowohl approximiert als auch zerlegt. Die Menge der Approximationen wird in einer Raumzugriffsstruktur (z.B. R*-Baum) organisiert und gespeichert. Mit diesem Vorgehen wird lokale Ordnungserhaltung erzielt (vgl. Abschnitt 3.4.2). Die Menge der Zerlegungskomponenten eines einzelnen Objektes wird in einer Datenstruktur, die der Anzahl und der Art der Zerlegungskomponenten angepaßt ist, verwaltet. Die Teilkomponenten eines Objektes werden also kompakt in einer Datenstruktur abgelegt, wodurch wiederum Objektclusterung sichergestellt wird.

In den nächsten Abschnitten werden Zerlegungstechniken für die Klasse der einfachen Polygone mit Löchern ausgewählt bzw. entwickelt, so daß die folgenden drei essentiellen Stärken, die dem Zerlegungsansatz in bezug auf eine effiziente Anfragebearbeitung inhärent sind, so gut wie möglich ausgeschöpft werden:

- Die algorithmische Komplexität der Anfragen und Operationen wird vereinfacht.
- Die Lokalität geometrischer Anfragen und Operationen kann ausgenutzt werden. Abbildung 32 zeigt dazu ein Beispiel. Um den Bereich des Voltasees zu bestimmen, der die Anfrageregion schneidet, ist nur dessen nordwestlicher Teil näher zu untersuchen.
- Die Einfachheit der Teilkomponenten ermöglicht den Einsatz leistungsfähiger Raumzugriffsstrukturen.

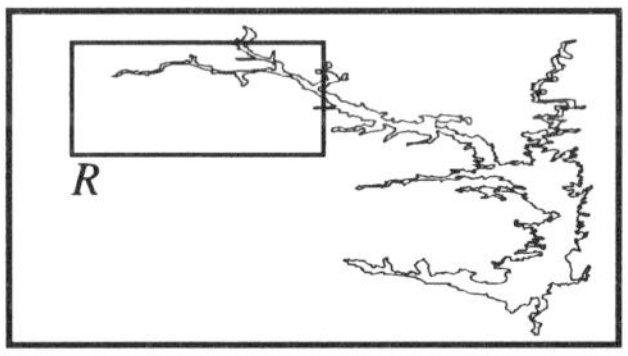

Abbildung 32: Lokalität bei der Schnittberechnung einer Anfrageregion *R* mit dem Geo-Objekt

Im weiteren Verlauf der Arbeit werden diese Vorteile konkretisiert und im Detail diskutiert. Der Erfolg des Zerlegungsansatzes hängt von zwei Faktoren ab. Zunächst darf die Anzahl der Teilkomponenten, die zur Bearbeitung einer Geo-Anfrage betrachtet werden müssen, nicht beliebig anwachsen. Diese Forderung ist bei der Auswahl geeigneter Zerlegungstechniken von entscheidender Bedeutung. Daneben müssen mittels adäquater Datenstrukturen diejenigen Teilkomponenten schnell ermittelt werden können, die von Geo-Anfragen betroffen sind, d.h. ein sequentielles Durchlaufen aller Teilkomponenten eines Objektes wäre inakzeptabel.

4.1.2 Analytische Aspekte von Zerlegungstechniken

Zerlegungstechniken können nach Keil und Sack [KS 85] prinzipiell in zwei Klassen unterschieden werden. Bei *verfahrensorientierten* Zerlegungstechniken wird ein spezielles Verfahren angegeben, das die Polygone in kleinere Komponenten zerlegt. Bei *komponentenorientierten* Ansätzen werden die Polygone in wohldefinierte kleinere Komponenten zerlegt. Unter der Zielsetzung, die Polygone als eine Menge möglichst einfacher und wohldefinierter Komponenten zu betrachten, werden die verfahrensorientierten Zerlegungstechniken in dieser Arbeit nur am Rande betrachtet.

Die Zerlegung eines Objektes wird *Partitionierung* genannt, wenn die gelieferten Teilkomponenten bis auf Randberührungen disjunkt sind und ihre Vereinigung das Objekt ergibt. Dürfen sich die Teilkomponenten echt überlappen, bezeichnet man dies als *Covering*. Ähnlich wie bei der Approximation von Objekten kann man neben der Vereinigung auch die Differenz von Teilkomponenten zulassen. Toussaint hat hierfür in [Tou 80] den Begriff *Summen-Differenz-Zerlegung* eingeführt. Entsprechend der Argumentation bei Approximationsmethoden werden Covering und Summen-Differenz-Zerlegung nicht genauer betrachtet, da Objekte an Überlappungsstellen redundant repräsentiert werden. Dies würde den algorithmischen Aufwand geometrischer Operationen wie z.B. Schnittberechnungen erhöhen und eine zusätzliche Komponente erfordern, die diese Redundanz bei der Anfragebearbeitung ausfiltert.

Der Zerlegungsprozeß polygonaler Objekte in einfachere Teilkomponenten kann mit oder ohne Verwendung zusätzlicher Punkte durchgeführt werden. Diese zusätzlichen Punkte werden in der Literatur auch als *Steinerpunkte* bezeichnet. Je nachdem, ob Steinerpunkte erlaubt sind oder nicht, kann die Lösung eines Zerlegungsproblems ganz unterschiedliche Charakteristika aufweisen. Abbildung 33 zeigt die Partitionierung eines Polygons in eine minimale Anzahl konvexer Polygone mit und ohne Steinerpunkte.

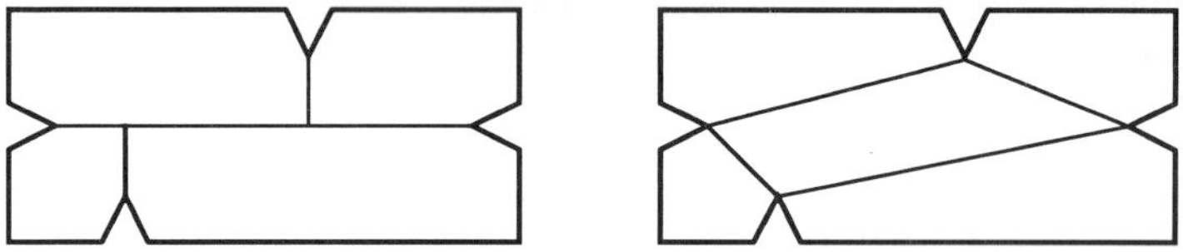

Abbildung 33: Konvexe Partitionierung mit und ohne Steinerpunkte (aus [KS 85])

In der einschlägigen Literatur existieren für geometrische Objekte im allgemeinen und für zweidimensionale Polygone mit Löchern im besonderen eine Fülle von Zerlegungsverfahren und theoretischen Resultaten. Unter der Zielsetzung, geeignete Zerlegungstechniken für Geo-Objekte innerhalb einer Speicher- und Zugriffsarchitektur für Geo-Datenbanksysteme auszuwählen bzw. zu entwickeln, werden im weiteren nur noch Partitionierungen von zweidimensionalen einfachen Polygonen mit Löchern betrachtet. Folgende einfache Polygonklassen sind mögliche Partitionierungskomponenten:

- Dreiecke
- Trapeze
- konvexe Polygone
- monotone Polygone
- sternförmige Polygone
- spiralförmige Polygone
- 'edge-visible'- Polygone

Die aufgezählten Polygonklassen sind in jedem Standardwerk der Computational Geometry (vgl. u.a. [PS 88]) definiert. Eine umfassende Auflistung aller Forschungsergebnisse würde über den Rahmen dieser Arbeit hinausgehen. Deshalb werden an dieser Stelle nur die wichtigsten theoretischen Ergebnisse präsentiert. Eine ausführlichere Betrachtung dieses Themas ist in [KS 85] zu finden. Soll die Partitionierung eines einfachen Polygons mit Löchern nicht nur einen bestimmten Typ von Teilkomponenten generieren, sondern als Nebenbedingung ein Optimalitätskriterium erfüllen, wie z. B. minimale Anzahl von Teilkomponenten oder minimale Gesamtlänge der Kanten, die zur Zerlegung benötigt werden, so sind diese Probleme fast ausschließlich NP-schwierig oder NP-vollständig.

Im weiteren betrachten wir Polygone mit n Randpunkten. Zunächst sollen Steinerpunkte bei der Partitionierung erlaubt sein. Die Zerlegung in eine minimale Anzahl von Dreiecken ist, wie Lingas in [Lin 82] bewiesen hat, NP-schwierig. In [AAO 83] wurde ein Algorithmus entwickelt, der in einer Laufzeit von $O(n\log n)$ eine Zerlegung findet, die höchstens das Vierfache an Dreiecken erzeugt wie die optimale Zerlegung. Die Partitionierung in eine minimale Anzahl von Trapezen wurde von Asano und Asano in [AA 83] als NP-vollständig bewiesen. Sie entwickelten aber einen

O($n$log$n$)-Algorithmus, dessen Zerlegung aus nicht mehr als der dreifachen Anzahl an Trapezen besteht als die minimale Zerlegung. O'Rourke und Supowit zeigten in [OS 83], daß die Partitionierung in eine minimale Anzahl konvexer, spiralförmiger und auch sternförmiger Komponenten NP-schwierig ist. Schließlich wurde in [Lin 82] auch die Zerlegung in konvexe Komponenten mit minimaler Gesamtkantenlänge als NP-schwierig bewiesen.

Werden keine Steinerpunkte verwendet, so ist die Partitionierung eines Polygons in eine minimale Anzahl konvexer, monotoner, spiralförmiger und sternförmiger Komponenten NP-vollständig. Für das konvexe Partitionierungsproblem bewies dies Lingas in [Lin 82], während Keil die NP-Vollständigkeit der übrigen Probleme in [Kei 83] bewies. Auch die Variante mit dem Optimalitätskriterium der minimalen Gesamtkantenlänge ist ein NP-vollständiges Problem [Kei 83].

Diese aus [KS 85] entnommenen Komplexitätsabschätzungen zeigen eindrucksvoll, daß eine minimale Teilkomponentenanzahl nicht erreicht werden kann. Lediglich das Triangulationsproblem - Zerlegung in disjunkte Dreiecke ohne Verwendung von Steinerpunkten - ist einfach genug, so daß leistungsfähige Algorithmen entwickelt werden können (vgl. Abschnitt 4.2.1.).

Nach diesem Exkurs in die Theorie der Zerlegungen widmet sich der nächste Abschnitt der eher praktisch orientierten Fragestellung: Welche Charakterisierungsmerkmale von Zerlegungstechniken gibt es und welche Anforderungen an Objektzerlegungen werden innerhalb einer Speicher- und Zugriffsarchitektur in Geo-Datenbanksystemen gestellt?

4.1.3 Charakterisierung von Zerlegungen

Wie in Abschnitt 4.1.2 begründet, favorisiert diese Arbeit solche Zerlegungen, die Geo-Objekte partitionieren. Covering oder eine Summen-Differenz-Zerlegung erscheint für Geo-Datenbanksysteme nicht adäquat. Mit einem polynomiellen Algorithmus kann die Partitionierung in eine minimale Anzahl von Teilkomponenten nicht erreicht werden. Hierbei stellt sich die Frage, welche Bedeutung eine minimale Anzahl überhaupt hat und ob anderen Eigenschaften der Zerlegung für die Anfragebearbeitung in Geo-Datenbanksystemen eine größere Bedeutung zukommt. Um diese Frage systematisch anzugehen, soll zunächst eine Reihe von Charakterisierungsmerkmalen für Zerlegungen genannt werden, von denen einige qualitative, andere quantitative Aspekte beschreiben. Parallel dazu wird ihre Bedeutung für die Anfragebearbeitung in Geo-Datenbanksystemen beurteilt.

Qualitative Aspekte

1. Wie geeignet ist die Zerlegung für eine Verwaltung durch Datenstrukturen?

Die wesentliche Idee des Zerlegungsansatzes ist, komplexe Polygone effizienter handhaben zu können, indem man sie in eine Menge einfacher Komponenten zerlegt. Auf diesen einfachen Komponenten können die geometrischen Anfragen und Operationen relativ schnell bearbeitet werden. Der Erfolg dieses Vorgehens hängt aber entscheidend davon ab, wie schnell auf die Menge der Komponenten zugegriffen werden kann, die von den Anfragen und Operationen betroffen sind.

Um z.B. einen optimalen Punkt-in-Polygon-Test zu entwerfen, wird im Bereich der Computational Geometry wie folgt argumentiert (vgl. [PS 88]): Die schnellste bekannte Suchmethode basiert auf binärer Suche. Vom Standpunkt aus, die Anfragezeit zu minimieren, ist es wichtiger, binäre Suche anzuwenden als die Anzahl der Teilkomponenten zu minimieren, die durchsucht werden muß, da die Suchzeit logarithmisch von der Anzahl der Teilkomponenten abhängt. Deshalb liegt das fundamentale Designparadigma der Minimierung der Suchzeit darin, in einem Vorbearbeitungsschritt Teilkomponenten zu erzeugen, die eine binäre Suche erlauben. In [PS 88] wird u.a. der Trapezbaum vorgestellt, der das Polygon in eine Menge von Trapezen zerlegt, auf denen eine vollständige räumliche Ordnung definiert werden kann und die damit binäre Suche erlauben. Der Trapezbaum beantwortet den Punkt-in-Polygon-Test in weniger als $4\log_2 n$ Vergleichen, wobei er einen Speicherplatz von $O(n\log n)$ benötigt.

Dieses Beispiel macht klar, daß die minimale Anzahl an Teilkomponenten nicht unbedingt das wichtigste Kriterium für eine effiziente Anfragebearbeitung in Geo-Datenbanksystemen darstellt. Als Repräsentationsform für Geo-Objekte ist die Trapezbaum-Zerlegung aber aus zweierlei Gründen nicht geeignet. Erstens ist der Speicherplatzbedarf mit $O(n\log n)$ für den Einsatz in Geo-Datenbanksystemen zu hoch. Zweitens ist der Trapezbaum auf den Punkt-in-Polygon-Test zugeschnitten und daher weniger für andere Anfragen und Operationen geeignet.

Festzuhalten bleibt: Ein sequentielles Durchlaufen der Menge der Zerlegungskomponenten bei der Anfragebearbeitung ist ineffizient, da dies weder einer optimalen Suche entspricht noch die räumliche Lokalität von Geo-Anfragen ausnützt. Die Zerlegungskomponenten müssen deshalb so beschaffen sein, daß sie räumlich sortiert oder durch eine effiziente Datenstruktur verwaltet werden können. Werden Raumzugriffsstrukturen wie der R*-Baum zur Verwaltung der Teilkomponenten verwendet, ist es günstig, wenn die Teilkomponenten der Bounding Box ähneln.

2. Welcher Typ von Partitionierungskomponenten wird erzeugt?

Der Typ der Teilkomponente ist entscheidend dafür, inwieweit die Algorithmen vereinfacht werden können. Beispielsweise müssen bei einem Punkt-in-Polygon-Test bei entsprechender Zerlegung Dreiecke, Trapeze oder spiralförmige Polygone getestet werden. Dies legt die Auswahl möglichst einfacher Polygone als Zerlegungskomponenten nahe.

3. Ist die Menge der Teilkomponenten homogen oder heterogen?

Falls die Menge der Teilkomponenten aus verschiedenen Typen besteht, werden die Algorithmen komplexer. Beispielsweise beim Schnitt zweier Polygone müssen Fallunterscheidungen vorgenommen werden, je nachdem welcher Komponententyp mit welchem geschnitten wird.

4. Ist die Partitionierung eindeutig?

Beim Test, ob die geometrische Komponente zweier Objekte identisch ist, kann die Eindeutigkeit der Zerlegung an Bedeutung gewinnen.

5. Weist die Partitionierung Invarianzen auf?

Wenn Ähnlichkeiten zwischen Objekten bestimmt werden sollen, sind Invarianzen wie die Translationsinvarianz, Rotationsinvarianz und Invarianz gegenüber Skalierung von Bedeutung, d.h. die Zerlegung ändert sich nicht, wenn das Objekt translatiert, rotiert oder skaliert wird. Eine weitere wichtige Eigenschaft ist die Invarianz gegenüber lokalen Veränderungen, d.h. verändert sich das Ausgangsobjekt lokal, so auch die Zerlegung.

6. Ist die Partitionierung verfahrensorientiert oder komponentenorientiert?

Eine verfahrensorientierte Zerlegung kann degenerierte Ausgangsobjekte gleichmäßiger partitionieren, während komponentenorientierte Zerlegungen die Degenerierung in den Ausgangsobjekten nachbilden.

7. Ist die Beschreibungslänge der Partitionierungskomponenten fest oder variabel?

Wie schon in Abschnitt 3.4.2 beschrieben, stellt eine feste Beschreibungslänge von Komponenten eine günstige Eigenschaft für die Abspeicherung in einer Datenstruktur dar.

8. Verwendet die Partitionierung Steinerpunkte oder nicht?

Auf der einen Seite eröffnen Steinerpunkte die Möglichkeit, eine Partitionierung regelmäßiger zu gestalten und Degenerationen im Ausgangsobjekt abzufedern. Auf der anderen Seite sind Steinerpunkte Hilfspunkte, die zusätzlich mitverwaltet werden müssen.

9. Erfüllt die Zerlegung ein Gütekriterium?

Gütekriterien sind von großer Bedeutung, da sie pathologische Fälle eventuell ausschließen und das Ergebnis einer Zerlegung bewertbar machen. Dies ermöglicht wiederum Vergleiche mit anderen Zerlegungen. Gütekriterien sind selten vorhanden und können schwer bewiesen werden (vgl. Abschnitt 4.1.2).

Quantitative Aspekte

10. Anzahl der Partitionierungskomponenten

Die Anzahl der Teilkomponenten ist die Ausgangsgröße für viele Komplexitätsabschätzungen, die sich auf den schlechtesten Fall beziehen. Beispielsweise müssen zur Berechnung des Schnittes zweier Polygone (mit n_1 und n_2 Teilkomponenten) im schlechtesten Fall $n_1 * n_2$ Schnitte durchgeführt werden. Je weniger Komponenten erzeugt werden, desto weniger Speicherplatz benötigt auch die Datenstruktur, die diese Komponenten verwaltet.

11. Speicherbedarf der Partitionierung

Der Speicherbedarf einer Objektrepräsentation ist in Geo-Datenbanksystemen von essentieller Bedeutung. Auch wenn durch erhöhten Speicherbedarf bei der Repräsentation eine Zeitersparnis bei der Anfragebearbeitung erzielt werden kann, muß der Speicherbedarf aus naheliegenden Gründen so gering wie möglich gehalten werden.

12. Zeitkomplexität der Partitionierungstechnik

Wie schnell eine Partitionierung durch ein bestimmtes Verfahren erzeugt werden kann, spielt für die spätere Anfragebearbeitung keine Rolle, ist aber beim Einfügen neuer Objekte in die Datenbank von großem Interesse. Deshalb sind Zerlegungsalgorithmen mit einer hohen polynomiellen oder sogar exponentiellen Zeitkomplexität in der Praxis nicht einsetzbar.

13. Robustheit der Partitionierungstechnik in bezug auf numerische Ungenauigkeiten

In der Praxis ist die Robustheit der eingesetzten Algorithmen gefordert. Die Ausgangsobjekte müssen korrekt zerlegt werden, d.h. pathologische Fälle dürfen kein Problem darstellen. Die Zerlegungskomponenten müssen die gleiche Genauigkeit haben wie das Ausgangsobjekt.

4.1.4 Auswahl von Zerlegungstechniken für Geo-Datenbanksysteme

Wie die oben genannten Aspekte berücksichtigt und gewichtet werden, um die Anfragebearbeitung in Geo-Datenbanksystemen auf der Basis des Zerlegungsansatzes so effizient wie möglich zu unterstützen, ist Gegenstand der Forschung. Ein abschließendes Urteil kann aufgrund der Komplexität dieser Fragestellung und des Zusammenspiels unterschiedlichster Faktoren noch nicht getroffen werden. Der gerade beschriebene Bewertungskatalog und die Sichtung der in der Literatur vorgestellten Zerlegungstechniken lassen dennoch einige wichtige Aussagen zu.

Quadtree-Zerlegungen:

In [SW 85], [NS 86] oder [HS 91] wird die Quadtree-Zerlegung zur Speicherung einer großen Menge von Geo-Objekten beschrieben. Ein Quadtree kann aber auch zur Partitionierung eines einzelnen Objektes herangezogen werden. Das Objekt wird bezüglich eines festen, orthogonalen Gitters partitioniert. Die Elemente des Gitters werden auch Zellen genannt. Der PM_1-Quadtree erzeugt drei Typen von Zellen:

- Zellen, die vollständig im Ausgangsobjekt liegen.
- Zellen, die eine Kante enthalten.
- Zellen mit zwei Kanten, die in einem Eckpunkt übereinstimmen.

Der PM_1-Quadtree erzeugt in der Regel sehr viele Zellen pro Objekt. Deshalb wurde der PMR-Quadtree entwickelt, eine Variante, die die Anzahl der Zellen stark reduziert. Er erzeugt Zellen, die eine Menge von Kanten enthalten, deren Kardinalität eine vordefinierte obere Schranke nicht überschreitet. Beide Quadtree-Varianten sind verfahrensorientiert und erzeugen eine heterogene Menge von Teilkomponenten unterschiedlichen Typs. Daneben sind beide Zerlegungen eindeutig, aber weder translations- noch rotationsinvariant. Die Quadtrees erfüllen als Gütekriterium, daß die Zellen eine vordefinierte Komplexität nicht überschreiten. Die Beschreibungslänge der Partitionierungskomponenten ist zwar variabel, aber aufgrund der maximalen Anzahl an Kanten innerhalb einer Zelle nach oben beschränkt. Falls die Kanten, die in einer Zelle enthalten sind, über Verweise referenziert werden, verwenden die Quadtree-Varianten keine Steinerpunkte. Da auf der Menge der generierten Zellen mit der Z-Ordnung [TH 81] eine räumliche Ordnung definiert werden kann, eignen sich Quadtree-Zerlegungen sehr gut, um durch eine Datenstruktur (z.B. B-Baum) verwaltet zu werden. Die Zahl der Partitionierungskomponenten, Speicherbedarf und Zeitkomplexität sind nur nach oben abschätzbar, wenn eine maximale Auflösung vorgegeben ist. Dann kann aber für die Zellen kein Einfachheitskriterium mehr sichergestellt werden.

Komponenten mit einer geringen Komplexität zu erzeugen und dabei die Anzahl an Komponenten gering zu halten sind beim Einsatz von Quadtree-Zerlegungen gegenläufige Zielsetzungen (vgl. [HS 91]). Der PM_1-Quadtree erzeugt zwar einfache Komponenten, aber die Anzahl an Komponenten ist nicht abschätzbar und kann in einem inakzeptablen Maß anwachsen. Dagegen wird durch den PMR-Quadtree die Anzahl erheblich verringert und pathologische Fälle (Kanten, die extrem nahe beieinander liegen) sind handhabbar. Aber die Komponenten werden so kompliziert, daß die Komplexität der Algorithmen zur Bearbeitung der Geo-Anfragen durch Zerlegung nicht vereinfacht werden. Alle die genannten Gründe lassen Quadtree-Zerlegungen für den in dieser Arbeit verfolgten Ansatz nicht geeignet erscheinen.

CG-Zerlegungen:

Wie in Abschnitt 4.1.2 angesprochen, existieren im Bereich der Computational Geometry eine Fülle von Zerlegungstechniken. Dennoch kann die Zahl der potentiellen Kandidaten für den Einsatz in Geo-Datenbanksystemen durch die folgenden Überlegungen systematisch eingeschränkt werden: Zunächst sind exponentielle Algorithmen nur für die Theorie von Bedeutung, aber nicht für den praktischen Einsatz in einer Speicher- und Zugriffsarchitektur geeignet. In Charakterisierungsmerkmal 2 wird die Notwendigkeit einfacher Zerlegungskomponenten aufgezeigt. Deshalb scheiden Partitionierungen in monotone, spiralförmige, sternförmige oder 'edge-visible' Polygone aus. Zerlegungen wie der Trapezbaum, die dezidiert für einen bestimmten Anfragetyp entwickelt wurden, erweisen sich aufgrund der fehlenden allgemeineren Verwendbarkeit und des hohen Speicherbedarfs als nicht adäquat. Untersuchenswert sind somit die Zerlegungen in Dreiecke, Trapeze und konvexe Polygone.

Heterogene Zerlegungen:

Heterogene Zerlegungen im allgemeinen und die in [DHH 90] beschriebene Zerlegung in Dreiecke und Rechtecke (siehe Abb. 34) im besonderen erscheinen für den Einsatz in Geo-Datenbanksystemen aus folgenden Gründen nicht günstig: Wenn Geo-Objekte in eine heterogene Menge von Teilkomponenten partitioniert werden, wird die Algorithmik bei der Anfragebearbeitung aufgrund der verschiedenen Typen von Teilkomponenten im allgemeinen komplexer (vgl. Charakterisierungsmerkmal 3). Droste und andere zerlegen die Objekte zwar in einfache Komponenten (Bounding Boxes und Dreiecke mit einer achsenparallelen Kante), die sehr gut durch Raumzugriffsstrukturen verwaltet werden können, dennoch existieren komplexere Komponenten wie Kerben und Spitzen. Der Komplexitätsgrad der Komponenten ist demnach gleich dem von Dreiecken. Außerdem werden bei realen Objekten im Durchschnitt ungefähr doppelt so viele Komponenten wie bei einer Triangulation erzeugt, und die Zahl der Steinerpunkte ist nicht nach oben beschränkt [Sch 92] (vgl. dazu Charakterisierungsmerkmal 8).

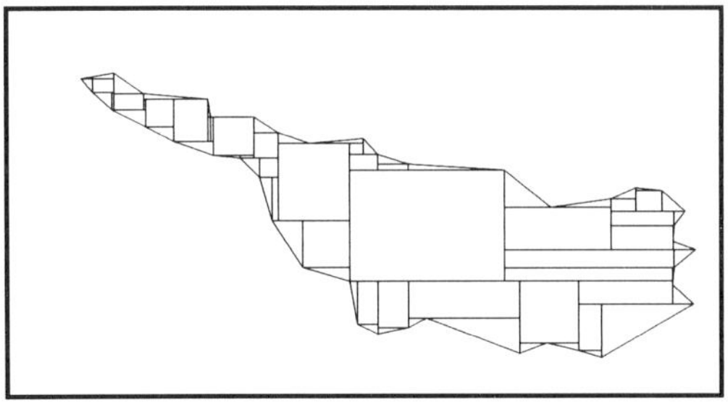

Abbildung 34: Heterogene Zerlegung

Zerlegung in eine feste Anzahl von Komponenten:

Werden die Komponenten aller Objekte in einer einzigen Datenstruktur gespeichert und verwaltet, ist die Zerlegung in eine feste Anzahl von Komponenten ohne Rücksicht auf deren Komplexität eine interessante Idee. Anfragen mit geringer und hoher Selektivität werden in gleicher Weise berücksichtigt (vgl. [Sch 92]). Für die in dieser Arbeit vorgeschlagene Speicher- und Zugriffsarchitektur ist aber eine solche Zerlegung ungeeignet, denn die Zerlegung eines einzelnen Objektes soll effizient ausgenutzt bzw. verwaltet werden. Wenn dabei die Zerlegungskomponenten so komplex wie die Ausgangskomponenten sind, werden die Vorteile des Zerlegungsansatzes stark eingeschränkt. Die Algorithmen vereinfachen sich nicht. Ausnutzung der Lokalität von Anfragen ist nur bedingt möglich.

Resümee:

Drei Zerlegungsverfahren erscheinen für unsere zweistufige Anfragebearbeitung adäquat:

1. Triangulation (vgl. Abschnitt 4.2.1)
2. Trapez-Zerlegung (vgl. Abschnitt 4.2.2)
3. Konvexe Zerlegung (vgl. Abschnitt 4.2.3)

Dabei gehen wir im Gegensatz zu [KHS 91], [Hee 92] und [Sch 92] in unserem Ansatz davon aus, daß die Menge der Zerlegungskomponenten aller Geo-Objekte nicht durch eine einzige Datenstruktur verwaltet wird. Wir betrachten statt dessen jede Objektzerlegung isoliert und organisieren sie in einer eigenen Datenstruktur. Der Verfeinerungsschritt läuft in unserer Architektur immer bezüglich eines Einzelobjekts ab.

4.2 Partitionierungen

4.2.1 Triangulation

Bei Verwendung von Steinerpunkten ist die Zerlegung eines Polygons in eine minimale Anzahl von Dreiecken ein NP-schwieriges Problem [Lin 82]. In [AAO 83] wurde ein Algorithmus entwickelt, der in einer Laufzeit von O($n$log$n$) eine Zerlegung findet, die höchstens das Vierfache an Dreiecken erzeugt wie die optimale Zerlegung.

Steinerpunkte sind künstliche Punkte, zur Objektrepräsentation nicht notwendig und müssen deshalb zusätzlich verwaltet werden. Im weiteren soll daher die Zerlegung in disjunkte Dreiecke ohne Verwendung von Steinerpunkten näher betrachtet werden. Diese Art der Zerlegung wird auch als *Triangulation* bezeichnet.

Ein einfaches Polygon zu triangulieren ist eines der am besten untersuchten Probleme aus dem Bereich der Computational Geometry. Den ersten O($n$log$n$)-Algorithmus präsentierten Garey und andere in [Gar 78]. Seit dieser Zeit wurden große Anstrengungen unternommen, einen o($n$log$n$)-Algorithmus zu finden, um zu zeigen, daß eine Triangulation einfacher ist als Sortierung. Tarjan und Van Wyk [TV 88] schafften erst 10 Jahre später mit ihrem O($n$loglog$n$) Algorithmus einen Durchbruch. In [CTV 88] präsentierten Clarkson, Tarjan und Van Wyk einen randomizierten Algorithmus mit einer erwarteten Laufzeit von O($n$log*n). In [Cha 90a] stellte dann Chazelle einen deterministischen Algorithmus mit einer Laufzeit von O($n$log*n) vor. Das neuste und bedeutendste Resultat in diesem Bereich ist der von Chazelle [Cha 90b] entwickelte lineare Algorithmus zur Triangulation eines einfachen Polygons ohne Löcher.

Die erwähnten Algorithmen sind hauptsächlich aufgrund von theoretischen Gesichtspunkten konzipiert worden. Eine Implementierung ist unter Umständen sehr schwierig. Dies gilt vor allem für den linearen Algorithmus von Chazelle. Der O($n$loglog$n$)-Algorithmus von Tarjan und Van Wyk hingegen wurde im Rahmen einer "Workbench for Computational Geometry" an der Universität Ottawa implementiert [Eps 90].

Bis jetzt wurde lediglich die Triangulation einfacher Polygone betrachtet. Löcher sind noch nicht integriert. Es sei mit T(n,h,H) die Zeitkomplexität der Triangulation eines Polygons mit n Eckpunkten, h Löchern und H Locheckpunkten bezeichnet. Fournier und Montuno präsentierten in [FM 84] einen Algorithmus mit T(n,h,H) = O($n$log$n$). Falls h und H als Parameter bei der Zeitkomplexität betrachtet werden, ist die untere Schranke für die Triangulation eines Polygons mit Löchern Ω (n + $h$log$h$), sogar wenn alle Löcher Dreiecke sind (vgl. [BG 90]). Bar-Yehuda und Grinwald stellten in [BG 90] einen Algorithmus vor, der das Problem in O(T(n,0,0) + $h$log$n$ + H log H) Zeitkomplexität löst. Für $H \ll n$ ist dieser Algorithmus besser als der von Fournier und Montuno. Mit dem linearen Triangulationsalgorithmus von Chazelle, der den Autoren damals noch nicht bekannt war, und dem theoretischen Ergebnis, daß eine horizontale Trapez-Zerlegung (vgl. Abschnitt 4.2.2) linear komplexitätsäquivalent zu einer Triangulation ist [CI 84] [FM84], kann der Faktor (H log H) bei der Komplexitätsabschätzung auf H gedrückt werden.

Die Zielsetzung der bis jetzt genannten Algorithmen war es, die Komplexität der Laufzeit zu minimieren. Dabei wird kaum berücksichtigt, ob diese Algorithmen in einer kompakten und stabilen Form zu implementieren sind. Ein weiterer Nachteil dieser Triangulationen ist die Tatsache, daß die Form der erzeugten Dreiecke beim Zerlegungsprozeß nicht beeinflußt wird. Die erzeugten Dreiecke können beliebig degenerieren. Dieser Effekt ist für eine Abspeicherung der Dreiecke in einer Datenstruktur ungünstig. Daneben kann die Abarbeitung geometrischer Operationen schwieriger werden, da degenerierte Dreiecke numerische Genauigkeitsprobleme verursachen können. Homogenität der Dreiecke im Sinne von Gleichförmigkeit, Gleichartigkeit oder Gleichmäßigkeit ist deshalb ein wichtiges Paradigma beim Design einer Triangulation, die für eine Integration in ein Geo-Datenbanksystem adäquat sein soll.

Unter dieser Zielsetzung ist die Delaunay-Triangulation [Del 34] von besonderer Bedeutung, da sie als einzige Zerlegungstechnik ein Gütekriterium bezüglich der Homogenität der erzeugten Komponenten erfüllt. Dieses Gütekriterium ist unter der Bezeichnung Lawson-Kriterium bekannt. Es ist für eine Triangulation erfüllt, wenn für je zwei Dreiecke, die eine gemeinsame Kante besitzen, also mit der gemeinsamen Kante als Diagonale ein Viereck bilden, gilt: Bei Wahl der anderen Diagonale wächst das Minimum der 6 beteiligten Winkel nicht an. Da mit der Delaunay Triangulation lediglich die konvexe Hülle einer Punktmenge trianguliert wird, kann man mit dieser Technik einfache Polygone mit Löchern nicht in Dreiecke zerlegen.

Chew stellt in [Che 87] die Constrained-Delaunay-Triangulation (Abk. CDT) vor. Dabei wird mit einem O($n$log$n$) Algorithmus das folgende Problem gelöst: Gegeben sei eine Menge von n Eckpunkten und eine Menge von sich nicht schneidenden Kanten. Die CDT ist die Triangulation der Eckpunktmenge, die so nah an der Delaunay-Triangulation liegt wie möglich, wobei als Nebenbedingung die spezifizierten Kanten in die Triangulation eingeschlossen sind. Die CDT ist also eine Verallgemeinerung der Triangulation von Polygonen mit Löchern. In [Sei 90] ist ein konzeptionell einfacher Plane-Sweep-Algorithmus angegeben, der die CDT in einer Zeitkomplexität von O($n$log$n$) löst. Dieser Algorithmus stellt eine Erweiterung des Algorithmus von Fortune dar, der das übliche Voronoi-Diagramm konstruiert [For 87].

In Abschnitt 4.3 stellen wir eine eigene Triangulation vor, die auf der Basis der Delaunay-Triangulation entworfen wurde und im Gegensatz zur CDT Steinerpunkte zuläßt, um die Homogenität der Dreiecke zu verbessern.

4.2.2 Trapez-Zerlegung

Die Idee der Zerlegung von Geo-Objekten in Trapeze findet man an mehreren Stellen im Bereich der Computational Geometry. Grund hierfür ist, daß die Zerlegung auch als vollständige Beschreibung eines Plane-Sweep-Algorithmus angesehen werden kann. Schon 1983 stellten Tetsua und Takuo Asano in [AA 83] eine Trapez-Zerlegung für polygonale Objekte vor. In [Hee 92] und [DHH 90] wird diese Zerlegung ausführlich beschrieben und diskutiert. Deshalb sollen in diesem Abschnitt lediglich die grundsätzlichen Ideen und wichtigsten Ergebnisse über die Trapez-Zerlegung in knapper Form dargestellt werden.

In [AA 83] wurde die Zerlegung polygonaler Objekte in Trapeze erstmals ausführlich diskutiert. Die Autoren betrachten Zerlegungen in Trapeze mit zwei horizontalen Seiten für Polygone mit polygonalen Löchern ohne Selbstüberlappungen. Ein wesentlicher Beitrag dieses Artikels sind zwei Aussagen über die Anzahl der Komponenten bei einer optimalen Zerlegung von Polygonen in eine disjunkte Menge von Trapezen:

1. Das Problem der Berechnung einer optimalen Zerlegung in Trapeze mit zwei horizontalen Seiten ist NP-vollständig.
2. Ein einfacher Algorithmus mit einer Zeitkomplexität von O($n$log$n$) erzeugt eine Zerlegung, die maximal dreimal so viele Trapeze besitzt wie die Zerlegung in die minimale Anzahl.

Asano und Asano definieren ihren einfachen Algorithmus wie folgt: Zeichne zu jedem Eckpunkt so viele horizontale Verbindungsstrecken wie möglich, die innerhalb des Polygons und bis zur nächsten Kante des Polygons verlaufen. Für diese Zerlegungsmethode schlagen die Autoren einen Plane-Sweep-Algorithmus vor. Dabei werden die Anfangs- bzw. Endpunkte aller Kanten des

Polygons bezüglich der y-Koordinate sortiert. Man durchläuft diese Punktfolge und zerschneidet dabei das Geo-Objekt (siehe Abb. 35).

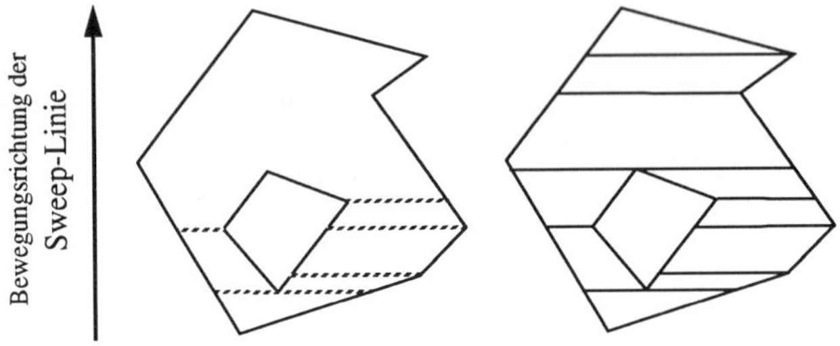

Abbildung 35: Schematische Darstellung einer Zerlegung in Trapeze

Der Algorithmus, der auf der Plane-Sweep-Technik basiert, läuft in zwei Schritten ab:

Schritt 1:

Zunächst werden die Eckpunkte des gegebenen Geo-Objekts (umgebendes Polygon und Loch-Polygone) nach aufsteigenden y-Koordinaten sortiert. Diese Sortierung legt die sogenannte Event-Point-Liste fest, die alle Punkte speichert, die während des Algorithmus durchlaufen werden müssen.

Schritt 2:

Die Event-Point-Liste wird abgearbeitet, indem von einem Punkt in der Liste zum nächsten gewechselt und jedesmal ein Zerlegungsstrahl parallel zur x-Achse ausgesendet wird. Dies wird auch das Event-Point-Scheduling des Algorithmus genannt. Jeder Strahl bildet zusammen mit seinem Nachfolger ein Trapez. In manchen Fällen erzeugt dieser Algorithmus degenerierte Trapeze, die Dreiecken mit einer horizontalen Kante entsprechen. Auf diese Art und Weise wird die Menge der Trapeze schrittweise generiert.

In [Hee 92] findet sich eine ausführliche Beschreibung dieses Algorithmus, die auch Implementierungsdetails enthält und Sonderfälle behandelt. In Abbildung 36 ist beispielhaft die Stadtgebiet von Bremen in Trapeze zerlegt.

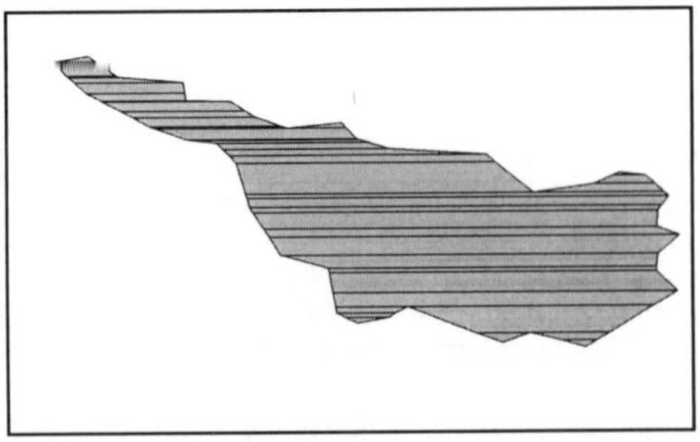

Abbildung 36: Zerlegung des Stadtgebiets von Bremen in Trapeze

4.2.3 Konvexe Zerlegung

Die Zerlegung eines einfachen Polygons in eine minimale Anzahl disjunkter, konvexer Polygone wurde im Bereich der Computational Geometry sehr intensiv untersucht. In [CD 79] bewiesen Chazelle und Dobkin, daß dieses Problem polynomiell zu lösen ist, obwohl es lange Zeit als NP-schwierig galt. Endgültig gelöst wurde das Problem in einem späteren Artikel [CD 85] dieser Autoren. Sie stellten darin einen Algorithmus vor, der linear in der Anzahl von Eckpunkten abhängt und kubisch von der Anzahl der Notches (Innenwinkel größer als 180°). Dabei wiesen sie auch nach, daß das Problem auch polynomiell ist, wenn Steinerpunkte erlaubt sind.

Falls aber Löcher innerhalb eines Polygons auftreten, ist eine Partitionierung in eine minimale Anzahl von konvexen Teilkomponenten NP-schwierig (vgl. [Lin 82]). Ausgehend von diesen theoretischen Ergebnissen und der Tatsache, daß die Form der konvexen Teilkomponenten für die Verwaltung in einer Raumzugriffsstruktur bedeutsam ist, wurde in [DHH 90] eine konvexe Zerlegungsmethode entwickelt, die achsenparallele Strahlen zur Generierung der konvexen Teilkomponenten verwendet. Die prinzipielle Idee des in [DHH 90] vorgestellten Verfahrens basiert auf der Tatsache, daß ein einfaches Polygon, welches keinen Innenwinkel größer als 180° aufweist, ein konvexes Polygon ist. Deshalb werden alle Notches sukzessive durch Zerlegung entlang von Verbindungsstrecken, die in einem solchen Notch beginnen, beseitigt. Dieser Algorithmus ist allerdings nur auf einfache Polygone anwendbar. In einem Vorverarbeitungsschritt müssen die Löcher in das umgebende Polygon durch Verbindungskanten integriert werden. Um einen visuellen Eindruck zu geben, zeigt Abbildung 37 ein reales Geo-Objekt, das durch dieses Verfahren zerlegt wurde.

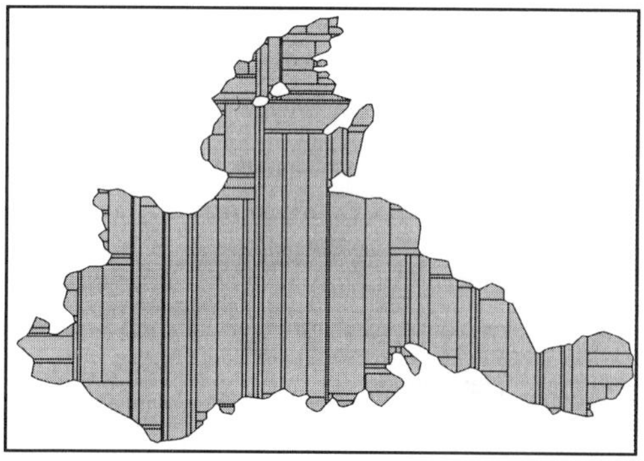

Abbildung 37: Zerlegung der Provinz von Zaragoza in konvexe Polygone

Die in [DHH 90] entworfene konvexe Zerlegung stellte in empirischen Untersuchungen ihre Eignung für den Einsatz in Geo-Datenbanksystemen unter Beweis (siehe [KHS 91]). Detailliertere und weiterführende Betrachtungen und Diskussionen über konvexe Zerlegungen im allgemeinen und über die beschriebene Zerlegung im besonderen sind in [Sch 92] zu finden.

4.3 Eine Zerlegung in homogene Dreiecke

Betrachtet man die bis jetzt vorgestellten Zerlegungen, ist folgendes zu beobachten: Werden die Geo-Objekte entsprechend einer Raumaufteilung zerlegt (vgl. Quadtrees), ist die Komplexität der Teilkomponenten nur durch hohen Speicherbedarf entscheidend einzuschränken. Hingegen kann eine Zerlegung, die sich lediglich an der Struktur des Objektes orientiert und keine Steinerpunkte verwendet, degenerierte Teilkomponenten liefern. Eine naheliegende Idee besteht daher in der Entwicklung einer Zerlegung, die zwar am Objekt orientiert ist, aber durch Einführung von Steinerpunkten die Gefahr abschwächt, degenerierte Teilkomponenten zu erzeugen. Steinerpunkte werden z.B. in der Finiten-Elemente-Methode verwendet, um gleichmäßige Dreiecksnetze zu erhalten.

Die Techniken zur Generierung gleichmäßiger Dreiecksnetze sind aber für eine Objektrepräsentation in Geo-Datenbanksystemen ungeeignet, da im allgemeinen zu viele Steinerpunkte erzeugt werden. Die Constrained-Delaunay-Triangulation zerlegt ein Polygon mit Löchern, ohne Steinerpunkte zu verwenden, und erfüllt das Lawson-Kriterium, so gut die Objektstruktur das zuläßt. Da die CDT die Objektkanten in die Triangulation integriert, wird der Zerlegungsprozeß durch die Länge und die Lage der Kanten gesteuert.

Ein neuer Ansatz beruht daher auf der Idee, nicht die Kanten des Objektes, sondern die Eckpunkte als Basis der Zerlegung zu verwenden. Auf der Eckpunktmenge kann die übliche Delaunay-Triangulation konstruiert werden, wobei das Lawson-Kriterium allgemein erfüllt ist und nicht durch Kantenintegration eingeschränkt wird. Durch die Verwendung von Steinerpunkten wird diese Delaunay-Triangulation verfeinert, so daß jede Objektkante als Dreieckskante oder als Vereinigung von Dreieckskanten vorliegt. Diese Verfeinerung impliziert auch, daß jedes Dreieck der Zerlegung entweder vollständig im Objekt oder ganz außerhalb liegt. Die endgültige Zerlegung erhält man, indem alle Dreiecke, die nicht zum Objekt gehören, aus der verfeinerten Delaunay-Triangulation entfernt werden. Diese grobe Skizze der *homogenen Triangulation* wird im folgenden Abschnitt 4.3.1 präzisiert.

4.3.1 Algorithmische Realisierung

Gegeben sei ein einfaches Polygon mit Löchern mit *n* Objektkanten $o_1, o_2, ..., o_n$:

1. *Bestimme die Delaunay-Triangulation der Eckpunktmenge des Objektes.*

   Die erzeugte Delaunay-Triangulation besteht aus den Kanten $t_1, t_2, ..., t_d$ und den Dreiecken $D_1, D_2, ..., D_m$.

2. *Beseitige in der Menge* $K = \{o_1, o_2, ..., o_n, t_1, t_2, ..., t_d\}$ *alle Objektkanten* o_i, *die mit einer Delaunay-Kante* t_j *identisch sind.*

3. *Bestimme auf K alle echten Schnittpunkte.*

   Falls nach der Duplikatsbeseitigung in der Menge *K* keine Objektkanten mehr vorhanden sind, muß man nur noch Schritt 6 ausführen, um eine korrekte Triangulation zu erhalten. Das Kernstück unseres Algorithmus (Schritt 4 und 5) wird in diesem Fall nicht benötigt.

Im weiteren werden die Kanten- und Eckenbezeichnungen eines beliebigen Dreiecks wie folgt normiert: Zunächst wird der Eckpunkt *A* des Dreiecks eindeutig festgelegt. *A* ist der Eckpunkt mit minimaler x-Koordinate, falls dies nicht eindeutig ist, wird derjenige mit minimaler y-Koordinate gewählt. Im Uhrzeigersinn wird der zweite Eckpunkt mit *B* und der dritte Eckpunkt mit *C* benannt. Die Kanten bezeichnet man entsprechend dem gegenüberliegenden Eckpunkt mit den Kleinbuchstaben *a*, *b* und *c* (siehe Abb. 38).

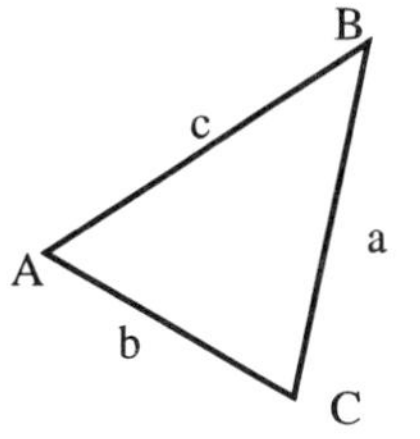

Abbildung 38: Dreiecksbezeichnungen

Ein naiver Ansatz würde jedes Delaunay-Dreieck immer dann, wenn ein Schnitt zwischen einer Objektkante und dem Dreieck auftritt, sofort entlang dieser Kante verfeinert triangulieren (siehe Abb. 39). Ein solcher Ansatz erzeugt im schlechtesten Fall exponentiell viele Dreiecke, denn eine weitere Objektkante könnte die neu erzeugten Dreiecke wiederum schneiden und weiter verfeinern. Diese Zersplitterung in immer feinere Dreiecke kann sich solange fortsetzen, bis alle Objektkanten in die Triangulation integriert sind. Im schlechtesten Fall würden $O(3^n)$ Dreiecke erzeugt. Ein exponentielles Anwachsen der Anzahl der Dreiecke, auch wenn dies nur für den schlechtesten Fall gilt, ist für die praktische Anwendung nicht tragbar.

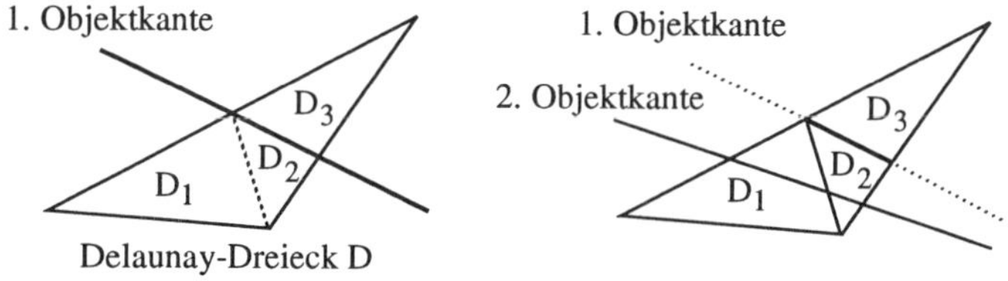

Abbildung 39: Naiver Ansatz zur Verfeinerung der Triangulation

Unser Ansatz geht von der Beobachtung aus, daß die Kenntnis der Schnittpunkte von Objektkanten mit Delaunay-Kanten ausreicht, um eine verfeinerte Triangulation zu erzeugen, die alle Objektkanten enthält. Deshalb werden erst alle *echten* Schnittpunkte bestimmt. Ein Schnittpunkt ist echt, wenn er nicht mit einem Eckpunkt zusammenfällt. Diese Schnittpunkte werden im weiteren als *Steinerpunkte* bezeichnet. Erst danach werden betroffene Dreiecke verfeinert trianguliert. Eine rekursive Verfeinerung ist somit ausgeschlossen. Eine Objektkante kann ein Delaunay-Dreieck nur auf zwei Arten schneiden. Entweder schneidet die Objektkante zwei Dreieckskanten oder die Objektkante beginnt in einem Dreieckspunkt und schneidet die gegenüberliegende Kante. Es kann zu diesem Zeitpunkt keine Objektkante geben, die durch zwei Punkte des Dreiecks verläuft, da solche Kanten schon in Schritt 2 ausgefiltert wurden. Da sich nach Definition zwei Objektkanten nicht selbst überlappen und in einem Randpunkt lediglich zwei starten, gibt es nur drei prinzipielle Fälle, wie Delaunay-

Dreiecke von Objektkanten geschnitten werden können (vgl. Abb. 40 und 41). Über die jeweilige Anzahl der Steinerpunkte pro Dreieckskante können die einzelnen Fälle unterschieden werden (vgl. Schritt 5, Fall 1, Fall 2.1 und 2.2). Durch Sortierung der Steinerpunkte auf den Dreieckskanten ist eindeutig festgelegt, wie die Punkte in der verfeinerten Triangulation miteinander verbunden werden müssen, so daß alle Objektkanten entweder als Dreieckskanten oder als Vereinigung von Dreieckskanten in der erzeugten Triangulation vorliegen (siehe Abb. 40).

4. *Sortierung der Steinerpunkte auf den Kanten:*

   Die Steinerpunkte der Kanten *b* und *c* werden aufsteigend nach dem Abstand zum Eckpunkt *A* sortiert, während die Steinerpunkte, die auf der Kante *a* liegen, aufsteigend nach ihrem Abstand zum Eckpunkt *C* sortiert werden. Für alle Dreiecke D_i, i=1,...,m, gilt dann:

   - Auf der Kante a_i des Dreiecks D_i liegen die Steinerpunkte $\{{}^{a_i}S_1, {}^{a_i}S_2, \ldots, {}^{a_i}S_{\alpha_i}\}$.
   - Auf der Kante b_i des Dreiecks D_i liegen die Steinerpunkte $\{{}^{b_i}S_1, {}^{b_i}S_2, \ldots, {}^{b_i}S_{\beta_i}\}$.
   - Auf der Kante c_i des Dreiecks D_i liegen die Steinerpunkte $\{{}^{c_i}S_1, {}^{c_i}S_2, \ldots, {}^{c_i}S_{\gamma_i}\}$.

5. *Identifiziere alle Delaunay-Dreiecke, die Steinerpunkte besitzen. Jedes dieser Dreiecke wird verfeinert trianguliert, so daß in der resultierenden Triangulation alle Objektkanten entweder als Delaunay-Kanten oder als Vereinigung von Dreieckskanten vorliegen.*

   Um die Indizierung zu erleichtern, werde im folgenden o.B.d.A. ein einzelnes Dreieck *D* betrachtet. *Del (P)* bezeichne die Delaunay-Triangulation einer Punktmenge *P*.

Bestimme zunächst

$\alpha' := \max\{\alpha, \beta, \gamma\} = \alpha'$

Sei *p* die Anzahl der Kanten, die zugleich die Dreieckskanten a und b schneidet.
Sei *q* die Anzahl der Kanten, die zugleich die Dreieckskanten a und c schneidet.
Sei *r* die Anzahl der Kanten, die zugleich die Dreieckskanten b und c schneidet.

Fall 1: $2 \times \alpha' - \alpha - \beta - \gamma \leq 0$ Triangulation (Abk. *Tri*) des Dreiecks *D* (siehe Abb. 40):

Es gilt: (1) $\alpha = p + q$; (2) $\beta = p + r$; (3) $\gamma = q + r$

aus (1) - (3) folgt $\alpha - \gamma = p - r$ und danach (2) eingesetzt, ergibt:

$p = (\alpha + \beta - \gamma) / 2$

$q = \alpha - p$

$r = \beta - p$

Initialisiere Σ_P, Σ_Q, Σ_R, *P*, *Q* und *R* mit der leeren Menge:

Fall 1.1: Bestimmung der Dreiecksmenge P und der Punktmenge Σ_P

$Falls\ p = 0{:}\quad \Sigma_P = \{C\}$

$Falls\ p = 1{:}\quad P = \Delta(C, {}^bS_\beta, {}^aS_1) \wedge \Sigma_P = \{{}^bS_\beta, {}^aS_1\}$

$$Falls\ p \geq 2{:}\quad P = \Delta(C, {}^bS_\beta, {}^aS_1) \cup \left(\bigcup_{i=1}^{p-1} Del({}^bS_{\beta-(i-1)}, {}^aS_i, {}^bS_{\beta-i}, {}^aS_{i+1}) \right)$$
$$\wedge\ \Sigma_P = \{{}^bS_{\beta-(p-1)}, {}^aS_p\}$$

Fall 1.2: Bestimmung der Dreiecksmenge Q und der Punktmenge Σ_Q

$Falls\ q = 0{:}\quad \Sigma_Q = \{B\}$

$Falls\ q = 1{:}\quad Q = \Delta(B, {}^cS_\gamma, {}^aS_\alpha) \wedge \Sigma_Q = \{{}^cS_\gamma, {}^aS_\alpha\}$

$$Falls\ q \geq 2{:}\quad Q = \Delta(B, {}^cS_\gamma, {}^aS_\alpha) \cup \left(\left(\bigcup_{i=1}^{q-1} Del({}^cS_{\gamma-(i-1)}, {}^aS_{\alpha-(i-1)}, {}^cS_{y-i}, {}^aS_{\alpha-i}) \right) \right)$$
$$\wedge\ \Sigma_Q = \{{}^cS_{\gamma-(q-1)}, {}^aS_{\alpha-(q-1)}\}$$

Fall 1.3: Bestimmung der Dreiecksmenge R und der Punktmenge Σ_R

$Falls\ r = 0{:}\quad \Sigma_R = \{A\}$

$Falls\ r = 1{:}\quad R = \Delta(A, {}^bS_1, {}^cS_1) \wedge \Sigma_R = \{{}^bS_1, {}^cS_1\}$

$$Falls\ r \geq 2{:}\quad R = \Delta(A, {}^bS_1, {}^cS_1) \cup \left(\bigcup_{i=1}^{r-1} Del({}^bS_i, {}^cS_i, {}^bS_{i+1}, {}^aS_{i+1}) \right)$$
$$\wedge\ \Sigma_R = \{{}^bS_r, {}^aS_r\}$$

Endgültige Triangulation des Dreiecks D:

$Tri(D) = Del(\Sigma_P \cup \Sigma_Q \cup \Sigma_R) \cup P \cup Q \cup R$

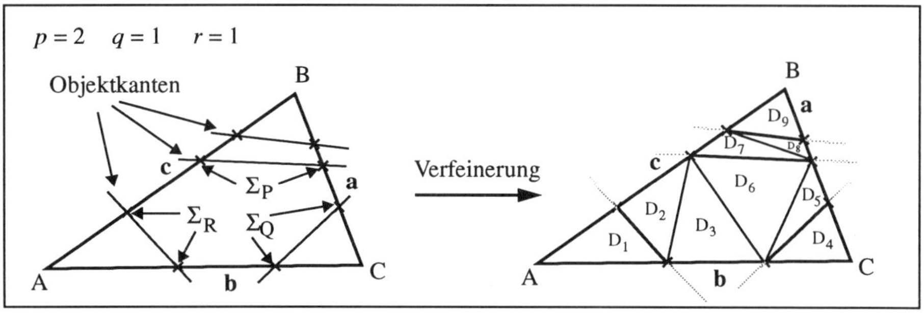

Abbildung 40: Beispiel einer Dreieckszerlegung, falls Steinerpunkte vorhanden sind.

Anm.: Objektkanten schneiden sich nicht, sondern berühren sich nur in Eckpunkten. Dies ist durch die Definition eines einfachen Polygons mit Löchern sichergestellt. Somit können die Objektkanten ein Delaunay-Dreieck nur in der oben gezeigten Form schneiden.

Fall 2: $2 \times \alpha' - \alpha - \beta - \gamma > 0 \Rightarrow$ Ausnahmefälle (siehe Abb. 41)

Fall 2.1: $\alpha' = \alpha \Rightarrow (r = 0) \wedge (p = \beta) \wedge (q = \gamma)$; in A starten Objektkanten:

Fall 2.1.1: Bestimme die Dreiecksmenge P und die Punktmenge Σ_P wie in Fall 1.1

Fall 2.1.2: Bestimme die Dreiecksmenge Q und die Punktmenge Σ_Q wie in Fall 1.2

Fall 2.1.3: $\alpha - \beta - \gamma = 1 \Rightarrow$ Abbildung 41 a)

$$Tri(D) = Del(\Sigma_P \cup A \cup {}^aS_{p+1}) \cup Del(\Sigma_Q \cup A \cup {}^aS_{p+1}) \cup P \cup Q$$

Fall 2.1.4: $\alpha - \beta - \gamma = 2 \Rightarrow$ Abbildung 41 b)

$$Tri(D) = P \cup Q \cup \Delta(A, {}^aS_{p+1}, {}^aS_{p+2}) \cup$$
$$Del(\Sigma_Q \cup A \cup {}^aS_{p+2}) \cup Del(\Sigma_P \cup A \cup {}^aS_{p+1})$$

Fall 2.2: $\alpha' = \beta \Rightarrow (q = 0) \wedge (p = \alpha) \wedge (r = \gamma)$; in B starten Objektkanten:

Fall 2.2.1: Bestimme die Dreiecksmenge P und die Punktmenge Σ_P wie in Fall 1.1

Fall 2.2.2: Bestimme die Dreiecksmenge R und die Punktmenge Σ_R wie in Fall 1.3

Fall 2.2.3: $\beta - \alpha - \gamma = 1 \Rightarrow$ Abbildung 41 a)

$$Tri(D) = Del(\Sigma_P \cup B \cup {}^bS_{\beta-p}) \cup Del(\Sigma_R \cup B \cup {}^bS_{\beta-p}) \cup P \cup R$$

Fall 2.2.4: $\beta - \alpha - \gamma = 2 \Rightarrow$ Abbildung 41 b)

$$Tri(D) = P \cup Q \cup \Delta(B, {}^bS_{\beta-p}, {}^bS_{\beta-p-1}) \cup$$
$$Del(\Sigma_R \cup B \cup {}^bS_{\beta-p-1}) \cup Del(\Sigma_P \cup B \cup {}^bS_{\beta-p})$$

Fall 2.3: $\alpha' = \gamma \Rightarrow (p = 0) \wedge (r = \beta) \wedge (q = \alpha)$; in C starten Objektkanten:

Fall 2.3.1: Bestimme die Dreiecksmenge Q und die Punktmenge Σ_Q wie in Fall 1.2

Fall 2.3.2: Bestimme die Dreiecksmenge R und die Punktmenge Σ_R wie in Fall 1.3

Fall 2.3.3: $\gamma - \alpha - \beta = 1 \Rightarrow$ Abbildung 41 a)

$$Tri(D) = Del(\Sigma_R \cup C \cup {}^cS_{r+1}) \cup (Del(\Sigma_Q \cup C \cup {}^cS_{r+1}) \cup R \cup Q)$$

Fall 2.3.4: $\gamma - \alpha - \beta = 2 \Rightarrow$ Abbildung 41 b)

$$Tri(D) = R \cup Q \cup \Delta(C, {}^cS_{r+1}, {}^cS_{r+2}) \cup$$
$$Del(\Sigma_Q \cup C \cup {}^cS_{r+2}) \cup (Del(\Sigma_P \cup C \cup {}^cS_{r+1}))$$

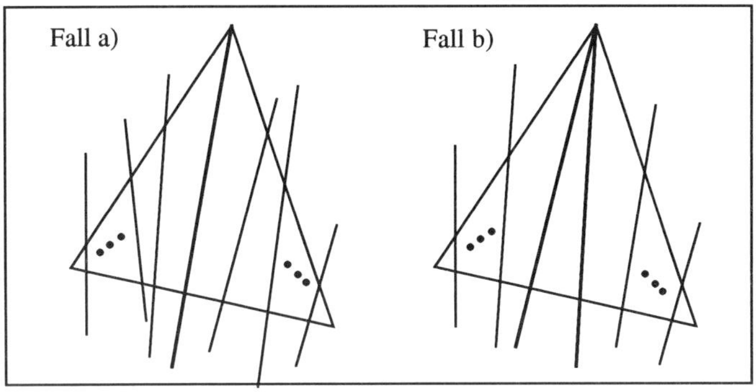

Abbildung 41: Ausnahmefälle a) und b)

Anm.: Nach Definition gehen von jedem Randpunkt eines EPL genau zwei Kanten aus. Deshalb können in einem Eckpunkt eines Delaunay-Dreiecks maximal 2 Kanten starten, die dieses Dreieck schneiden.

6. *Beseitige aus der in Schritt 1 erzeugten und in Schritt 5 modifizierten Dreiecksmenge diejenigen Dreiecke, die nicht im Inneren des Ausgangsobjektes liegen.*

Erläuterungen zum vorgestellten Algorithmus:

Die in Schritt 1 erzeugte Dreiecksmenge überdeckt die konvexe Hülle des EPL. In der Delaunay-Triangulation sind aber in der Regel nicht alle Objektkanten integriert. Schritt 2 identifiziert diese Kanten. Danach bestimmt Schritt 3 alle Schnittpunkte nicht integrierter Objektkanten mit den Delaunay-Kanten. Jedes Dreieck, auf dessen Rand Steinerpunkte liegen, wird in Schritt 5 in eine disjunkte Menge von Dreiecken zerlegt. Diese verfeinerte Triangulation integriert stückweise die in der Delaunay-Triangulation fehlenden Objektkanten. Nach Schritt 5 ist die konvexe Hülle des EPL in eine Menge von disjunkten Dreiecken zerlegt, wobei jede Randkante des EPL entweder einer Dreieckskante entspricht oder sich aus einer Menge von Dreickskanten zusammensetzt. Aus dieser Dreiecksmenge müssen dann alle Dreiecke entfernt werden, die nicht zum Objekt gehören. Die Zerlegung in homogene Dreiecke ist anhand eines Beispiels in Abbildung 42 dargestellt.

Dieses Beispiel macht visuell deutlich, wann Steinerpunkte und somit weitere Dreiecke erzeugt werden: Steinerpunkte treten dann auf, wenn Randpunkte nahe beieinander liegen und ihre direkte Verbindung Objektkanten schneidet. Wie häufig dieser Fall bei realen Objekten auftritt ist untersuchenswert. Abbildung 43 zeigt einige triangulierte Geo-Objekte, wobei die Anzahl der zusätzlichen Dreiecke explizit angegeben ist. Wenn man die in Tabelle 1 aufgeführten Karten (siehe Seite 19) mit der vorgestellten Triangulation zerlegt, fällt auf, daß bei geographischen Objekten Steinerpunkte sehr selten erzeugt werden. Beispielsweise werden für die Europakarte im Schnitt 1,46 zusätzliche Dreiecke pro Objekt erzeugt. Dieses Ergebnis läßt erkennen, daß die vorgestellte Triangulation die Zerlegungsdreiecke geographischer Objekte nur in sehr eingeschränktem Maße homogenisiert, d.h. für geographische Objekte gilt: In der Delaunay-Triangulation sind schon fast alle Objektkanten vorhanden.

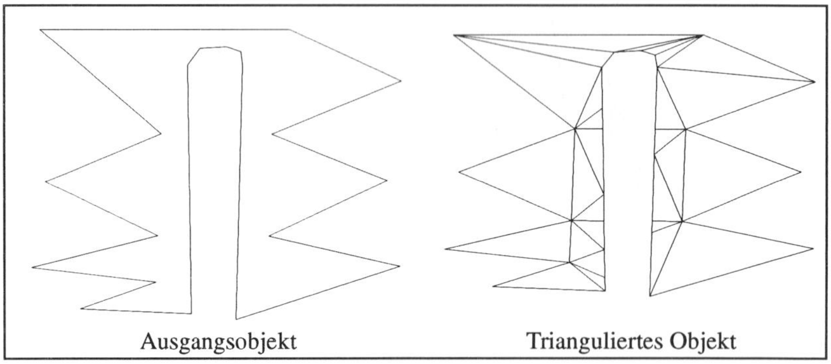

Abbildung 42: Beispiel einer Zerlegung in homogene Dreiecke

In Abbildung 43 sind drei reale Geo-Objekte trianguliert dargestellt, wobei für die Geo-Objekte die Anzahl der Eckpunkte *n* und die Anzahl der zusätzlichen Dreiecke *StD* aufgelistet sind.

Bremen (n=41, StD=0) — Zaragoza (n=311, StD=4) — Highlands (n=869, StD=18)

Abbildung 43: Triangulierte Geo-Objekte

4.3.2 Komplexitätsabschätzung

Gegeben sei ein einfaches Polygon mit Löchern, wobei *n* die Anzahl der Randpunkte bezeichne. Im folgenden wollen wir eine Abschätzung für die Zeitkomplexität der Triangulation in homogene Dreiecke geben.

ad Schritt 1: Die Delaunay-Triangulation ist in einer Zeitkomplexität von $O(n \log n)$ zu bestimmen (vgl. u.a. [Wat 81] und [Bow 81]).

ad Schritt 2: Die Delaunay-Triangulation erzeugt zwischen n-2 und $2n$-5 Dreiecke [Del 34]. Damit ist die Kardinalität von $K = \{o_1, o_2, ..., o_n, t_1, t_2, ..., t_d\}$ gleich $O(n)$. Die Aussonderung der Objektkanten aus der Menge K, die mit einer Delaunay-Kante identisch sind, läßt sich mit einem Sortieralgorithmus in $O(n \log n)$ durchführen.

ad Schritt 3: Die Normierung der Dreiecke ist in einer Zeitkomplexität von O(n) möglich. Die Schnittpunkte auf einer O(n)-Kantenmenge lassen sich mit dem Algorithmus von Bentley und Ottmann [BO 79] in O((n+k)log$n$) bestimmen, wobei k der Anzahl der Schnittpunkte entspricht.

ad Schritt 4: Mit einem Plane-Sweep-Algorithmus werden in Schritt 3 die Schnittpunkte bestimmt. Bei diesem Durchlauf können gleichzeitig jedem Schnittpunkt die Identifier der Schnittkanten und die Abstandsmaße entsprechend der Normierung, die in Schritt 3 erzeugt wurde, zugeordnet werden. Die Sortierung der k Schnittpunkte nach Kantenzugehörigkeit und Abstandsmaßen läßt sich somit in O($k$log$k$) erzeugen. Dabei können auch sowohl alle Dreiecke identifiziert werden, die Steinerpunkte besitzen, als auch die Anzahl der Steinerpunkte pro Kante berechnet werden.

ad Schritt 5: Nach Konstruktionsprinzip ist bei der Verfeinerung der Triangulation jeder Steinerpunkt maximal mit 12 neuen Dreiecken verbunden. Dieser Extremfall ist in Abbildung 44 dargestellt. Damit ist die Verfeinerung in O(k) Zeit zu konstruieren.

ad Schritt 6: Mit einem Plane-Sweep-Algorithmus, der die Menge der Dreiecke mit dem Ausgangsobjekt vergleicht, läßt sich entscheiden, ob ein Dreieck zum Objekt gehört oder nicht. Bei n Randpunkten des Ausgangsobjektes und O(n+k) Dreiecken benötigt ein solcher Plane-Sweep-Algorithmus O((n+k)log$n$) Zeit.

Keiner der Einzelschritte benötigt mehr als O((n+k)log$n$) Zeit. Außerdem ruft keiner der sechs Einzelschritte weder rekursiv sich noch einen anderen Schritt auf. Somit können die einzelnen Komplexitäten aufaddiert werden und wir haben eine Gesamtzeitkomplexität von O((n+k)log$n$). Im schlechtesten Fall, wenn $k = n^2$ ist, hat der vorgestellte Algorithmus quadratische Laufzeit, aber unter der für geographische Objekte realistischen Annahme, daß k linear von n abhängt, liegt ein O($n$log$n$)-Algorithmus vor.

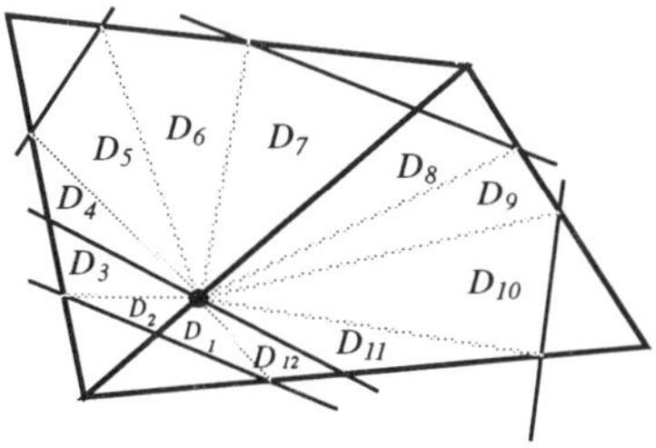

Abbildung 44: Maximale Anzahl neuer Dreiecke, die mit einem Steinerpunkt verbunden sind.

Abbildung 44 zeigt die Triangulation nur schematisch, um die maximale Zahl neuer Dreiecke, die mit einem Steinerpunkt verbunden sein könnten, darzustellen. Das durch die Dreiecksmenge $\{D_4, D_5, D_6, D_7\}$ beschriebene konvexe Polygon würde mit unserem Algorithmus nicht wie dargestellt, sondern so trianguliert werden, daß das Lawson-Kriterium erfüllt ist (vgl. die Triangulation der Mengen P, Q und R). Das gleiche gilt für das durch die Menge $\{D_8, D_9, D_{10}, D_{11}\}$ beschriebene konvexe Polygon.

5 Ein räumlicher Index für Zerlegungskomponenten

Zum einen kann die Zerlegung eines Geo-Objektes in Teilkomponenten zum Zeitpunkt der Anfragebearbeitung erzeugt werden, um die Anfragen und Operationen zu beschleunigen. Zum anderen können Objekte schon zerlegt repräsentiert werden. Die Zerlegung in Teilkomponenten wird dazu persistent auf dem Sekundärspeicher abgelegt. Zur Anfragebearbeitung wird dann die Zerlegungsrepräsentation in den Hauptspeicher geladen.

Der wesentliche Vorteil dieser Repräsentation beruht auf dem Ansatz, geometrische Anfragen und Operationen auf Teilkomponenten durchzuführen. Die Effizienz einer solchen Anfragebearbeitung hängt ganz entscheidend von der Möglichkeit ab, schnell die Menge derjenigen Komponenten zu bestimmen, die von den Anfragen und Operationen betroffen sind. Beispielsweise darf für einen Punkt-in-Objekt-Test die Menge der Teilkomponenten nicht sequentiell durchlaufen werden, da eigentlich nur eine oder keine Komponente überprüft werden muß. Um ineffizientes, sequentielles Abarbeiten der Komponenten zu vermeiden, müssen die Komponenten räumlich organisiert werden. Die in den Abschnitten 4.2 und 4.3 ausgewählten Zerlegungen erzeugen eine homogene Menge von Teilkomponenten (Dreiecke, Trapeze oder konvexe Polygone), auf denen keine vollständige räumliche Ordnung definiert werden kann (vgl. [PS 88]). Binäre Suche kann somit bei der Abarbeitung der Anfragen nicht genutzt werden. Aus diesem Grund muß die Zerlegungsrepräsentation eines Geo-Objektes um eine Datenstruktur erweitert werden, die einen räumlichen Index etabliert, um die Teilkomponenten entsprechend ihrer Lage im Raum zu organisieren.

5.1 Der TR*-Baum: Prinzipielle Ideen

Zwei wesentliche Beobachtungen sprechen dafür, das Prinzip eines R-Baumes anzuwenden, um Zerlegungskomponenten räumlich zu organisieren und abzuspeichern:

1. Die Teilkomponenten können wegen ihrer Einfachheit direkt in den Datenseiten des R-Baumes abgelegt werden. Da der R-Baum die Technik der überlappenden Regionen verwendet, werden die Teilkomponenten weder geclippt noch in einen höherdimensionalen Raum transformiert. Nachteile wie Fragmentierung der Komponenten, verursacht durch Clipping, oder Verlust der räumlichen Nähe zwischen den Komponenten, verursacht durch Transformation, vermeidet der R-Baum.
2. Das Directory des R-Baumes kann bei einer Geo-Anfrage schnell durchlaufen werden, da es nur einfache Geo-Objekte (Bounding Boxes) organisiert und speichert. Geometrische Such- und Vergleichsoperationen sind schnell ausführbar. Beispielsweise benötigen die Tests, ob ein Punkt in der Bounding Box liegt oder ob sich zwei Bounding Boxes schneiden, maximal vier Vergleiche.

Unter der Zielsetzung für den Zerlegungsansatz eine leistungsfähige Datenstruktur zu entwikkeln, ist es günstiger, anstelle eines R-Baumes den R*-Baum als Ausgangsstruktur zu verwenden, da der R*-Baum unter den R-Baum-Varianten die effizienteste Struktur darstellt (vgl. [Bec 90]). Der in dieser Arbeit favorisierte Zerlegungsansatz partitioniert ein Geo-Objekt in einfache Teilkomponenten, auf denen keine vollständige räumliche Ordnung definiert werden kann. In [SK 91] stellten wir erstmals eine Datenstruktur vor, die im Hauptspeicher die räumliche Suche nach Zerlegungskomponenten effizient unterstützt. Unser Teilkomponenten-R*-Baum (kurz TR*-Baum) kann in einfacher Weise vom R*-Baum abgeleitet werden. Beide Datenstrukturen unterscheiden sich nur in wenigen, aber für den Zerlegungsansatz entscheidenden Konzepten. Im weiteren werden diese prinzipiellen Konzepte des TR*-Baumes herausgearbeitet und seine Leistungsfähigkeit für den Zerlegungsansatz demonstriert.

5.1.1 TR*-Baum als Index und Objektrepräsentation

In realen Anwendungen variieren die Größen einzelner Geo-Objekte sehr stark von einigen wenigen Byte bis in den MegaByte-Bereich, dabei stellt ein MegaByte eine Schranke dar, die selten überschritten wird. Ein MegaByte entspricht bei einer 8-Byte-Real-Darstellung einem Polygon mit ca. 65.000 Digitalisierungspunkten. Bei Hauptspeichergrößen, die schon heute im MegaByte-Bereich liegen und immer weiter zunehmen, kann auch ein komplexes Geo-Objekt zur Anfragebearbeitung vollständig zur in den Hauptspeicher geladen werden.

Falls der Filterschritt bei der Anfragebearbeitung ein Geo-Objekt als Kandidat identifiziert, muß dieses Objekt in den Hauptspeicher transferiert werden. Bei den heutigen Hauptspeichergrößen kann vorausgesetzt werden, daß ein großer Teil der Objektmenge für die geometrische Anfragebearbeitung im Hauptspeicher bereitliegt. Die Bearbeitungszeit einer Geo-Anfrage auf der exakten Repräsentation der Geo-Objekte wird im Gegensatz zu approximativer Darstellung also nicht von den Zugriffen auf den Sekundärspeicher dominiert, sondern von den Berechnungen und Operationen, die im Hauptspeicher ausgeführt werden. Dies muß beim Entwurf einer für den Zerlegungsansatz adäquaten Datenstruktur berücksichtigt werden.

Wie in Abschnitt 3.4.3 beschrieben, ist der R*-Baum eine sekundärspeichergeeignete Datenstruktur und ordnet deshalb Directoryeinträge und Datenobjekte adressierbaren Blöcken zu. Die maximale Kapazität einer Seite berechnet sich aus der Blockgröße dividiert durch Größe eines Directoryeintrags bzw. der Größe eines Datenobjekts. Innerhalb einer Daten- und einer Directoryseite werden die Einträge bei der Anfragebearbeitung sequentiell durchsucht. Ein Datenobjekt in einem herkömmlichen R*-Baum setzt sich zusammen aus dem Objektidentifier, der Approximation des Geo-Objektes und einem Verweis auf die exakte Geometrierepräsentation.

Direkte Speicherung der Teilkomponenten in den Datenseiten des TR-Baumes:*

Damit das Directory des TR*-Baumes aufgebaut werden kann, muß lediglich die maximale Ausdehnung in x- und y-Richtung aller in einer Datenseite abgespeicherten Objekte bekannt sein. Diese Ausdehnungen können entweder bei Bedarf berechnet werden oder durch zusätzliche Speicherung der Bounding Boxes explizit angegeben sein. Wegen der Einfachheit der Zerlegungskomponenten (Dreiecke, Trapeze und konvexe Polygone) werden in den Datenseiten des TR*-Baumes keine Bounding Boxes und keine Approximationen abgespeichert, sondern die Komponenten selbst. Objektverweise für die Komponenten sind nicht nötig, da ein TR*-Baum in seiner Gesamtheit ein einzelnes Geo-Objekt repräsentiert. Eine exakte Repräsentation der Geometriekomponente eines Geo-Objektes ist somit in den Datenseiten des TR*-Baumes abgelegt, wobei sich das Geo-Objekt als die Vereinigung disjunkter Teilkomponenten ergibt.

Bei der graphischen Ausgabe des Geo-Objektes werden die Datenseiten sequentiell durchlaufen. Die vorgestellte Zerlegungsrepräsentation in Dreiecke, Trapeze oder konvexe Polygone ist eine Mischung des reinen *Vektormodells*, das randorientiert die Geometrie aus den geometrischen Primitiven Punkt, Kante und Fläche aufbaut, und dem flächenorientierten *Rastermodell*, dessen Geometriebasis Rasterelemente sind. Man kann unsere Zerlegungsrepräsentation als *areales Vektormodell* bezeichnen. Auf der einen Seite besteht ein Flächenbezug, da jede Komponente ähnlich wie beim Rastermodell unabhängig von den anderen das Geo-Objekt repräsentiert. Auf der anderen Seite ist der Rand des Geo-Objektes vektoriell und nicht gerastert gespeichert.

Der TR-Baum als räumlicher Index:*

Das Directory des TR*-Baumes stellt den Geometrieindex für die in Teilkomponenten zerlegte Geometrierepräsentation der Geo-Objekte dar. Es dirigiert die räumliche Suche und filtert durch seine Baumstruktur schnell diejenigen Teilkomponenten aus, die von der Geo-Anfrage nicht betroffen sind (siehe Abb. 45). Die einfache Struktur des Directorys und seine Organisation mittels Bounding Boxes unterstützen eine schnelle Ausführung der geometrischen Such- und Vergleichsoperationen. Beispielsweise benötigen die Tests, ob ein Punkt in der Bounding Box liegt oder ob sich zwei Bounding Boxes schneiden, maximal vier Vergleiche. Wie effizient die einzelnen Typen von Teilkomponenten im TR*-Baum organisiert und indiziert werden können, beschreibt Abschnitt 5.3.

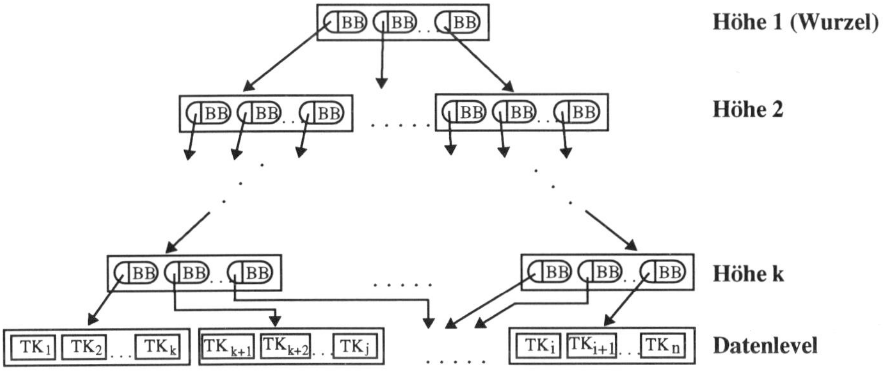

Abbildung 45: Struktur eines TR*-Baumes

5.1.2 Speicherung des TR*-Baumes als Byte-Array

Zielsetzung des TR*-Baumes, bei dem die exakte Objektrepräsentation vollständig im Hauptspeicher vorliegt, ist die Verringerung der Operationen und Vergleiche bei der Anfragebearbeitung. Die Zeit, die zur Bearbeitung einer Geo-Anfrage benötigt wird, setzt sich aus der räumlichen Suche nach den von der Anfrage betroffenen Teilkomponenten und den eigentlichen Geometrietests auf den gefundenen Teilkomponenten zusammen. Bei der Repräsentation eines einzelnen Geo-Objektes als TR*-Baum entspricht die räumliche Suche dem Durchlaufen des Directorys. Die Geometrietests finden dann auf den durch diese Suche spezifizierten Teilkomponenten statt, die in den Datenseiten des TR*-Baumes abgelegt sind. Innerhalb der Directory- und Datenseiten müssen räumliche Suche und Geometrietests sequentiell durchgeführt werden. Der Anteil der sequentiellen Bearbeitung kann reduziert werden, indem man die maximale Kapazität sowohl in den Datenseiten als auch in den Directoryseiten herabsetzt, um den Anteil der logarithmischen Suche durch die Baumstruktur zu erhöhen.

Im Gegensatz zum herkömmlichen R*-Baum entsprechen die Daten- und Directoryseiten im TR*-Baum deshalb keinen Sekundärspeicherblöcken mehr, sondern bilden lediglich logische Einheiten mit voneinander unabhängigen, frei wählbaren Kapazitäten. Das Directory und die Menge der Datenseiten werden auf ein Byte-Array abgebildet. Directory- und Datenseiten wird, je nachdem welche Kapazität für den jeweiligen Seitentyp gewählt wurde, eine bestimmte Anzahl an Byte zugewiesen. Die Speicherung des TR*-Baumes ist also nichts anderes als die Abbildung der seitenorientierten Baumstruktur in eine lineare Struktur innerhalb eines Byte-Arrays. Die TR*-Baum-Repräsentation eines Geo-Objektes wird als Byte-Array persistent auf dem Sekundärspeicher abgelegt.

Da sich ein Geo-Objekt über die Zeit lokal verändern kann, ist eine vollständig dynamische Datenstruktur von Vorteil (vgl. Abschnitt 6.1.5), d.h. Ändern, Einfügen und Löschen von Komponenten darf das Leistungsverhalten der Struktur nicht verschlechtern und keine globale Reorganisation verursachen. Dies ist für den R*-Baum und somit auch für den TR*-Baum sichergestellt. Das Byte-Array muß bei Einfügungen lediglich expandiert werden. Falls der TR*-Baum durch Entfernungen extrem schrumpft, kann das Byte-Array komprimiert werden. Dazu müssen die Positionen der Daten- und Directoryknoten und damit auch alle Sohnzeiger global angepaßt werden. Ein Schrumpfen des Baumes mit gleichzeitiger Komprimierung des Byte-Arrays ist also mit erheblichem Aufwand verbunden. Jedoch tritt für geographische Anwendungen der Fall sehr selten ein, daß sich die exakte Repräsentation eines Geo-Objektes über die Zeit extrem verkleinert.

Falls sich das Geo-Objekt nicht verändert, die Menge der Zerlegungskomponenten also statisch ist, kann der TR*-Baum nach dem dynamischen Aufbau auch gepackt werden, d.h. die nicht maximal gefüllten Daten- und Directoryknoten werden komprimiert. Man gibt die feste Größe der Knoten auf und speichert für jeden Knoten nur die tatsächlich benötigten Byte ab. Bei einer durchschnittlichen Speicherplatzausnutzung des ungepackten TR*-Baumes von ca. 65% pro Knoten benötigt der gepackte TR*-Baum ca. 35% weniger Speicherplatz (vgl. Abschnitt 5.1.3).

Anm.: Ist die Menge der Zerlegungskomponenten statisch, ist auch ein anderer Ansatz möglich: Man unterteilt die Menge der Teilkomponenten in zwei Teilmengen gleicher Kardinalität auf. Zusätzlich erfüllen die beiden Bounding Boxes der Teilmengen ein Optimalitätskriterium. Setzt man dieses Verfahren rekursiv fort, erhält man einen Baum mit zwei Einträgen pro Knoten und einer binären Verzeigerung. In [Bec 91] wird ein Algorithmus beschrieben, der eine balancierte Aufteilung in zwei Teilmengen vornimmt, wobei die Bounding Boxes flächenminimal, randminimal oder überlappungsminimal sind. Ob ein solcher Baum zum TR*-Baum konkurrenzfähig ist, erscheint fraglich. Die lokale Minimierung eines einzigen Optimalitätskriterium hat schon beim Entwurf eines optimalen Splits im R*-Baum nicht zum Erfolg geführt (vgl. Abschnitt 3.4.3). Die optimale Clusterung einer Menge von Bounding Boxes in bezug auf Geo-Anfragen wie Point Queries oder Spatial Joins ist nach dem heutigen Stand der Forschung durch Optimierung eines einzigen Geometriekriteriums nicht zu erzeugen. Welche Kriterien betrachtet und wie sie gewichtet werden sollen sind weitere offene Fragen. Wir haben eine heuristische Struktur - den TR*-Baum - entwickelt, der Geo-Anfragen sehr effizient beantwortet (vgl. Abschnitt 5.3).

5.1.3 Ermittlung der optimalen Knotenkapazitäten

In diesem Abschnitt wollen wir die Frage genauer untersuchen, welche Knotenkapazitäten das beste Leistungsverhalten zeigen. Eine Verringerung der Knotenkapazität reduziert auf der einen Seite die sequentielle Suche innerhalb der Knoten, auf der anderen Seite wächst der TR*-Baum in seiner Höhe. Eine räumliche Suche muß somit einem längeren Pfad folgen und gegebenenfalls häufiger verzweigen. Außerdem ist zu beachten, daß die sequentielle Abarbeitung der Einträge innerhalb eines Knotens für unterschiedliche Geo-Anfragen verschiedene Bedeutung hat: Bei der Point Query werden die Bounding Boxes in den Directoryknoten und die Teilkomponenten in den Datenknoten sequentiell abgearbeitet, während wir beim Spatial Join pro Knotenvergleich quadratischen Aufwand haben. Analytisch ist die optimale Knotenkapazität nur schwer - wenn überhaupt - zu bestimmen, da wir zum einen nicht von einer Gleichverteilung der Teilkomponenten ausgehen können und zum anderen eine heuristische Struktur vorfinden. Deshalb ist eine experimentelle Untersuchung der wohl einzig gangbare Weg.

Testumgebung:

Drei Fragen stellen sich bei empirischen Tests immer wieder:

a) Welche Testdaten wählt man?

b) Welche Anfragen werden gestellt?

c) Welche Testparameter werden gemessen oder gezählt?

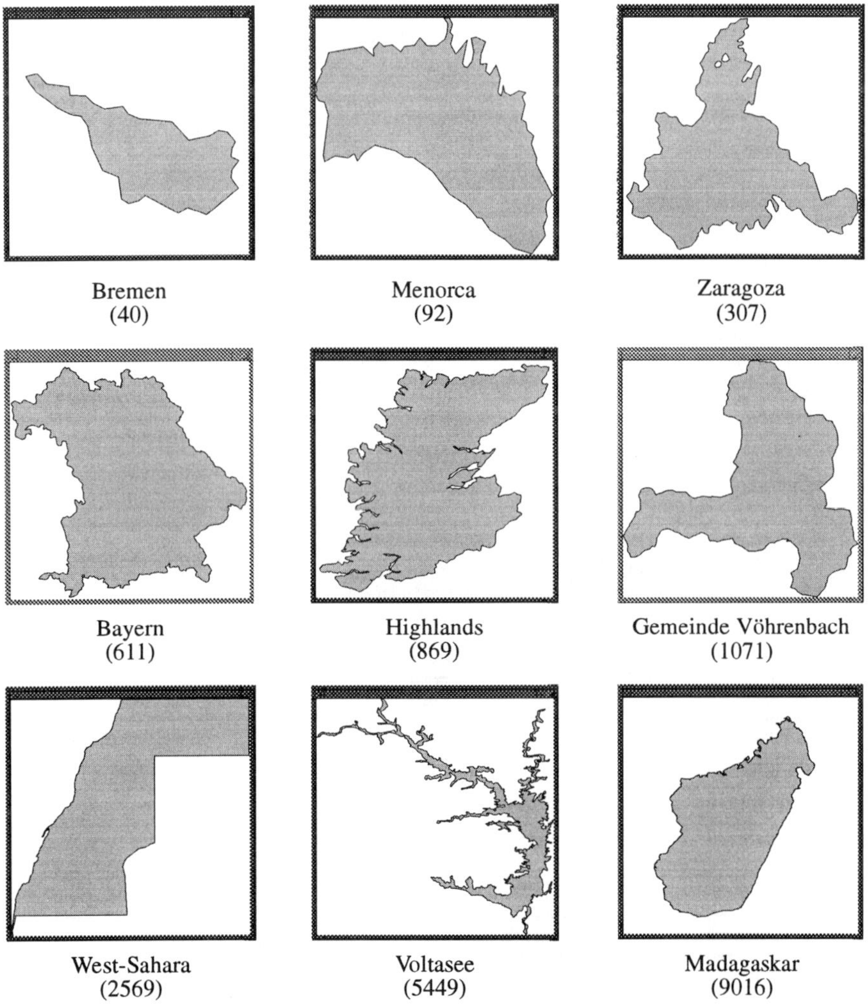

Abbildung 46: Testdaten mit Eckpunktanzahlen

Als Testdaten verwenden wir reale Geo-Daten, die in mehreren Parameter eine hohe Variabilität aufweisen. Zunächst stammen die Daten aus verschiedenen Datenquellen (vgl. Tabelle 1 auf Seite 19). Daneben variieren die einzelnen Geo-Objekte sehr stark in ihrer Form und in der Anzahl ihrer Randpunkte (siehe Abb. 46). Insgesamt testen wir neun komplexe Geo-Objekte, deren Eckpunktanzahl zwischen 45 und 9.000 variiert.

Prinzipiell kann in einem TR*-Baum jede Zerlegungskomponente abgespeichert werden. Wie man leicht einsieht, eignen sich aber Trapeze mit zwei horizontalen Seiten sehr gut, um von einer hierarchischen Datenstruktur, die Bounding Boxes verwaltet, mit geringer Überlappung zu clustern. Deshalb verwenden wir in dieser Arbeit, wie schon in [SK 91], als Basiszerlegung die Zerlegung in Trapeze. Vortests haben gezeigt, daß eine asymmetrische Wahl der maximalen Eintragszahlen für Daten- und Directoryknoten das Leistungsverhalten eines TR*-Baumes verschlechtert. Deshalb werden im weiteren nur TR*-Bäume getestet, deren maximale Anzahl an Einträgen für Daten- und Directoryknoten gleich ist. Die kleinste maximale Eintragszahl, die ein TR*-Baum noch effizient verwaltet, beträgt drei. Wir werden im folgenden acht verschiedene Varianten eines TR*-Baumes untersuchen, die wir als *k*-TR*-Bäume bezeichnet wollen, wobei $k = 3,4,...,10$ die maximale Eintragszahl pro Knoten angibt.

Point Query:

Wie schon in Abschnitt 3.4.5 beschrieben, eignet sich die erfolgreiche Point Query sehr gut als Leistungsparameter, da sie die Struktur eines TR*-Baumes wiederspiegelt. Der Aufwand für eine erfolgreiche Punktsuche korreliert mit den Überlappungen der Bounding Boxes im Directory. Um die gesamte Struktur und nicht nur einen Pfad eines TR*-Baumes zu untersuchen, stellten wir für jedes Testobjekt 10.000 Point-Queries mit gleichverteilten Anfragepunkten. Als Leistungsmaße verwenden wir die Anzahl der 'Punkt-in-Bounding Box'-Vergleiche (*PiBB*) und die Anzahl der 'Punkt-in-Trapez'-Vergleiche (*PiTra*). Die PiBB-Vergleiche korrespondieren mit dem Aufwand für die räumliche Suche, während die PiTra-Vergleiche den Aufwand für den eigentlichen Geometrietest angeben.

Für jedes getestete Geo-Objekt geben wir die Anzahl der benötigten PiTra-Vergleiche (vgl. Tabelle 11) bzw. PiBB-Vergleiche (vgl. Tabelle 12) pro erfolgreicher Point Query an. In der ersten Zeile der Tabellen sind die Geo-Objekte durch ihre Eckpunktzahl identifiziert. Für jedes Geo-Objekt ist die Anzahl der Vergleiche des jeweils besten k-TR*-Baumes hervorgehoben.

PiBB	40	92	307	611	869	1071	2569	5449	9106
3-TR*-Baum	9,9	12,6	16,1	18,2	19,3	19,2	20,5	29,3	25,3
4-TR*-Baum	8,4	11,0	15,8	16,6	19,1	18,3	19,4	29,0	24,8
5-TR*-Baum	8,2	10,8	14,3	16,1	19,0	18,1	20,0	26,1	25,2
6-TR*-Baum	8,1	10,6	13,4	16,3	18,1	18,8	20,5	27,3	26,2
7-TR*-Baum	7,2	11,0	14,2	17,4	17,8	18,7	19,9	27,5	26,5
8-TR*-Baum	8,6	9,4	14,6	16,3	18,7	18,0	20,2	26,9	25,4
9-TR*-Baum	7,7	9,1	13,0	15,8	18,2	20,7	20,1	27,7	25,4
10-TR*-Baum	9,0	10,1	16,2	16,3	17,7	20,3	24,0	27,9	28,7

Tabelle 11: 'Punkt-in-Bounding Box'-Vergleiche pro erfolgreicher Point Query

PiTra	40	92	307	611	869	1071	2569	5449	9106
3-TR*-Baum	1,34	1,47	1,60	1,53	1,58	1,69	1,87	1,63	1,69
4-TR*-Baum	1,95	2,03	2,20	1,96	2,27	2,29	2,75	2,07	2,29
5-TR*-Baum	2,66	2,93	2,87	2,60	2,67	2,88	3,16	2,72	2,78
6-TR*-Baum	3,46	3,60	3,61	3,46	3,18	3,76	4,08	3,57	3,79
7-TR*-Baum	3,44	4,02	4,24	3,55	3,67	4,36	4,93	4,01	4,51
8-TR*-Baum	3,81	5,08	4,57	4,42	4,50	4,90	5,52	4,78	5,11
9-TR*-Baum	4,39	4,51	4,74	4,46	4,65	5,39	6,38	5,10	5,75
10-TR*-Baum	4,48	4,93	5,83	4,96	5,74	5,75	6,16	5,74	5,91

Tabelle 12: 'Punkt-in-Trapez'-Vergleiche pro erfolgreicher Point-Query

Obwohl wir exemplarisch lediglich neun verschiedene Geo-Objekte genauer untersucht haben, lassen die Ergebnisse interessante Tendenzen und Schlußfolgerungen zu. Zunächst einmal wird die Leistungsfähigkeit einer TR*-Baum-Repräsentation unterstrichen. Eine erfolgreiche Punktanfrage auf Madagaskar, ein Geo-Objekt, das ca. 9.000 Digitalisierungspunkte besitzt, ist z.B. auf Basis eines 4-TR*-Baumes mit ungefähr 25 'Punkt-in-Bounding Box'-Vergleichen und 2 bis 3 'Punkt-in-Trapez'-Vergleichen zu beantworten. Stellt man dies einem herkömmlichen 'Punkt-in-Polygon'-Test gegenüber, der linear in der Zahl der Eckpunkte ist, erkennt man die Effizienzsteigerung. Durch eingehendere Betrachtung der Ergebnisse aus Tabelle 11 und 12 können folgende Aussagen getroffen werden:

- Die PiBB-Vergleiche steigen mit höheren Eckpunktzahlen der Geo-Objekte an. Der Anstieg ist aber nicht linear, sondern verhält sich in etwa logarithmisch. Dies ist durch die Baumstruktur des TR*-Baumes begründet.
- Die Anzahl der PiBB-Vergleiche sinkt, wenn eine *k*-TR*-Baum-Variante mit höheren maximalen Eintragszahlen gewählt wird ($k = 7,8,9$). Ein klares Minimum ist aber nicht auszumachen und ab $k = 10$ ist wieder ein Anstieg zu verzeichnen.
- Der 3-TR*-Baum und der 4-TR*-Baum zeigen in bezug auf PiBB-Vergleiche für alle Geo-Objekte ein um nur 5 - 30% schlechteres Leistungsverhalten als der jeweils beste *k*-TR*-Baum. Je komplexer das Geo-Objekt wird, desto mehr nimmt dieser Leistungsunterschied ab.
- Die PiTra-Vergleiche sind unabhängig von der Eckpunktzahl der Geo-Objekte. Dies kann nicht verwundern, da die *k*-TR*-Bäume im Mittel eine Speicherplatzausnutzung pro Datenknoten von 65% haben. In unseren Experimenten war die Suche im Directory demnach fast immer so zielgerichtet, daß das durch die erfolgreiche Point Query spezifizierte Trapez mit einem Datenknotenzugriff gefunden wurde. Deshalb konvergiert die Anzahl der PiTra-Vergleiche auch gegen die durchschnittliche Eintragszahl in den Datenknoten ($= 0,65*k$). Dies stabilisiert sich bei höherer Eckpunktzahl.
- Die Anzahl der PiTra-Vergleiche steigt bei höherem *k* extrem an. Wir haben ein eindeutiges Minimum beim 3-TR*-Baum. Der 4-TR*-Baum ist im Schnitt ca. 40% und der 5-TR*-Baum ca. 80% schlechter, während die *k*-TR*-Bäume ($k = 6$ bis 10) zwischen Faktor 2 und 3 schlechter sind.

Wenn man berücksichtigt, daß ein PiTra-Vergleich aufwendiger ist als ein PiBB-Vergleich, können wir aus den vorliegenden Experimenten den folgenden Schluß ziehen: Der 3-TR*-Baum zeigt für Point Queries das beste Leistungsverhalten, knapp gefolgt vom 4- und 5-TR*-Baum. Unsere Experimente demonstrieren somit, daß TR*-Bäume mit kleiner maximaler Eintragszahl ($k = 3$, 4 oder 5) eine Point Query am effizientesten beantworten.

Spatial Join:

Als zweiten Anfragetyp untersuchen wir den Spatial Join. Er ist von besonderem Interesse, weil er zum einen quadratischen Aufwand bei einem Knotenvergleich erzeugt und zum anderen die Basisoperation für mehrere Geo-Anfragen darstellt (vgl. Abschnitt 5.2). Jedes Geo-Objekt wird mit den acht anderen paarweise gejoint. Die Überlappung der Geo-Objekte ist bei diesen Spatial Joins sehr hoch, da die Geo-Objekte auf den Datenraum $[0,1)^2$ normiert sind (siehe Abb. 46). Bei neun Geo-Objekten und acht verschiedenen Typen von k-TR*-Bäumen ($k = 3, 4,..., 10$) sind somit 360 Spatial Joins durchzuführen.

Beim Spatial Join zählen wir als Leistungsmaße die Anzahl der Schnittvergleiche für Bounding Boxes (*SchBB*) und für Trapeze (*SchTra*). Dabei werden die 45 verschiedenen Joins pro k-TR*-Baum normiert, indem man die Anzahl der SchBB-Vergleiche und der SchTra-Vergleiche pro gefundenen Trapezschnitt berechnet (vgl. Tabelle 13 und 14). Als Leistungsmaß für jeden k-TR*-Baum berechnen wir den Mittelwert μ dieser 45 Resultate und geben zusätzlich die Standardabweichung σ, das Minimum (*min*) und das Maximum (*max*) an.

SchBB	μ	σ	min	max
3-TR*-Baum	3,08	1,11	1,33	5,02
4-TR*-Baum	2,64	1,08	0,99	4,63
5-TR*-Baum	2,25	0,92	0,72	3,84
6-TR*-Baum	2,12	0,92	0,60	4,77
7-TR*-Baum	2,07	0,93	0,54	4,08
8-TR*-Baum	2,01	1,04	0,48	5,16
9-TR*-Baum	1,95	0,84	0,43	3,76
10-TR*-Baum	2,10	1,07	0,47	5,19

Tabelle 13: Gemittelte Schnittvergleiche zwischen Bounding Boxes pro gefundenen Trapezschnitt

Tabelle 13 und 14 vermitteln deutliche Tendenzen bei der Abarbeitung eines Spatial Joins auf der Basis einer TR*-Baum-Repräsentation und lassen folgende Schlußfolgerung zu:

- Der 3-TR*-Baum benötigt mit Abstand die meisten SchBB-Vergleiche.
- Die SchBB-Vergleiche sinken mit steigender maximaler Eintragszahl. Ein Minimum stellt sich für den 9-TR*-Baum ein.
- Bei den SchBB-Vergleichen sind keine signifikanten Unterschiede in der Standardabweichung zu erkennen.
- Das minimale Resultat der SchBB-Vergleiche fällt mit steigendem k, während das maximale Resultat kaum von k abhängt.

- Für alle *k*-TR*-Bäume unterscheidet sich die durchschnittliche Anzahl der SchBB-Vergleiche nur geringfügig von der Anzahl der SchTra-Vergleiche.
- Der 3-TR*-Baum benötigt für jedes getestete Geo-Objekt die wenigsten SchTra-Vergleiche.
- Wie bei der Point Query steigt auch beim Spatial Join die Anzahl der Vergleiche auf Datenebene mit steigendem *k* linear an.
- Für die SchTra-Vergleiche wächst die Standardabweichung signifikant mit größerem *k*. Der 3- und der 4-TR*-Baum sind unter den acht getesteten Varianten die robustesten und ihre Ergebnisse für die verschiedenen Spatial Joins streuen am wenigsten. Dies wird auch durch die Werte der maximal benötigten Vergleiche bestätigt.
- Der 4-TR*-Baum ist bei den SchBB-Vergleichen im Mittel 15% besser als der 3-TR*-Baum, aber nur 6% schlechter bei den SchTra-Vergleichen.

SchTra	μ	σ	min	max
3-TR*-Baum	1,52	0,47	1,02	2,71
4-TR*-Baum	1.62	0,57	1,03	3,46
5-TR*-Baum	1,84	0,85	1,03	4,23
6-TR*-Baum	2,25	1,33	1,04	5,07
7-TR*-Baum	2,44	1,50	1,05	5,53
8-TR*-Baum	2,48	1,62	1,06	6,19
9-TR*-Baum	2,78	2,00	1,06	7,27
10-TR*-Baum	2,86	2,07	1,07	7,33

Tabelle 14: Gemittelte Schnittvergleiche zwischen Trapezen pro gefundenen Trapezschnitt

Zur Ermittlung der optimalen Knotenkapazität eines TR*-Baumes sind die vorliegenden Tests zum Spatial Join ausreichend. Eine systematischere experimentelle Untersuchung des Spatial Joins ist in Abschnitt 5.3 zu finden.

Gesamtinterpretation der Ergebnisse von Point Query und Spatial Join:

Betrachtet man die Ergebnisse der Point Query und des Spatial Joins zusammen, kann man folgendes Fazit ziehen: Zur Minimierung der räumlichen Suche (PiBB-Vergleiche bzw. SchBB-Vergleiche) und zur Verringerung der Geometrietests (PiTra-Vergleiche bzw. SchTra-Vergleiche) ist ein TR*-Baum mit einer maximalen Knotenkapazität von 3, 4 oder 5 am leistungsfähigsten und robustesten. Je nachdem wie das Verhältnis zwischen PiBB- und PiTra-Vergleichen bzw. SchBB- und SchTra-Vergleichen in einer gegebenen Rechnerkonfiguration und Softwareumgebung ausfällt, sollte die effizienteste der drei Varianten ausgewählt werden. Im weiteren Verlauf der Arbeit betrachten wir nur noch den 4-TR*-Baum, da er uns als guter Kompromiß erscheint.

5.2 Unterstützung von Anfragen und Operationen mit dem TR*-Baum

Der laufende Abschnitt zeigt auf, daß eine Reihe verschiedenster Anfragen und Operationen auf einem einfachen Polygon mit Löchern (*EPL*) ausgeführt werden kann, wenn ein TR*-Baum zur Repräsentation verwendet wird. Wie schon früher erwähnt, sind in den Directoryknoten des TR*-Baumes Einträge der Form *E* = (Ptr, BB) abgespeichert, wobei *E*.Ptr der Adresse des Sohnknotens entspricht und *E*.BB die Bounding Box aller Einträge des Sohnknotens repräsentiert. Im folgenden werden die Anfragen und Operationen unter der Annahme beschrieben, daß in den Datenknoten des TR*-Baumes Trapeze abgelegt sind. Prinzipiell könnte aber auch jeder andere Typ von Zerlegungskomponenten gewählt werden.

a) Point Query: $EPL \times Punkt \rightarrow BOOLEAN$

Gegeben sei ein EPL in TR*-Baum-Repräsentation, dessen Wurzel mit *N* bezeichnet sei. Die Point Query liefert TRUE, falls ein Trapez den Anfragepunkt *P* enthält, sonst FALSE:

P1 ['Point Query' auf Directoryknoten]: Falls *N* kein Datenknoten ist, überprüfe für jeden Eintrag *E*, ob *E*.BB den Anfragepunkt *P* enthält. Für alle Einträge, die gefunden wurden, rufe 'Point Query' auf dem Baum auf, dessen Wurzel durch *E*.Ptr referenziert ist.

P2 ['Point Query' auf Datenknoten]: Falls *N* ein Datenknoten ist, überprüfe für jedes Trapez von *N*, ob es den Anfragepunkt *P* enthält. Falls ein Trapez spezifiziert ist, wird die 'Point Query' mit TRUE abgebrochen. Falls kein Trapez gefunden wird, liefert die 'Point Query' FALSE.

b) Spatial Join: $EPL \times EPL \rightarrow$ *list of (Trapez, Trapez)*

Gegeben seien zwei EPL in TR*-Baum-Repräsentation, der Master-Baum (=*M*) und der Slave-Baum (=*S*), wobei deren Wurzel mit N_M und N_S bezeichnet werden. Der Spatial Join liefert alle Paare sich überlappender Trapeze, wobei das eine Trapez zum TR*-Baum *M* und das andere zum TR*-Baum *S* gehört.

SJ1: Falls N_M und N_S keine Datenknoten sind, überprüfe für jeden Eintrag E_M von N_M, ob E_M.BB die Bounding Box eines Eintrags E_S.BB von N_S überlappt. Für alle überlappenden Paare (E_M,E_S) rufe 'Spatial Join' auf den Teilbäumen auf, deren Wurzeln durch E_M.Ptr und E_S.Ptr referenziert sind.

SJ2: Falls N_M ein Datenknoten ist und N_S keiner, überprüfe für jedes $Trapez_M$ von N_M, ob es die Bounding Box eines Eintrags E_S.BB von E_S überlappt. Für alle überlappenden Paare ($Trapez_M$,E_S) starte eine 'Overlap Query' mit dem Anfrageobjekt $Trapez_M$ auf demjenigen Teilbaum von *S*, dessen Wurzel durch E_S.Ptr referenziert ist.

SJ3: Falls N_M kein Datenknoten ist, aber N_S ist einer, überprüfe für jedes $Trapez_S$ von N_S, ob es die Bounding Box eines Eintrags E_M.BB von E_M überlappt. Für alle überlappenden Paare (E_M,$Trapez_S$) starte eine 'Overlap Query' mit dem Anfrageobjekt $Trapez_S$ auf demjenigen Teilbaum von *M*, dessen Wurzel durch E_M.Ptr referenziert ist.

SJ3: Falls N_M und N_S Datenknoten sind, überprüfe für jedes $Trapez_M$ von N_M, ob $Trapez_M$ ein es von N_S überlappt. In diesem Fall ist das Paar ($Trapez_M$,$Trapez_S$) ein Ergebnispaar überlappender Trapeze.

c) Overlap Query: *EPL* $\times$ *Anfrageobjekt* $\rightarrow$ *list of (Anfrageobjekt,Trapez)*

Gegeben sei ein EPL in TR*-Baum-Repräsentation, dessen Wurzel mit *N* bezeichnet sei, wobei das Anfrageobjekt aus der Menge { Trapez, BB, EPL } stammt. Die Overlap Query liefert alle Trapeze des TR*-Baumes, die das Anfrageobjekt überlappen.

```
O1: Falls N kein Datenknoten ist, überprüfe für jeden Eintrag E von
N, ob die Bounding Box E.BB das Anfrageobjekt überlappt. Für alle
überlappenden Einträge rufe eine 'Overlap Query' auf dem Teilbaum
auf, dessen Wurzel durch E.Ptr referenziert ist.

O2: Falls N ein Datenknoten ist, überprüfe für jedes Trapez von N,
ob dieses Trapez das Anfrageobjekt überlappt. Alle überlappenden
Paare (Anfrageobjekt,Trapez) werden von der 'Overlap Query' als
Anfrageergebnisse geliefert.
```

d) Collision Query: *EPL* $\times$ *EPL* $\rightarrow$ *BOOLEAN*

Gegeben seien zwei EPL in TR*-Baum-Repräsentation *A* und *B*. Die Collision Query liefert TRUE, falls ein Trapez des TR*-Baumes *A* ein Trapez des TR*-Baumes *B* überlappt, d.h. die beiden durch die TR*-Bäume repräsentierten EPL schneiden sich oder in anderen Worten sie kollidieren, sonst FALSE.

```
Rufe 'Spatial Join' auf, wobei M := A und S := B. Falls 'Spatial
Join' das erste Paar überlappender Trapeze liefert, beende den 'Spa-
tial Join' und breche die 'Collision Query' mit TRUE ab. Falls kein
Paar überlappender Trapeze gefunden wird, liefert die 'Collision
Query' FALSE.
```

Anm.: Die Collision Query kann noch effizienter durchgeführt werden, wenn man sie als modifizierten Spatial Join implementiert. Falls nämlich im Spatial Join ein Paar von Bounding Boxes gefunden wird, das sich kreuzt, müssen sich auch die EPL überlappen. Dies ist leicht einzusehen, da ein EPL einfach zusammenhängend ist und im Directory des TR*-Baumes Bounding Boxes gebildet werden. Somit wird jede Kante einer jeden Bounding Box mindestens von einem Punkt des EPL berührt. Diese Randpunkte sind durch die Objektgeometrie miteinander verbunden. Wie auch immer die Punkte auf den einzelnen Seiten der beiden Bounding Boxes verteilt sind, es treten immer Schnittpunkte zwischen Verbindungslinien auf. Zwei sich kreuzende Bounding Boxes zeigen damit eindeutig an, daß sich auch die beiden EPL überlappen (siehe Abb. 47).

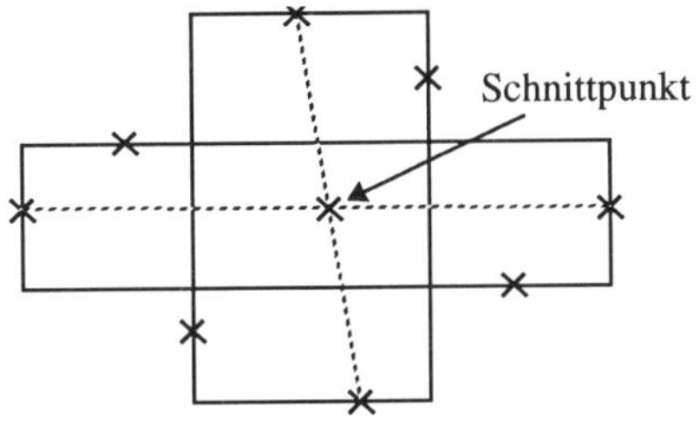

Abbildung 47: Sich kreuzende Bounding Boxes beim Spatial Join

e) Cover Query: $EPL \times EPL \rightarrow BOOLEAN$

Gegeben seien zwei EPL in TR*-Baum-Repräsentation: Der Master-Baum (=*M*) speichere das erste EPL, das in eine Menge von Trapezen zerlegt ist $\{Trapez_1,...,Trapez_n\}$, der Slave-Baum (=*S*) speichere das zweite EPL. Die Cover Query überprüft nun, ob das erste EPL vom zweiten vollständig überdeckt wird.

```
Führe für alle Trapez_i i = {1, 2,...,n} eine 'Overlap Query' auf dem
TR*-Baum S aus. Sammle alle spezifizierten Trapeze von S auf. Falls
Trapez_i von diesen Trapezen nicht überdeckt wird, breche die 'Cover
Query' mit FALSE ab. Falls alle Trapez_i vollständig überdeckt sind,
liefert die 'Cover Query' TRUE.
```

f) Intersection: $EPL \times EPL \rightarrow$ *list of (Trapez)*

Gegeben seien zwei EPL in TR*-Baum-Repräsentation: *A* speichert das erste EPL und *B* das zweite. Intersection berechnet den regulären Schnitt zwischen beiden EPL.

```
Starte einen 'Spatial Join', wobei M:=A und S:=B. Für jedes Ergeb-
nispaar (Trapez_M,Trapez_S) des 'Spatial Joins' wird der reguläre
Schnitt von Trapez_M mit Trapez_S berechnet. Das Ergebnis des
Schnittes wird in Trapeze zerlegt. Da die Trapeze eines EPL disjunkt
sind, entspricht die Vereinigung aller von 'Intersection' gelie-
ferten Schnitt-Trapezen dem regulären Schnitt.
```

g) Difference: $EPL \times EPL \rightarrow$ *list of (Trapez)*

Gegeben seien zwei EPL in TR*-Baum-Repräsentation: *A* speichert das erste EPL (= $\{Trapez_1,...,Trapez_n\}$) und *B* das zweite EPL. Difference berechnet die reguläre Differenz des ersten EPL mit dem zweiten.

```
Für i = 1,2...,n, starte eine 'Overlap Query' mit dem Anfrageobjekt
Trapez_i auf dem TR*-Baum B. Sammle die Ergebnistrapeze von B auf und
berechne die reguläre Differenz zwischen dem Trapez_i und dieser
Menge. Zerlege das Ergebnis der Differenz in Trapeze. Da die Trapeze
eines EPL disjunkt sind, entspricht 'Difference' der Vereinigung
aller Differenz-Trapeze.
```

Wenn im Ergebnispolygon Überlappungen zwischen den Zerlegungskomponenten nicht erlaubt sind, läßt sich die Vereinigung zweier EPL *A* und *B* auf Zerlegungsbasis in trivialer Weise über einen Umweg durchführen. Man berechnet die Differenz von *A* und *B*, die Differenz von *B* und *A* und den Schnitt von *A* mit *B*. Die Vereinigung der Ergebnismengen der drei Operationen ergibt dann die Vereinigung. In [Hee 92] stellt Heep einen Algorithmus vor, der diesen Umweg für Trapez-Zerlegungen vermeidet.

Zusammenfassend kann man feststellen, daß die wichtigsten geometrischen Anfragen und Operationen durch eine TR*-Baum-Repräsentation effizient unterstützt werden, da die räumliche Suche innerhalb eines komplexen Geo-Objektes indiziert ist und lediglich Objektteile lokal bei den Anfragen und Operationen betrachtet und getestet werden. Für einzelne Anfragen und Operationen maßgeschneiderte Algorithmen und Repräsentationen aus der Computational Geometry mögen u.U. weniger Zeit benötigen, aber die Allgemeingültigkeit des TR*-Baum-Ansatzes wird durch diese nicht erreicht. Beispielsweise unterstützt der in [PS 88] vorgestellte Trapezbaum die Point Query sehr effizient, während er für andere Anfragen und Operationen weniger geeignet ist. Daneben benötigt der Trapezbaum einen Speicherbedarf der Komplexität $O(n \log n)$, wobei n die Anzahl der Randpunkte des EPL angibt. In Geo-Datenbanksystemen ist ein solcher Speicherbedarf für eine Objektrepräsentation, die persistent gespeichert werden muß, nicht akzeptabel.

Nachdem wir die Allgemeingültigkeit und Flexibilität des TR*-Baumes bezüglich der Anfragebearbeitung aufgezeigt haben, untersucht der nächste Abschnitt empirisch das Leistungsverhalten des TR*-Baumes anhand realer geographischer Daten.

5.3 Empirische Leistungsanalyse

Zunächst wollen wir die Frage näher beleuchten, wie effizient der TR*-Baum die einzelnen Typen von Zerlegungskomponenten (Dreiecke, Trapeze und konvexe Polygone) verwaltet. Ausgangspunkt sind die in Abbildung 46 (siehe Seite 95) gezeigten Geo-Objekte. Als Leistungsindikator verwenden wir analog zu Abschnitt 5.1.3 die erfolgreiche Point Query und zählen die PiBB- und die 'Punkt-in-Teilkomponente'-Vergleiche (*PiKom*). In Tabelle 15 sind die über die verschiedenen Geo-Objekte gemittelten Ergebnisse wiedergegeben.

Point Query	PiBB	PiKom
Trapeze	16.9	2.11
konvexe Polygone	16.0	2.60
Dreiecke	23.0	5.95

Tabelle 15: Gemittelte Point Query bei verschiedenen Typen von Teilkomponenten

Schon diese wenigen Tests zeigen eine eindeutige Tendenz auf. Die Dreiecke, die durch den in Abschnitt 4.3 vorgestellten Triangulationsalgorithmus erzeugt werden, sind durch den TR*-Baum weniger effizient abzuspeichern als Trapeze oder konvexe Polygone. Die konvexe Zerlegung generiert bei geographischen Objekten, wie in Abbildung 46 dargestellt, ungefähr $n/2$ Teilkomponenten bei n Eckpunkten. Eine ausführliche empirische Untersuchung, die diesen Schätzwert genauer ermittelt, ist in [Sch 92] zu finden. Dagegen erzeugt die Trapez-Zerlegung ungefähr n Komponenten. Trotz der doppelten Komponentenzahl bei der Trapez-Zerlegung erhalten wir fast die gleiche Anzahl an PiBB-Vergleichen wie bei der konvexen Zerlegung. Die Anzahl der PiTra-Vergleiche ist sogar ca. 20% geringer. Berücksichtigt man die Tatsache, daß ein Trapez mit zwei horizontalen Kanten in seiner Geometriedarstellung wesentlich einfacher ist als ein konvexes Polygon, dessen Eckpunktzahl variiert und beliebig groß werden kann, ist die Trapez-Zerlegung als klarer Gewinner des Vergleichs zu betrachten.

Abbildung 48 zeigt das Directory des TR*-Baumes, wenn das Geo-Objekt 'Bayern' abgespeichert wird. Dabei wurde 'Bayern' sowohl in Trapeze, konvexe Polygone als auch Dreiecke zerlegt. Dieses ausgewählte Beispiel macht auch visuell deutlich, daß die Trapez-Zerlegung im TR*-Baum wesentlich besser geclustert werden kann als die beiden anderen Zerlegungen. Die horizontalen Kanten der Trapeze ermöglichen eine fast überlappungsfreie Clusterung.

Mit einer TR*-Baum-Repräsentation der Geo-Objekte kann die Point Query äußerst effizient bearbeitet werden (vgl. [SK 91] und Abschnitt 5.1.3). Allerdings ist zu bemerken, daß der Zerlegungsansatz für die Point Query prädestiniert ist, da durch die Anfrage nur eine oder keine Teilkomponente betroffen ist. Es stellt sich die Frage, ob Zerlegungen für Anfragen und Operationen geeignet sind, die sich auf mehrere Teilkomponenten beziehen. Um dies zu testen, ist der Schnitt zweier Geo-Objekte ein idealer Untersuchungskandidat, denn im schlechtesten Fall müssen quadratisch viele Schnitte zwischen den Teilkomponenten durchgeführt werden.

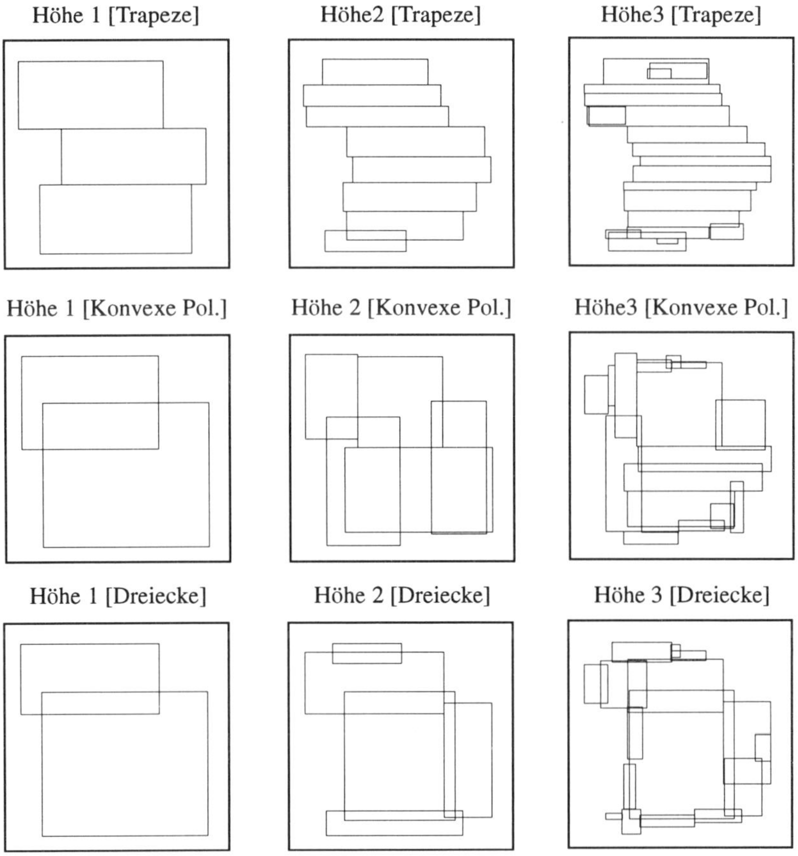

Abbildung 48: TR*-Baum-Directory bei Speicherung verschiedener Typen von Teilkomponenten

Untersuchung der Schnittberechnung zweier Geo-Objekte:

In unserer Speicher- und Zugriffsarchitektur favorisieren wir die Zerlegung in Trapeze, da Trapeze durch den TR*-Baum sehr gut geclustert werden. Werden dagegen triangulierte Geo-Objekte miteinander geschnitten, müssen extrem viele Dreiecksschnitte durchgeführt werden. Auch die konvexe Zerlegung zeigt kein günstiges Verhalten. Lediglich die Trapez-Zerlegung verhält sich gutmütig und effizient. Dies ist nicht weiter verwunderlich, da die Trapez-Zerlegung durch die Wahl der Sweep-Line eine Zerlegungsrichtung vorgibt, die für alle Geo-Objekte gleich ist. Der Zerlegungsprozeß wird somit im Gegensatz zur Triangulation und zur konvexen Zerlegung nicht nur durch die Kontur der Objekte beeinflußt, sondern auch durch ein allgemeines räumliches Kriterium. Die in [Hee 92] vorgestellten Testergebnisse bestätigen die Notwendigkeit und Richtigkeit dieser Auswahl. Im folgenden wollen wir systematisch untersuchen, wie effizient ein Objektschnitt auf der Basis einer Trapez-Zerlegung durchgeführt wird.

In der algorithmischen Geometrie wurden Schnittalgorithmen mit einer Laufzeitkomplexität von $O((n+k)\log n)$ entwickelt (vgl. [BO 79]), wobei n die Anzahl der Randpunkte der Polygone und k die Anzahl der Schnittpunkte darstellt. Im schlechtesten Fall, wenn $k = n^2$ ist, benötigt dieser Algorithmus mehr Vergleiche als der naive quadratische Algorithmus, der jede Objektkante des einen Polygons mit jeder des anderen Polygons vergleicht. Im Durchschnitt ist der Algorithmus aber effizienter als der naive, da k bei realen Anwendungen lediglich linear von der Anzahl der Randpunkte abhängt.

Bei Verwendung von TR*-Bäume hängt das Leistungsverhalten der Schnittberechnung von der räumlichen Lage der Geo-Objekte zueinander ab. Da wir keine Tests entwerfen wollen, die die Objektrepräsentation mit einem TR*-Baum bevorteilen würden, nehmen wir den schlechtesten Fall bezüglich der Lokalität des Schnittes an, d.h. die beiden Geo-Objekte überlappen sich fast vollständig. Um prinzipielle Tendenzen und Abhängigkeiten herausfiltern zu können, verwenden wir in den nachfolgenden Test synthetisch erzeugte Objekte. In [Hee 92] wurde gezeigt, daß diese synthetischen Objekte reale geographische Objekte annähernd simulieren.

Wir benutzen in unseren Experimenten Polygone, die in ihrer Eckpunktanzahl variieren ($n \in \{100, 200, ..., 1.000\}$). Die Form und die Ausdehnung der Polygone unterscheiden sich nur geringfügig und sind unabhängig von der Anzahl der Eckpunkte. Eine solche Modellierung der Testdaten garantiert eine hohe Überlappung und eine hohe Anzahl von Schnittpunkten zwischen den Polygonen. Abbildung 49 zeigt ein Beispiel der getesteten Polygone (n = 100) und die Entwicklung der Anzahl der Schnittpunkte, wenn Testpolygone mit gleicher Eckpunktanzahl geschnitten werden.

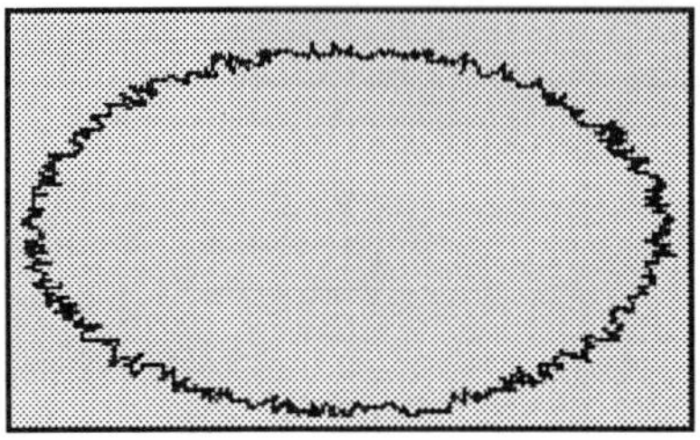

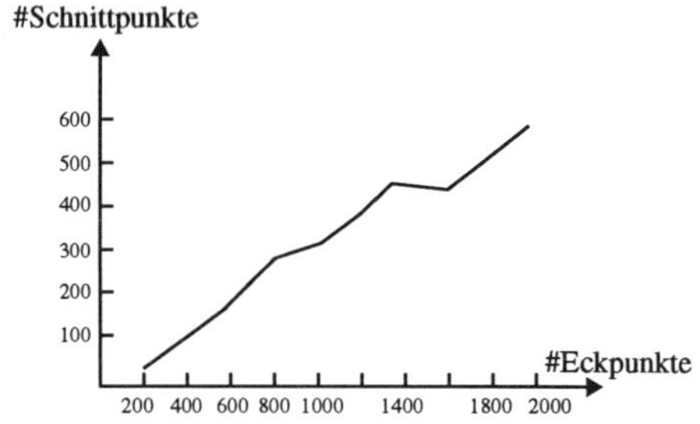

Abbildung 49: Testpolygon und Entwicklung der Anzahl der Schnittpunkte (aus [SK 91])

Die wichtigsten Ergebnisse des Schnittvergleichs auf Basis der Trapez-Zerlegung präsentieren wir in Abbildung 50 und 51. Die Anzahl der Trapezschnitte wächst linear in der Anzahl der Eckpunkte, wenn die Anzahl der Eckpunkte des einen Polygons fest gewählt ist und die Anzahl der Eckpunkte des anderen Polygons von 100 bis 1.000 variiert. Bei Verwendung von TR*-Bäumen werden ungefähr zwei Schnittvergleiche auf Trapezen (*SchTra*) benötigt, um einen tatsächlichen Trapezschnitt zu entdecken (siehe Abb. 50). Die Anzahl der Schnittvergleiche zwischen Bounding Boxes (*SchBB*) wächst näherungsweise linear (siehe Abb. 51). Die Ergebnisse unterstreichen eindrucksvoll, daß ein Schnitt zweier Polygone effizient berechnet werden kann, wenn die Polygone in TR*-Bäumen auf Basis der Trapez-Zerlegung repräsentiert werden, obwohl wir den schlechtesten Fall bezüglich der Lokalität der Schnittanfrage angenommen haben. Das folgende aus der Testserie entnommene Beispiel bestätigt diese Behauptung: Werden zwei Polygone mit jeweils 1.000 Eckpunkten geschnitten, die in unseren Tests 596 Kantenschnitte aufwiesen, benötigt eine TR*-Baum Repräsentation 3.349 Trapezschnitte, die mit 11.844 SchBB-Vergleichen und 6.311 SchTra-Vergleichen gefunden werden.

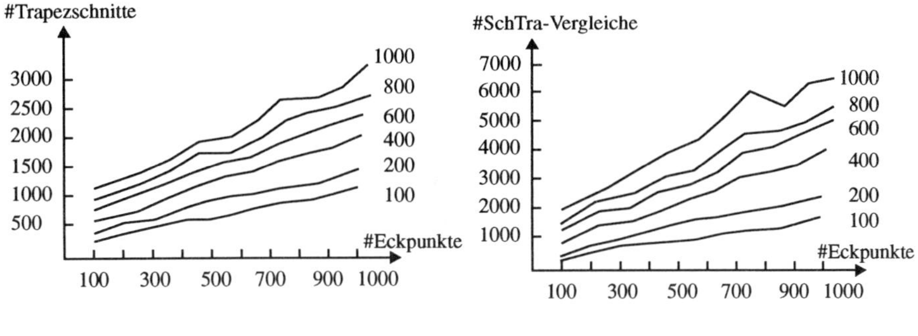

Abbildung 50: Tatsächliche Trapezschnitte und SchTra-Vergleiche (aus [SK 91])

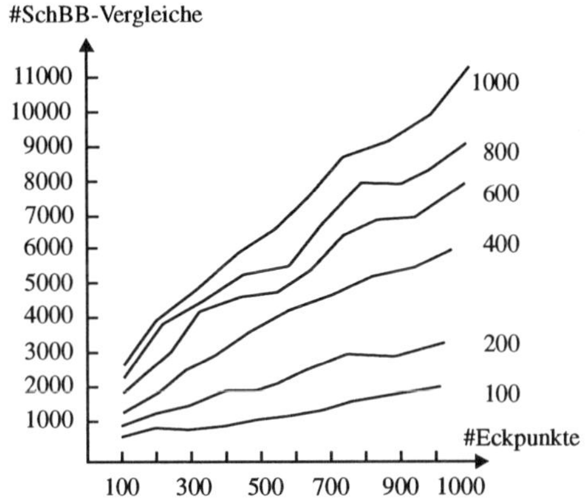

Abbildung 51: Anzahl der SchBB-Vergleiche (aus [SK 91])

Zusammenfassend können wir feststellen, daß unser Zerlegungsansatz die Lokalität bei der Anfragebearbeitung effizient ausnutzt. TR*-Bäume sind um so leistungsfähiger, je stärker die Lokalität einer Geo-Anfrage zu Buche schlägt. Die besten Ergebnisse sind deshalb bei der Point Query zu erzielen, aber die Leistung eines TR*-Baumes degeneriert auch bei extremen Testbedingungen nicht, beispielsweise wenn bei Berechnung des Schnittes eine vollständige Überlappung in den Ausgangsobjekten angenommen wird. Dabei hat sich auch gezeigt, daß sich im besonderen die Trapez-Zerlegung für den effizienten Einsatz bei der Anfragebearbeitung in Geo-Datenbanksystemen eignet. Andere Zerlegungen wie z.B. Triangulationen sind weniger leistungsfähig und scheiden daher für den Einsatz in Geo-Datenbanksystemen aus.

Resümee zum Zerlegungsansatz mit dem TR*-Baum

In unserem neuen Ansatz werden polygonale Objekte durch TR*-Bäume repräsentiert. In einem Vorverarbeitungsschritt zerlegt man die Polygone in eine Menge von Teilkomponenten und speichert diese Teilkomponenten in den Datenknoten eines TR*-Baumes, der persistent auf dem Sekundärspeicher abgelegt ist. Dabei werden die Teilkomponenten durch den TR*-Baum räumlich sortiert. Im Verfeinerungsschritt der Anfragebearbeitung werden die TR*-Bäume vollständig in den Hauptspeicher übertragen.

Ein polygonales Objekt mit einem TR*-Baum zu repräsentieren, zeichnet sich durch folgende drei Vorzüge aus: Erstens werden verschiedene Typen von Anfragen und Operationen durch eine einzige Repräsentation unterstützt. Zweitens werden alle Anfragen und Operationen auf der Basis einfacher Zerlegungskomponenten abgearbeitet. Somit benötigt man in der gesamten Anfragebearbeitung keine komplexen CG-Algorithmen mehr. Drittens wird durch den Zerlegungsansatz die Lokalität von Geo-Anfragen effizient ausgenützt.

Für die Zerlegung in Trapeze war in unseren Experimenten die Zahl der einfachen Teiloperationen sogar bei extremen Testbedingungen immer so gering, daß auch komplexe Operationen, wie der Schnitt zweier Polygone, effizient ausgeführt werden konnten. Für die Operationen Point Query und den Schnitt zweier Polygone haben wir experimentell nachgewiesen, daß der TR*-Baum bei der räumlichen Suche sehr effizient diejenigen Trapeze ausfiltert, die nicht von der Operation betroffen sind.

6 Die Geo-Architektur

Die vorangegangenen Kapitel haben demonstriert, daß in Geo-Datenbanksystemen aufgrund der Komplexität der Objekte und der Anfragen sowie der extrem großen Datenvolumina besondere Anforderungen an eine Speicher- und Zugriffsarchitektur in bezug auf eine effiziente Anfragebearbeitung vorliegen. Eine Reihe von prinzipiellen Konzepten und Techniken ist notwendig, um eine effiziente Anfragebearbeitung in Geo-Datenbanksystemen sicherzustellen. In Kapitel 3 haben wir herausgearbeitet, daß die Approximation von Geo-Objekten ein unverzichtbares Konzept darstellt, um den selektiven räumlichen Zugriff auf Geo-Objekte zu unterstützen. Approximationen, organisiert durch Raumzugriffsstrukturen, etablieren eine zweistufige Anfragebearbeitung mit Filter- und Verfeinerungsschritt. Im Verfeinerungsschritt müssen komplexe geometrische Anfragen und Operationen durchgeführt werden, die Algorithmen und Datenstrukturen aus dem Bereich der algorithmischen Geometrie (Computational Geometry) erfordern. Die Effizienz bei der Bearbeitung der Anfragen und Operationen hängt allerdings nicht nur von den verwendeten Algorithmen ab, sondern auch von der gewählten Repräsentation der Geo-Objekte. In Kapitel 4 haben wir die Zerlegungsrepräsentation von Geo-Objekten vorgestellt, durch die die geometrische Anfragebearbeitung vereinfacht wird. Dabei haben wir uns mit der Frage beschäftigt, welche Zerlegungen für den Einsatz in Geo-Datenbanksystemen geeignet sind. Im anschließenden Kapitel haben wir unseren TR*-Baum vorgestellt, der beliebige Zerlegungskomponenten, auf denen keine vollständige räumliche Ordnung definiert werden kann, effizient verwaltet.

Nachdem wir also Konzepte zur Leistungssteigerung, wie Raumzugriffsstrukturen, Approximation, Objektzerlegung und Mehrphasen-Anfragebearbeitung vorgestellt haben, wollen wir diese einzelnen Bausteine in eine globale Speicher- und Zugriffsarchitektur für Geo-Datenbanksysteme (*Geo-Architektur*) einbetten. Unsere Geo-Architektur ist modular aufgebaut und kann beliebige Mengen von Geo-Objekten in einer einzigen bzw. in mehreren Datei(en) (Layer-Konzept) organisieren. Die Objekte dürfen sich in ihrem Typ und ihrer Beschreibungslänge unterscheiden. Topologische Beziehungen zwischen den Objekten können je nach Modellierung des Anwenders überhaupt nicht, partiell oder vollständig spezifiziert sein.

In diesem Kapitel diskutieren wir vier wichtige Problemkreise einer Speicher- und Zugriffsarchitektur. Abschnitt 6.1 zeigt auf, wie in unserer Geo-Architektur komplexe Geo-Objekte repräsentiert werden, damit ausgehend von einer kompakten und redundanzfreien Geometriedarstellung der selektive, objekt-orientierte Zugriff effizient durchgeführt werden kann. Um auch einen schnellen mengenorientierten Zugriff großräumiger Bereichsanfragen zu ermöglichen, stellen wir in Abschnitt 6.2 das neue Konzept einer Szenen-Organisation vor. Aber nicht nur räumliche Suche und geometrische Operationen werden in unserer Geo-Architektur adäquat unterstützt, sondern insbesondere der Zugriff auf thematische Attribute wird durch die flexible und effiziente Integration von Sekundärindexen beschleunigt. Wie die thematische Indizierung in unserer Geo-Architektur verwirklicht ist, beschreibt Abschnitt 6.3. In vielen geographischen Anwendungen verändern Geo-Objekte über die Zeit hinweg ihre Form und Lage im Raum. Eine Raum-Zeit-Indizierung ist deshalb häufig gefordert. In Abschnitt 6.4 machen wir detaillierte Vorschläge, wie die zeitliche Veränderung von Geo-Objekten indiziert und in unsere Geo-Architektur integriert werden kann. Abschnitt 6.5 schließt das Kapitel mit einer übersichtsartigen Darstellung und Bewertung der vorgestellten Ideen und Konzepte ab.

6.1 Repräsentation komplexer Geo-Objekte

Bei der Vorstellung unserer Geo-Architektur konzentrieren wir uns auf die Objektklassen Punkt, Linienzug und einfaches Polygon mit Löchern. Wie in Abschnitt 2.1 dargestellt und in [Kri 91a] beschrieben, eignen sich diese Klassen, um eine Vielzahl realer geographischer Objekte im zweidimensionalen Raum zu modellieren. Andere Objektklassen, wie nicht geradlinig begrenzte Objekte und Graphen, können ebenfalls in unsere Architektur integriert werden. Beispielsweise kann ein Graph als ein komplex strukturiertes Geo-Objekt betrachtet und gespeichert werden. Anfragen und Operationen auf Graphen benötigen dann spezielle Zugriffsverfahren und Algorithmen. Analog ist mit nicht geradlinig begrenzten, flächigen 2D-Objekten (2D-*Manifolds*) zu verfahren. Weiterführende Untersuchungen und Architekturvorschläge zur effizienten Anfragebearbeitung von Graphen und 2D-Manifolds sind in der Literatur zu finden. Güting stellt in [Güt 91] einen interessanten Ansatz vor, Graphen in Geo-Datenbanken effizient zu repräsentieren, während Heep in [Hee 92] Manifolds detailliert untersucht.

Ein Geo-Objekt ist durch eine *geometrische Komponente*, die die Form und die Lage des Objektes im Raum festlegt, charakterisiert. Die Geometrie wird durch Punkt- oder Koordinatenmengen repräsentiert. Die *thematische Komponente* umfaßt alle anderen Informationen, die dem Geo-Objekt zugeordnet sind, wobei sowohl qualitative als auch quantitative Eigenschaften beschrieben werden.

Die Komplexität von Geo-Objekten hat in zweifacher Hinsicht Auswirkungen: Zum einen läßt eine komplexe Geometrie die geometrischen Algorithmen kompliziert und langsam werden. Zum anderen kann die Repräsentation der geometrischen Komponente aufwendig sein und in ihrer Beschreibungslänge stark variieren und sehr umfangreich sein. Beispielsweise schwankt die geometrische Repräsentation der Baden-Württembergischen Gemeinden zwischen 6 und 3.104 Digitalisierungspunkten (siehe Tabelle 1 auf Seite 19). Wie Kapitel 3 gezeigt hat, erfordert diese Komplexität im Zuge einer effizienten Anfragebearbeitung zusätzlich eine *approximative Darstellung* der Geo-Objekte.

Aus Verwaltungs- und Adressierungszwecken wird in unserer Architektur jedem Geo-Objekt ein Surrogat zugeordnet, d.h. ein vom System vergebener, eindeutiger *Objektidentifier*. Die Vor- und Nachteile des Surrogatkonzeptes sind in der Literatur ausführlich diskutiert und beschrieben (siehe u.a. [Atk 90] und [Sto 90]). In den nachfolgenden Abschnitten wird explizit darauf hingewiesen, wo und wie dieses Konzept in der vorgestellten Speicher- und Zugriffsarchitektur zum Tragen kommt.

Ein Geo-Objekt besteht somit in unserer Geo-Architektur konzeptionell aus vier Komponenten:

1. Objektidentifier
2. Approximation
3. Geometrie
4. Thematik

Geo-Objekte können aber nicht isoliert voneinander betrachtet werden. Vor allem in der geographischen Anwendung ist es aus Speicherplatz- und Konsistenzgründen erforderlich, die Geometrie von Geo-Objekten kompakt zu repräsentieren, und die Digitalisierungspunkte nicht redundant abzuspeichern. Falls verschiedene Geo-Objekte geometrische Einheiten gemeinsam haben, sollten solche Einheiten nur einmal abgespeichert werden. Dies ist beispielsweise notwendig, wenn die Geometrie von Regierungsbezirken redundanzfrei repräsentiert werden soll (siehe

Europa-Karte in Abb. 9 auf Seite 19). Abschnitt 6.1.1 liefert einen Lösungsansatz für eine solche kompakte und redundanzfreie Geometriedarstellung in Geo-Datenbanken. Unter Beibehaltung der Redundanzfreiheit wird in Abschnitt 6.1.2 eine neue Repräsentations- und Organisationsform von Geo-Objekten vorgestellt, die eine interne und lokale Ordnungserhaltung sicherstellt. Abschnitt 6.1.3 zeigt auf, wie ausgehend von der kompakten und redundanzfreien Geometriedarstellung die geometrische Anfragebearbeitung einfacher und schneller realisiert werden kann, wenn komplexe Geo-Objekte durch den TR*-Baum räumlich indiziert werden. Auf die effiziente Speicherung thematischer Attribute wird dann in Abschnitt 6.1.4 eingegangen. Schließlich beschreibt Abschnitt 6.1.5 den in Geo-Datenbanken wichtigen Aspekt der lokalen Modifikation von komplexen Geo-Objekten.

6.1.1 Kompakte und redundanzfreie Geometriedarstellung

In realen Anwendungen lassen sich prinzipiell zwei Fälle bei der Modellierung und der Speicherung der Geometrie von Objektmengen unterscheiden:

a) Jedes einzelne Objekt wird unabhängig von anderen Objekten modelliert und repräsentiert. Topologische Beziehungen zwischen den Objekten werden weder vom Anwender spezifiziert noch explizit gespeichert. Überlappungen und Randberührungen zwischen den Objekten sind erlaubt, aber nur implizit beschrieben. Beispiele hierfür sind integrierte Geo-Datenbanken (vgl. [Cra 90]).

b) Die Geometrie einzelner Objekte wird nicht isoliert voneinander betrachtet. Randberührungen und Überlappungen werden explizit spezifiziert. Beispielsweise wird in der Kartographie die Geometrie von Bodennutzungs- oder Katasterkarten durch bis auf Randberührungen disjunkte Polygone modelliert. Bei dieser Modellierung ist es naheliegend, die Grenzlinienzüge zwischen den einzelnen Objekten nur einmal zu speichern und anzugeben, welchen Objekten sie zugeordnet sind. Bei Objekthierarchien wie z.B. Land, Kreis und Gemeinde wird zusätzlich die Überlappung explizit repräsentiert; dabei gilt: Objekte einer höheren Hierarchiestufe sind aus Objekten niedriger Hierarchiestufen zusammengesetzt. Innerhalb der gleichen Hierarchiestufe sind die Objekte bis auf Randberührungen disjunkt zueinander.

Um diese beiden Modellierungsmöglichkeiten effizient handhaben zu können, wird in vielen kommerziellen Systemen und universitären Prototypversionen zwischen disjunkten Objektmengen und sich überlappenden Objektmengen unterschieden. Als Beispiel sei die Georelationale Algebra (GRAL) von Güting erwähnt [Güt 89].

Unsere Architektur favorisiert die objekt-orientierte Sichtweise. Dabei heißt objekt-orientiert lediglich, daß eine Karte oder ein zu speichernder Realitätsausschnitt der Ebene aus einer Menge von Geo-Objekten besteht. Dabei müssen die Geo-Objekte weder homogen strukturiert sein noch spezielle topologische oder geometrische Eigenschaften erfüllen. In unserer Architektur wird jedem Objekt eine konservative Approximation (siehe Abschnitt 3.2) zugeordnet. Der Filterschritt bei der Anfragebearbeitung kann somit ohne Kenntnis der eigentlichen Objektrepräsentation ablaufen. Wie die einzelnen Objekte gespeichert werden und auf welche Art und Weise Randberührungen und Überlappungen explizit repräsentiert werden, ist auf diesem Abstraktionsniveau nicht von Bedeutung.

Sollen Randberührungen und Überlappungen spezifiziert und redundanzfrei gespeichert werden, so ist es erforderlich, die geometrische Darstellung von Objekten in kleinere Einheiten - im weiteren als *Segmente* bezeichnet - zu zerlegen. Die Geometrie eines Objektes wird genau dann in Segmente zerlegt, falls ein Teil der Geometrie dieses Objektes mit einem Teil der Geometrie eines anderen Objektes übereinstimmt und der Benutzer dies explizit zu repräsentieren wünscht. Die Zerlegung in Segmente ist disjunkt, d.h. die bei der Zerlegung entstehenden Segmente überlappen sich nicht. Die Geometrie eines segmentierten Objektes wird durch Referenzierung auf die entsprechenden Segmente repräsentiert, wobei in der Regel zusätzlich das Wissen abgespeichert werden muß, wie und/oder in welcher Reihenfolge die Segmente zusammenzusetzen sind, um das Ausgangsobjekt zu erzeugen.

Die Geometrie einer Objektmenge besteht nach diesem Segmentierungsprozeß aus einer Menge von Segmenten und nichtsegmentierten Objektgeometrien. Auf diese Weise kann eine Objektmenge modelliert werden, in der Randberührungen und Überlappungen sowohl erlaubt als auch explizit spezifiziert und gespeichert sind. Als Vorgriff sei erwähnt, daß die vorgeschlagene Speicher- und Zugriffsarchitektur zwar objekt-orientiert entworfen wurde, aber ohne größere Modifikationen auch für alle kommerziellen Systeme und Prototypversionen geeignet ist, die keine objekt-orientierte Modellierung der Geometrie unterstützen, sondern stets eine Zerlegung der Geometrie der Geo-Objekte in Segmente durchführen.

Aufgrund der Notwendigkeit, eine redundante Geometriedarstellung in Geo-Datenbanken zu vermeiden, haben wir in unserer Architektur ausgehend von einer objekt-orientierten Modellierung für die Anfragebearbeitung eine Repräsentationsform entwickelt, die die Geometrie von Punkten, Linienzügen und einfachen Polygonen mit Löchern kompakt und redundanzfrei abspeichert.

Repräsentation variabel langer Geometriebeschreibungen mit Byte-Arrays

Die Geometrie eines Punktes der Ebene wird durch Speicherung seiner Koordinaten in x- und y-Richtung repräsentiert. Ein Linienzug und ein einfaches Polygon mit Löchern (EPL) beschreibt eine Teilmenge der Ebene bestehend aus unendlich vielen Punkten. Durch Angabe der Randpunkte und deren Zusammenhang kann aber sowohl ein Linienzug als auch ein EPL durch eine endliche Beschreibung eindeutig und kompakt repräsentiert werden. Linienzüge und EPL zeichnen sich durch einen völlig variablen Komplexitätsgrad aus. So ist beispielsweise bereits ein geschlossener Polygonzug mit drei Eckpunkten ein EPL. Andererseits hat der Komplexitätsgrad keine obere Schranke, so daß ein EPL z.B. auch aus vielen tausend Randpunkten und mehreren Löchern bestehen kann. Die damit verbundene, stark variable Länge der Objektbeschreibung macht den Einsatz dynamischer Datenstrukturen bei der Darstellung von EPL im Hauptspeicher erforderlich. Zeigerstrukturen, wie verkettete Punktlisten, eignen sich zur Objektdarstellung nicht besonders gut, weil dort der Zusammenhang der zum Objekt gehörenden Komponenten nur über speicherintensive Zeiger geschaffen wird. Dies macht den Objekttransfer zwischen Haupt- und Sekundärspeicher außerordentlich zeitaufwendig. Unter der Annahme, daß ein Digitalisierungspunkt mit 16 Byte (zwei LongReal) und ein Zeiger mit 2 Byte (ShortCardinal) repräsentiert wird, benötigt man für die Repräsentation der Verzeigerung 12,5% zusätzlichen Speicherplatz. Deshalb erscheint uns bei Objekten, deren Länge zwar grundsätzlich sehr variabel sein kann, für ein Objekt jedoch weitestgehend festliegt, ein anderer Ansatz besser geeignet.

Die Beschreibung der Objektgeometrie wird vollständig auf ein Byte-Array abgebildet. Der Zusammenhang der Randpunkte wird nicht explizit gespeichert, sondern liegt implizit durch die Reihenfolge der Punkte im Byte-Array fest. Jeder Punkt der Punktfolge ist mit seinem Vorgänger und seinem Nachfolger extensional verbunden. Extensional heißt in diesem Zusammenhang, daß die Punkte, aus denen sich die Strecke zwischen zwei Eckpunkten zusammensetzt, nicht in der Geo-Datenbank gespeichert sind. Eine intensionale Speicherung wäre die explizite Angabe der Streckengleichung. Für geschlossene Polygone gilt ferner, daß der Vorgänger des ersten Punktes der letzte Punkt in der Punktfolge ist und der Nachfolger des letzten Punktes der erste Punkt ist.

Byte-Arrays belegen dynamisch den Hauptspeicher und werden über ihre Startadressen referenziert.

In unserer Geo-Architektur wird, falls Randberührungen und Überlappungen zwischen einzelnen Geo-Objekten repräsentiert werden sollen, die Geometrie dieser Geo-Objekte in die Segmente Polygon-Segment, Linienzug-Segment und Knotenpunkt zerlegt. Ein Knotenpunkt ist ein Randpunkt, in dem mehrere Linienzüge münden. Ein Linienzug-Segment ist die Verbindung zwischen zwei Knotenpunkten, dabei gehören die Knotenpunkte nicht zum Linienzug-Segment. Ein Polygon-Segment entsteht dann, wenn innerhalb eines EPL ein anderes Polygon als Enklave enthalten ist. Dieses Polygon-Segment ist sowohl Loch des umgebenden Polygons als auch Rand der Enklave (siehe Abb. 52).

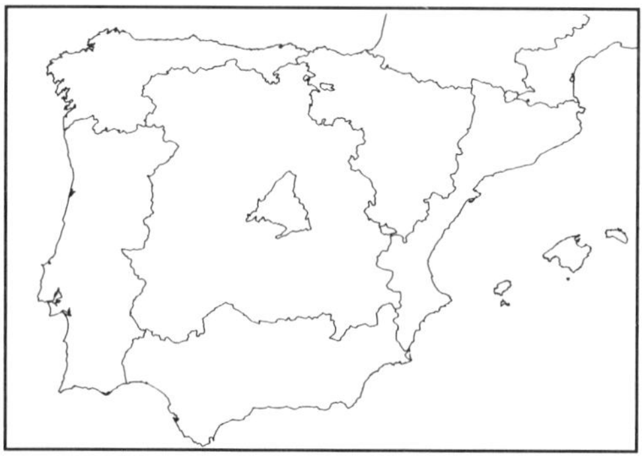

Abbildung 52: Reales Beispiel mit den verschiedenen Segmenttypen

Speicherung der Geometriekomponente eines Geo-Objektes als Byte-Array:

In unserer Geo-Architektur wird die Geometriekomponente von EPL, Linienzug und Punkt als Punktfolge abgelegt. Dabei setzen wir implizit voraus, daß bei Polygonbeschreibungen der letzte Punkt der Punktfolge mit dem ersten verbunden ist. Die Punktfolge muß also interpretiert werden, um eine korrekte Geometriebeschreibung der einzelnen Objekttypen zu erhalten. Falls es sich um ein EPL handelt, können mehrere Polygonbeschreibungen für ein umgebendes Polygon und Loch-Polygone folgen, während ein Linienzug durch eine einzige Punktfolge und ein Punkt durch zwei Koordinatenwerte repräsentiert ist. Da die Geo-Objekte auch in Segmente zerlegt sein können, kann die Beschreibung der Polygone, Linienzüge und Punkte nicht nur explizit durch Punktkoordinaten angegeben sein, sondern auch implizit durch Referenzierung auf Segmentbeschreibungen erfolgen. In den Segmenten sind dann die Digitalisierungspunkte abgespeichert, wobei die einzelnen Typen von Segmenten (Polygon-Segment, Linienzug-Segment und Knotenpunkt) ebenfalls als Byte-Arrays organisiert sind. Dabei gilt aber immer, daß die einzelnen Digitalisierungspunkte in der Reihenfolge, in der sie im Byte-Array liegen, miteinander verbunden sind. Ein segmentiertes Geo-Objekt setzt sich also aus einer Folge von Segmenten zusammen, die wiederum aus einer Folge von Digitalisierungspunkten bestehen. In MODULA-2-ähnlicher Form ist ein Geo-Objekt wie folgt beschrieben:

```
Geo-Objekt = RECORD
  (* Infoteil *)
  Arraylänge : ShortCardinal;                                  (* 2 Byte *)
  Objektidentifier : Cardinal;                                 (* 4 Byte *)
  (* Beschreibung von EPL, Linienzug und Punkt *)
  CASE Typ : (EPL, Linienzug, Punkt) OF                        (* 2 Byte *)
    | EPL : RECORD
       (* Infoteil eines EPL*)
       Arrayposition (* des umgeb. Polygons*) : ShortCardinal; (* 2 Byte *)
       #Löcher: ShortCardinal;                                 (* 2 Byte *)
       Lochpositionen : ARRAY [1..#Löcher]OF ShortCardinal;    (* 2 Byte *)
       Umgebendes-Polygon : PunktArray; (* Beschreibung des umgeb. Polygons*)
       Löcher : ARRAY [1..#Löcher] OF PunktArray; (* Beschreibung der Löcher*)
       END (* EPL *)
    | Linienzug : PunktArray;
    | Punkt : PunktTyp;
  END (* CASE *)
END (* Geo-Objekt *)
```

Die Repräsentation der Geometrie eines Geo-Objektes als Byte-Array setzt sich aus Infoteil und der Angabe der Geometriekomponenten zusammen. Im Infoteil ist angegeben: die Länge des gesamten Byte-Arrays; der Objektidentifier, der den Bezug von der Geometriebeschreibung zum eigentlichen Objekt herstellt und der Typ des Geo-Objektes.

Falls es sich um ein EPL handelt, muß als spezieller Infoteil des EPL die Anzahl der Löcher und die Positionen im Array, an der die Geometriebeschreibung des umgebenden Polygons und der Löcher beginnt, angegeben sein. Das umgebende Polygon und die Löcher sind einfache Polygone und werden deshalb in unserem Byte-Array-Ansatz in gleicher Weise strukturiert. Der Typ Punkt-Array wird im weiteren verwendet, um sowohl ein umgebendes Polygon, ein Loch oder einen Linienzug zu beschreiben, während ein Punkt durch einen eigenen Punkttyp repräsentiert ist.

```
PunktArray = RECORD
  Arraylänge : ShortInteger;                                   (* 2 Byte *)
  #Elemente : ShortCardinal;                                   (* 2 Byte *)
  IF Arraylänge > 0
    THEN (* Auflistung der Punktkoordinaten *)
      Punkte : ARRAY [1..#Elemente] OF Point (x,y : LongReal);  (*16 Byte*)
    ELSE (* Verweise auf Segmente *)
      Zeiger : ARRAY [1..#Elemente] OF Pointer (segptr:Integer); (*4 Byte*)
  END (* IF *)
END (* PunktArray *)
```

```
PunktTyp = RECORD
  Arraylänge : ShortInteger;                          (* 2 Byte *)
  IF Arraylänge > 0
    THEN
      x-Koordinate : LongReal;                        (* 8 Byte *)
      y-Koordinate : LongReal;                        (* 8 Byte *)
    ELSE (* Verweis auf Knotenpunkt *)
      Zeiger : Pointer (ptr : Cardinal);              (* 4 Byte *)
  END (* IF *)
END (* PunktTyp *)
```

Zunächst ist durch einen ShortInteger angegeben, wie lang die Beschreibung der Punktfolge ist. Das Vorzeichen zeigt an, ob die Punktfolge explizit oder durch Zeiger auf Segmente repräsentiert ist. Je nach Referenzierungsmodus ist dann die Anzahl der Digitalisierungspunkte bzw. die Anzahl der Zeiger auf Segmente aufgeführt. Danach folgt die Menge der Digitalisierungspunkte der Punktfolge bzw. die Zeiger auf die Segmente. Diese Zeiger verweisen entweder auf Polygon-Segmente, Linienzug-Segmente oder Knotenpunkte.

Die Linienzug-Segmente sind wie folgt normiert abgelegt: Startpunkt eines Linienzug-Segments ist der Endpunkt mit der kleineren x-Koordinate, wobei bei Gleichheit derjenige mit der kleineren y-Koordinate gewählt wird. Die Reihenfolge der Zeiger auf die Segmente korrespondiert mit der Vorschrift, wie die Linienzug-Segmente und Knotenpunkte zu einem Polygon zusammengesetzt werden. Bei negativem Vorzeichen muß der Linienzug rückwärts gelesen werden. Falls man EPL als Punktfolgen repräsentiert, ist diese Konvention notwendig, da das gleiche Linienzug-Segment von verschiedenen EPL in unterschiedlichen Richtungen durchlaufen werden kann.

Auf den ersten Blick erscheint die Repräsentation von punktförmigen Objekten als Byte-Arrays aufwendig. In unserem Entwurf soll aber die Möglichkeit gegeben sein, punktförmige Objekte auch als Knotenpunkte anderer Objekte zu modellieren. Daneben sind mit dieser Vorgehensweise die drei Klassen von Geo-Objekten (Punkt, Linienzug und EPL) in gleicher Weise repräsentiert.

Wir repräsentieren auch die Segmentklassen in unserem Ansatz als Byte-Arrays. Für jedes Segment wird neben den Digitalisierungspunkten im Byte-Array gespeichert, welche Objekte diese Segmente in ihrer Geometriedarstellung benötigen. Dies ist notwendig und hilfreich: Erstens, um festzustellen, wann ein Segment gelöscht werden kann. Zweitens, um Integritätsprüfungen durchführen zu können, falls ein Segment verändert wird. Drittens, um Nachbarschaftsanfragen effizient zu unterstützen.

```
Segment = RECORD
(* Infoteil *)
 Arraylänge : ShortCardinal;                                          (* 2 Byte *)
 Segmentidentifier : Cardinal;                                        (* 4 Byte *)
 (* Beschreibung von Polygon-Segment, Linienzug-Segment und Knotenpunkt*)
 CASE Typ : (Polygon-Segment, Linienzug-Segment, Knotenpunkt) OF(*2 Byte*)
    | Polygon-Segment, Linienzugsegment : RECORD
      (* Geometriebeschreibung *)
      #Punkte : ShortCardinal;                                        (* 2 Byte *)
      Punkte : ARRAY [1..#Punkte] OF Point (x,y : LongReal);        (* 16 Byte *)
      END (* Polygon-Segment, Linienzug-Segment *)
    | Knotenpunkt = RECORD
      x-Koordinate : LongReal;                                        (* 8 Byte *)
      y-Koordinate : LongReal;                                        (* 8 Byte *)
      END (* Knotenpunkt *)
 END (* CASE *)
 (* referenzierte Geo-Objekte *)
 #Verweise : ShortCardinal;                                           (* 2 Byte *)
 Verweise : ARRAY [1..#Verweise] OF Pointer (ptr:Cardinal);          (* 4Byte *)
END (* Segment *)
```

Mit dem vorgestellten Ansatz können Geo-Objektmengen bestehend aus Punkten, Linienzügen und EPL in einer Datei kompakt abgelegt werden. Die wegen numerischer Genauigkeitsprobleme kritischen topologischen Beziehungen wie Randberührungen und Objekthierarchien können explizit repräsentiert werden, ohne die Geometrie redundant abzuspeichern. Weitere topologische Beziehungen zwischen den Objekten wie Enthaltensein, Beinhalten und Schnitt sind durch die vorgestellte Repräsentation der Objekte in der Regel nur implizit gespeichert und können durch Anfragen und Operationen bestimmt werden.

6.1.2 Interne und lokale Ordnungserhaltung

Wie schon häufiger erwähnt, kann in Geo-Datenbanksystemen die Beschreibung der Geo-Objekte sehr lang sein. Zur persistenten Speicherung der vier Komponenten Objektidentifier, Approximation, Geometrie und Thematik benötigt man in der Regel eine Menge von Blöcken (Seiten) des Sekundärspeichers. Eine wichtige Forderung für eine effiziente Anfragebearbeitung ist der *Erhalt* der *internen Ordnung*, d.h. die Blöcke, die von einem Geo-Objekt belegt werden, sollten physisch zusammenhängend sein, um einen schnellen Zugriff auf alle Informationen des gespeicherten Geo-Objektes sicherzustellen.

Der Erhalt der internen Ordnung ist für den effizienten Zugriff auf ein einzelnes Objekt anzustreben, muß aber innerhalb unserer dynamischen Speicher- und Zugriffsarchitektur aus zweierlei Gründen eingeschränkt werden:

1. Redundanzfreiheit der Geometriedarstellung hat in unserer Architektur eine sehr hohe Priorität. Deshalb wird die interne Ordnungserhaltung eingeschränkt, wenn Geo-Objekte in Segmente zerlegt werden. Ohne redundante Speicherung kann ein Segment nicht mehreren Geo-Objekten physisch zugeordnet sein. In Ab-

schnitt 6.2 ist beschrieben wie, dennoch eine relative Nähe zwischen Segment und Ausgangsobjekten realisiert werden kann. Der Erhalt der internen Ordnung innerhalb der Geometriebeschreibung der Segmente ist durch den Byte-Array-Ansatz sichergestellt.

2. Wie in Abschnitt 3.4 aufgezeigt, ist der Einsatz von Raumzugriffsstrukturen für die effiziente Anfragebearbeitung in Geo-Datenbanken unverzichtbar. Damit aber das Leistungsverhalten solcher Raumzugriffsstrukturen nicht degeneriert, darf die Beschreibung des Geo-Objektes innerhalb der Datenseite einen vordefinierten Anteil nicht überschreiten. Somit können die Geo-Objekte in der Regel nicht komplett in den Datenseiten der Raumzugriffsstruktur abgespeichert werden. Um diese Problematik in den Griff zu bekommen, stehen zwei Alternativen zur Verfügung: In der ersten Variante werden Teile des Geo-Objektes ausgelagert, bis die maximale Beschreibungslänge unterschritten ist, die für ein Objekt innerhalb einer Datenseite erlaubt ist. Die zweite Variante lagert das Objekt komplett aus und speichert in den Datenseiten die für die Raumzugriffsstruktur notwendigen Informationen über das Objekt redundant ab. Da die zweite Variante Redundanz erzeugt, ziehen wir die erste Variante vor. Dadurch wird die interne Ordnungserhaltung weiter eingeschränkt, denn ein Teil der Objektbeschreibung ist in den Datenseiten der Raumzugriffsstruktur abgespeichert, während der restliche Teil anderen Blöcken zugeordnet wird.

In Abschnitt 3.4.2 wurde der Begriff der *lokalen Ordnungserhaltung* eingeführt. Wegen der Aufteilung des Hintergrundspeichers in Blöcke soll lokale Ordnungserhaltung folgendes Ziel sicherstellen: Ein durch die Raumzugriffsstruktur verwalteter Block, der gelesen werden muß, soll möglichst viele für die Anfragebearbeitung nützliche Daten enthalten. Lokale Ordnungserhaltung auf Objektrepräsentation zu realisieren macht für Geo-Objekte wenig Sinn, denn häufig passen nur wenige Geo-Objekte in einen Block bzw. die Objektgröße überschreitet die Blockgröße. Lokale Ordnungserhaltung kann also nur durch Einschränkung der internen Ordnungserhaltung und durch Einsatz von Approximationen erzielt werden (vgl. Abschnitt 3.4.2).

In unserer Architektur ist jedem Geo-Objekt ein Objektidentifier (*OId*) und eine konservative Approximation (*Appr*) zugeordnet. Wie aus Kapitel 3 ersichtlich wurde, sind Approximationen notwendig, um die Anfragebearbeitung mittels eines geometrischen Filters effizient zu unterstützen. Objektidentifier und Approximation müssen auf jeden Fall in den Datenseiten der Raumzugriffsstruktur gespeichert sein, um einen schnellen geometrischen Filter zu etablieren. Je nach verwendeter Approximation benötigt man unterschiedlich viel Speicherplatz. Die Ergebnisse aus Abschnitt 3.4.5 legen nahe, Approximationen fester und kurzer Beschreibungslänge zu verwenden.

Es bleibt aber noch zu untersuchen, welche Teile der restlichen Objektbeschreibung in den Datenseiten der Raumzugriffsstruktur verbleiben sollen und welche Teile ausgelagert werden können. Zum einen sind durch die Approximationskomponente die wichtigsten geometrischen Eigenschaften eines Objektes beschrieben und zum anderen ist es für die Anfragebearbeitung in Geo-Datenbanken von Vorteil, die Geometrie der gesamten Objektmenge in einem eigenen Datenbereich zu speichern (vgl. Abschnitt 6.2). Deshalb schlagen wir in unserem Ansatz vor, die exakte Geometriebeschreibung der Objekte über einen Geometriezeiger (*GeoPtr*) komplett auszulagern.

In [Kri 91b] haben wir Auslagerungsstrategien für thematische Attribute (*Attr*) vorgestellt. Indizierte Attribute sollten mit höchster Priorität den Datenseiten der Raumzugriffsstruktur zugeordnet sein. Falls noch Speicherplatz zur Verfügung steht, verbleiben zusätzlich atomare Attribute, d.h. Attribute mit geringer, fester Länge, in den Datenseiten. Dagegen werden variabel lange oder unstrukturierte Byteketten über einen thematischen Zeiger (*ThePtr*), der auf eine B^+-Baum-Variante verweist, immer ausgelagert (vgl. Abschnitt 6.1.4). Diese Auslagerungsstrategien entsprechen der Erwartung eines Geo-Datenbankanwenders, daß der Zugriff auf indizierte Attribute am schnellsten und der Zugriff auf atomare Attribute schneller als auf variabel lange oder unstrukturierte Byteketten erfolgt.

In unserem Ansatz wird also zur vollständigen Beschreibung und Speicherung eines Geo-Objektes eine dreiteilige Organisationsform vorgeschlagen. Die drei Speichereinheiten eines Geo-Objektes, für die wir in unserer Geo-Architektur interne Ordnung erhalten, werden im weiteren als *Zugriffs-Cluster*, *thematisches Cluster* und *Geometrie-Cluster* bezeichnet:

1. In den Datenseiten der Raumzugriffsstruktur wird der Datensatz (OId, Appr, GeoPtr, ThePtr, $Attr_1$,..., $Attr_n$) abgespeichert (= Zugriffs-Cluster), wobei der minimale Datensatz die Approximationsbeschreibung (Appr) und die drei Zeiger (OId, GeoPtr und ThePtr) umfaßt. Die Anzahl der Attribute ($n = 0,1,...$) ist von der Raumzugriffsstruktur abhängig und bestimmt sich nach der vordefinierten maximalen Datensatzlänge.
2. Die nicht in den Datenseiten der Raumzugriffsstruktur verbleibenden thematischen Attribute (= thematisches Cluster) werden in einer B^+-Baum-Variante organisiert (vgl. Abschnitt 6.1.4).
3. Die vollständige Geometriebeschreibung der Geo-Objekte (= Geometrie-Cluster) wird getrennt von den anderen Objektdaten in sogenannten *Szenen* organisiert und gespeichert (vgl. Abschnitt 6.2).

Untersuchung der Wechselwirkung von Datensatzlänge und Effizienz des R*-Baumes

Die räumlichen oder thematischen Selektionen, die sich auf das Zugriffs-Cluster beziehen, können am schnellsten beantwortet werden, dagegen erfordern Anfragen bezüglich ausgelagerter Attribute und der exakten Geometriebeschreibung mehr Sekundärseitenzugriffe. Wie schon häufiger erwähnt, kann das Geometrie-Cluster aufgrund seiner Größe nicht in den Datenseiten der Raumzugriffsstruktur verbleiben. Auch variabel lange oder unstrukturierte thematische Attribute werden selten als Selektionsbedingung in Anfragen verwendet und sollten deshalb ebenfalls ausgelagert werden. Für eine effiziente Anfragebearbeitung sollten aber so viele atomare Attribute wie möglich direkt dem Zugriffs-Cluster zugeordnet sein. Es stellt sich aber die Frage, wie die Länge des Zugriffs-Clusters das Leistungsverhalten der Raumzugriffsstruktur beeinflußt.

Eine allgemeingültige Antwort auf diese Frage wird kaum zu finden sein. Zu vielfältig sind die Abhängigkeiten. Je nachdem welche Raumzugriffsstruktur gewählt wird, welche Daten gespeichert werden und welcher Anfragetyp untersucht wird, sind unterschiedliche Ergebnisse zu erwarten. In unserer Geo-Architektur haben wir uns für den R*-Baum als Raumzugriffsstruktur entschieden. Deshalb wollen wir für den R*-Baum untersuchen, bei welcher Datensatzlänge sich sein Leistungsverhalten signifikant verschlechtert. Dazu gehen wir von folgender Testumgebung aus:

1. Modellannahme

Wir verwenden im Directory eine Seitengröße von 512 Byte. In unseren Experimenten testen wir 6 verschiedene R*-Bäume. Die maximale Eintragszahl in den Datenseiten der einzelnen R*-Bäume variiert zwischen 5 und 55 (in Zehnerschritten). Geht man von einer Datenseitengröße von 4 KByte aus, werden im R*-Baum mit maximal 5 Einträgen (#5) Zugriffs-Cluster mit einer Durchschnittslänge von 809,6 Byte abgespeichert, während im R*-Baum mit maximal 55 Einträgen

(#55) im Durchschnitt lediglich 67,5 Byte pro Zugriffs-Cluster erlaubt sind. Mit diesen Modellannahmen haben wir die Spanne realistischer Größen für Zugriffs-Cluster abgedeckt.

2. Testdaten

In experimentellen Untersuchungen - zumal im universitären Bereich - muß die Datenmenge so gewählt werden, daß die Kosten für Speicherplatz und Rechenleistung auf ein handhabbares Maß beschränkt bleiben. Fast alle Experimente, die im Bereich von Raumzugriffsstrukturen veröffentlicht werden, gingen von einer Objektanzahl von 100.000 aus. Aufgrund der rasanten Entwicklung des Preis-Leistungsverhältnisses heutiger Computeranlagen ist es uns aber erstmals möglich, Objektmengen zu testen, die noch vor wenigen Jahren die vorhandenen Kapazitäten gesprengt hätten. Testdaten sind reale Daten vom US Bureau of the Census [Bur 89], die Straßenzüge von drei kalifornischen Counties repräsentieren. In dieser Datenbasis befinden sich ca. 580.000 Linienzüge.

3. Anfragen

Als Anfragetypen verwenden wir sowohl erfolgreiche Point Queries (P_{succ}) als auch quadratische Window Queries mit einer Ausdehnung von 1% des Datenraums. Für jede Testserie stellen wir ca. 10.000 Einzelanfragen, wobei die Anfrageobjekte (Punkte und Windows) gleichverteilt über den Datenraum sind. Außerdem berechnen wir den Spatial Join (SJ) der Straßenzüge mit einem Datenfile, in dem die Verwaltungsgrenzen, Eisenbahnlinien und Flüsse des gleichen Gebietes gespeichert sind. Es handelt sich dabei um 120.000 Linienzüge. Der Spatial Join liefert 395.189 Schnittpaare.

4. Leistungsparameter

Als Leistungsparameter präsentieren wir in Tabelle 16 die Höhe der Bäume (einschließlich Datenebene) und die Anzahl der Sekundärseitenzugriffe auf Directory- (#Dir) und Datenseitenebene (#Dat), aufgeschlüsselt nach den verschiedenen Anfragetypen. Die Anzahl der Seitenzugriffe ist auf eine einzelne Anfrage normiert. Die Seitenzugriffe beim Spatial Join (SJ) normieren wir auf ein gefundenes Schnittpaar. Bei den Tests gehen wir davon aus, daß jeweils der aktuelle Suchpfad im Hauptspeicher gepuffert wird.

R*-Baum	Höhe	P_{succ} Dir	P_{succ} Dat	$W_{1.0\%}$ Dir	$W_{1.0\%}$ Dat	SJ Dir	SJ Dat
#5	6	4 96	1,23	14,08	80,9	0,26	0,81
#15	5	4,90	1,31	9,18	30,8	0,05	0,51
#25	5	4,05	1,39	7,23	20,5	0,03	0,35
#35	5	3,87	1,36	6,24	15,7	0,05	0,41
#45	5	4,03	1,40	6,17	13,1	0,04	0,38
#55	5	3,73	1,37	5,54	11,4	0,03	0,36

Tabelle 16: Entwicklung der Leistungparameter bei unterschiedlicher Größe des Zugriffs-Clusters

Interpretation der Testergebnisse:

Wie nicht anders zu erwarten, demonstrieren unsere Tests, daß mit kleiner werdender Länge des Zugriffs-Clusters, was ja einer steigenden maximalen Eintragszahl entspricht, das Leistungsverhalten des R*-Baumes deutlich ansteigt. Dabei sind aber je nach Anfragetyp unterschiedliche Tendenzen zu beobachten. Die effiziente Bearbeitung von Window Queries degeneriert mit Abstand am stärksten, wenn in den Datenseiten des R*-Baumes längere Zugriffs-Cluster abgespeichert werden. Wir erkennen einen Leistungsunterschied bis zu einem Faktor von 7 bei Daten- und von 2,5 bei Directoryseitenzugriffen. Mit steigender Window-Größe werden diese Faktoren noch weiter ansteigen. Da die Point Query einer Window Query ohne Ausdehnung entspricht, wird die Anzahl der Seitenzugriffe wesentlich weniger von der Länge des Zugriffs-Cluster beeinflußt. Es liegt lediglich eine Verschlechterung von 30% bei den Directoryseitenzugriffen vor, während auf Datenseitenebene sogar eine leichte Verbesserung zu verzeichnen ist. Etwas überraschend ist das Ergebnis beim Spatial Join. Auch bei dieser Operation zeigt sich zwar die gleiche Tendenz und ein R*-Baum mit maximal 55 Einträgen in den Datenseiten ist ungefähr 270% besser als der mit maximal 5 Einträgen, wenn man Directory- und Datenseitenzugriffe gemeinsam betrachtet, aber schon ab einer maximalen Eintragszahl von 25 gibt es keine signifikanten Unterschiede mehr. Als interessantes Nebenresultat ist zu bemerken, daß der Spatial Join in der momentanen Implementierung des R*-Baumes von den Datenseitenzugriffen dominiert wird. Da der Spatial Join eine wichtige Basisoperation innerhalb eines Geo-Datenbanksystems darstellt und daneben sehr aufwendig ist, arbeiten wir intensiv an Methoden, seine Effizienz weiter zu steigern. In [Bri 92a] werden wir erste Ergebnisse vorstellen.

Als Fazit können wir aus unserer umfangreichen experimentellen Untersuchung ziehen, daß bei Verwendung des R*-Baumes als Raumzugriffsstruktur die Länge eines Zugriffs-Clusters so gewählt werden sollte, daß eine maximale Eintragszahl von mindestens 25 erreicht werden kann. Längere Zugriffs-Cluster verschlechtern das Leistungsverhalten bei Geo-Anfragen signifikant. Vor allem größere Bereichsanfragen werden dann nicht mehr effizient beantwortet.

6.1.3 Räumliche Indizierung durch den TR*-Baum

In Kapitel 5 wurde beschrieben, wie mittels Zerlegung und Abspeicherung der Zerlegungskomponenten im TR*-Baum Algorithmen und Operationen auf der komplexen Geometrie von Polygonen mit Löchern effizient ausgeführt werden können. Basis dieses Ansatzes war die Repräsentation eines EPL als Vereinigung von Zerlegungskomponenten. Genauer untersucht wurden disjunkte Zerlegungen in einfache Geo-Primitive (Dreiecke, Trapeze und konvexe Polygone).

Eine Zerlegungsrepräsentation kann das Antwortzeitverhalten bei Geo-Anfragen entscheidend verbessern [SK 91]. Man benötigt aber ungefähr den dreifachen Speicherplatz gegenüber der in Abschnitt 6.1.1 vorgestellten Repräsentation der EPL als Punktfolge. Je nach Typ der Zerlegung (Konvexe Zerlegung, Triangulation, Zerlegung in Trapeze) fällt dieser Faktor etwas höher oder etwas niedriger aus. Dies widerspricht dem angestrebten Ziel, innerhalb der Architektur die Geometrie der Objekte möglichst redundanzfrei und kompakt abzuspeichern. Deshalb schlagen wir eine Indizierung eines einzelnen EPL vor, die auf dem Zerlegungskonzept basiert, aber die Repräsentation des EPL als Punktfolge unverändert läßt.

Zerlegungskomponenten können sowohl aus Eckpunkten des EPL als auch aus Steinerpunkten zusammengesetzt sein. In den Datenseiten des TR*-Baumes werden in unserem neuen Vorschlag die Eckpunkte der Zerlegungskomponenten nicht mehr explizit gespeichert, sondern durch Zeiger referenziert. Dabei muß die Eckpunktfolge des Objektes um Steinerpunkte erweitert werden, falls die Zerlegungstechnik solche erzeugt (siehe Abb. 53).

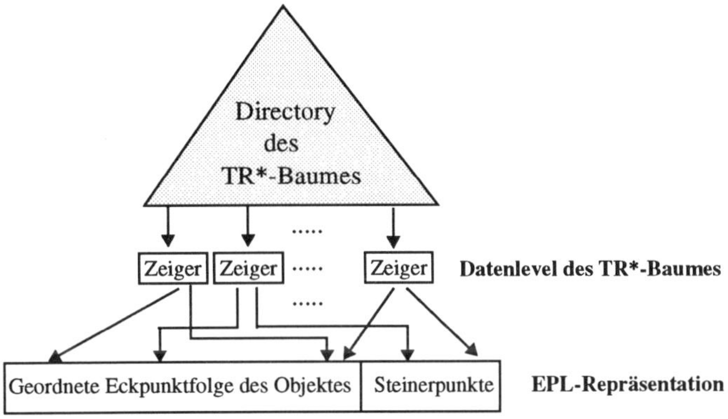

Abbildung 53: TR*-Baum mit Zeigern in den Datenseiten

Im folgenden wird beschrieben, wie die Zerlegungskomponenten Dreieck, Trapez und konvexes Polygon mit möglichst geringem Speicherplatzbedarf über Verweise referenziert werden können. Für die von uns favorisierte Trapez-Zerlegung wird anschließend berechnet, wie groß der Speicherplatzbedarf für eine Indizierung der Polygongeometrie durch den TR*-Baum ist, wenn diese Technik verwendet wird.

Zerlegung in Trapeze

Der in Abschnitt 4.2.2 vorgestellte Algorithmus zur Trapez-Zerlegung eines EPL generiert Trapeze, die durch zwei Kanten des Polygons eindeutig festgelegt sind. In Abbildung 54 sind die vier prinzipiellen Fälle dargestellt, wie die Kanten zueinander liegen können. Die Steinerpunkte, die bei der Trapez-Zerlegung erzeugt werden, müssen nicht explizit gespeichert werden. Ein Trapez ist durch vier Randkanten eindeutig bestimmt, wobei man die horizontalen Randkanten aus den beiden anderen wie folgt ableiten kann. Bei Bedarf können dann aus den Randkanten die Steinerpunkte berechnet werden:

→ Sortiere die Eckpunkte der beiden referenzierten Kanten nach aufsteigenden y-Koordinaten; bei gleichen y-Koordinaten ist die Reihenfolge beliebig.

→ Bestimme die Eckpunkte mit der maximalen und der minimalen y-Koordinate und entferne sie aus der Liste.

→ Die Geraden parallel zur x-Achse durch die verbleibenden zwei y-Koordinaten bestimmen die obere und untere Randkante des Trapezes. Die beiden referenzierten Kanten entsprechen der rechten bzw. linken Randkante des Trapezes.

Da wie gerade beschrieben ein Trapez durch zwei Kanten eindeutig bestimmt ist, genügt die Referenzierung der vier Eckpunkte der Kanten, um ein Trapez zu repräsentieren. Ein EPL ist in der Byte-Array-Darstellung durch Punktfolgen gespeichert. Die Eckpunkte einer Kante sind in dieser Folge direkte Nachbarn. Um eine Kante zu referenzieren genügt es also, einen Eckpunkt als Startpunkt zu spezifizieren. Der zweite Eckpunkte der Kante ist implizit als der Nachfolger dieses Startpunktes gegeben.

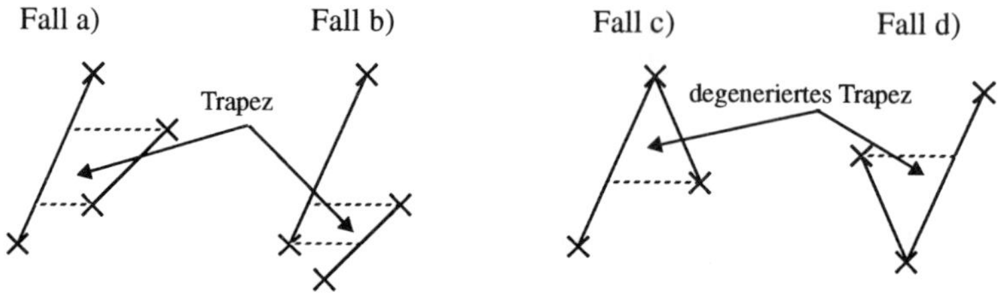

Abbildung 54: Prinzipielle Fälle der Repräsentation eines Trapezes durch zwei Kanten

Zerlegung in Dreiecke

Falls eine Triangulation Steinerpunkte erzeugt, so müssen diese als zusätzliche Punkte im Byte-Array des EPL abgespeichert werden. Ein Dreieck ist durch die Referenzierung seiner drei Eckpunkte eindeutig bestimmt. Ein Dreieck kann aus zwei, einer oder keiner Kante(n) des EPL aufgebaut sein. Falls das EPL ein Dreieck ist oder dreieckige Löcher enthält, können es sogar drei Kanten sein. Unter Ausnutzung der Punktfolge im Byte-Array können in analoger Weise wie bei der Trapez-Zerlegung Randkanten durch einen Zeiger referenziert werden. Ein Dreieck kann also mit zwei Zeigern repräsentiert werden, wenn eine Randkante vorhanden ist, ansonsten benötigt man drei Zeiger.

Zerlegung in konvexe Polygone

Die konvexe Zerlegung erzeugt Steinerpunkte, die zusätzlich gespeichert werden müssen. Sie bietet aber die Möglichkeit, die Punktfolge im Byte-Array gezielter auszunutzen. Eine konvexe Komponente setzt sich aus Steinerpunkten und Teilfolgen der Polygone des EPL zusammen. Zur eindeutigen Repräsentation einer konvexen Teilkomponente müssen lediglich die Steinerpunkte und die Startpunkte der Teilfolgen mit der Zusatzinformation, aus wievielen Punkten die Teilfolge besteht, referenziert werden.

Speicherplatzbedarf einer TR*-Baum-Indizierung auf Basis einer Trapez-Zerlegung

Bei einer Repräsentation eines Digitalisierungspunktes mit 16 Byte und bei Verwendung von 2-Byte-Zeigern kann ein EPL mit 65.536 Digitalisierungspunkten referenziert werden. Dies dürfte für die meisten geographischen Anwendungen ausreichend sein. Weiter bezeichne K die maximale Kapazität eines Directoryknotens (*Dir*) des TR*-Baumes und k diejenige eines Datenknotens (*Dat*). Eine Speicherplatzausnutzung von 65% ist für einen TR*-Baum sowohl für Directory- als auch für Datenknoten realistisch (vgl. Abschnitt 5.3). Ein Directoryknoten benötigt für jeden Eintrag 10 Byte (8 Byte für die Bounding Box und 2 Byte für den Sohnzeiger), während ein Trapez im Datenknoten durch 4 Byte repräsentiert wird (zwei Zeiger auf das Byte-Array des EPL). n bezeichne die Anzahl der Eckpunkte des EPL. Ein EPL wird im schlechtesten Fall in n-1 Trapeze zerlegt (vgl. Abschnitt 4.2.2). Die Byte-Array-Darstellung eines EPL mit n Randpunkten benötigt ungefähr $16n$ Byte. Unter diesen Annahmen berechnet sich der Speicherplatz (*SP*) einer TR*-Baum-Indizierung auf der Basis einer Trapez-Zerlegung wie folgt:

$$\begin{aligned} SP &= SP\,(\text{Directory des TR*-Baumes}) + SP\,(\text{Adressierung der Trapeze}) = \\ &= \#Dir \times SP(Dir) + \#Dat \times SP(Dat) = \end{aligned}$$

$$= 1.54 \times \#\text{Dat} \times \left(\frac{1}{K^1} + \ldots + \frac{1}{K^{\lceil \log_K \#\text{Dat} \rceil}}\right) \times \text{SP(Dir)} + 1.54 \times \frac{\#\text{Trapeze}}{k} \times \text{SP(Dat)} =$$

$$= 1.54 \times 1.54 \times \frac{n-1}{k \times K} \left(\frac{\left(\frac{1}{K}\right)^{\left\lceil \log_K \frac{1.54 \times (n-1)}{k} \right\rceil} - 1}{\frac{1}{K} - 1} \right) \times 10K + 1.54 \times 4\,(n-1) =$$

$$= 1.54 \times \left(15.4 \times \frac{n-1}{k} \times \left(\frac{\left(\frac{1}{K}\right)^{\left\lceil \log_K \frac{1.54 \times (n-1)}{k} \right\rceil} - 1}{\frac{1}{K} - 1} \right) + 4(n-1) \right)$$

Mit $K = 4$ und $k = 4$ und $n = 65.536$ gilt: $\frac{\text{SP(TR*-Baum)}}{\text{SP(EPL)}} \approx 0,66$

Bei $K = k = 4$ benötigt man also für eine Indizierung mit dem TR*-Baum ungefähr 66% des Speicherbedarfs vom Ausgangsobjekt, wobei die Repräsentation der Trapeze durch Zeiger mindestens 25% ausmacht. Durch größere k und K kann dieser Prozentsatz verringert werden, aber gleichzeitig verschlechtert sich dadurch das Leistungsverhalten des TR*-Baumes. Welcher Kompromiß zwischen Speicherbedarf und Güte der TR*-Baum-Indizierung gewählt wird, entscheidet die Anwendung.

Der TR*-Baum ist als Geometrieindex direkt der Geometrie des einzelnen Geo-Objektes zugeordnet und sollte demnach auch zusammen mit dieser gespeichert werden. Deshalb ist in unserem Ansatz die Geometrie des Geo-Objektes und der TR*-Baum in einem gemeinsamen Byte-Array abgelegt. Der in Abschnitt 6.1.1 vorgestellte Aufbau der Byte-Array-Darstellung eines EPL muß nur leicht modifiziert werden, indem am Ende des Arrays die Längenangabe des TR*-Baumes und dann seine Beschreibung selbst angehängt wird. Zusätzlich erweitert man die Liste der Startpositionen um die Position, an der der TR*-Baum im Array beginnt.

6.1.4 Speicherung thematischer Attribute

Nachdem Abschnitt 6.1.1 ausführlich die Speicherung der Geometriekomponente der Geo-Objekte vorstellte, soll im laufenden Abschnitt die thematische Komponente genauer betrachtet werden. Auf der einen Seite hat Abschnitt 6.1.2 klar herausgestellt, daß nur eine eingeschränkte Anzahl thematischer Attribute in den Datenseiten der Raumzugriffsstruktur verbleiben kann. Auf der anderen Seite soll in Geo-Datenbanken auch die Speicherung und die Änderung variabel langer, thematischer Attribute effizient erfolgen. Beide Anforderungen waren ausschlaggebend für die Entwicklung der von uns in [Kri 91b] vorgestellten Methode zur Speicherung thematischer Attribute, die effizient den Zugriff und die Modifikation von indizierten, atomaren und variabel langen Attributen unterstützt. In [Hee 92] zeigt Heep detailliert auf, wie diese Speicherungsmethode thematischer Attribute in ein Datenbanksystem integriert werden kann. Deshalb ist im folgenden die Organisation thematischer Attribute nur soweit diskutiert, wie es für das Verständnis der vorgestellten dynamischen Speicher- und Zugriffsarchitektur notwendig ist. Für Detailfragen und weiterführende Betrachtungen sei auf [Hee 92] verwiesen.

Zur effizienten Speicherung und Änderung variabel langer Attribute existieren drei bekannte Ansätze:

1. das "Wisconsin Storage System" [Cho 85]
2. der STARBURST "Long Field Manager" [LL 89]
3. der Ansatz aus EXODUS [Car 86]

In den beiden ersten Ansätzen können die Attribute nur auf der Ebene des Benutzers interpretiert werden, da das System intern nur Datenblöcke kennt. Somit scheiden diese Ansätze als Lösungsmöglichkeiten aus, denn in unserer Architektur soll das Datenbanksystem einen effizienten Zugriff auf Attribute realisieren, die innerhalb einer zusammenhängenden Bytekette ausgelagert sind. Dazu muß dem System die Struktur der Geo-Objekte bekannt sein.

Basierend auf dem EXODUS-Ansatz haben wir in [Kri 91b] einen Lösungsansatz entwickelt, der ausgehend von einer räumlichen Organisation der Objekte den Zugriff auf thematische Attribute unterstützt, wobei Objekte und Objektteile dynamisch gespeichert werden. Während im EXODUS-Ansatz die Betrachtungen auf unstrukturierte Byteketten beschränkt blieben, haben wir die grundlegende Idee des EXODUS-Ansatzes auf strukturierte Objekte erweitert.

Wie schon in Abschnitt 6.1.2 erläutert, müssen Teile der thematischen Komponente eines Geo-Objektes aus der Datenseite der Raumzugriffsstruktur ausgelagert werden. Die wesentliche Idee unseres Ansatzes besteht nun darin, die thematische Komponente nicht komplett über einen Verweis auf andere Blöcke des Sekundärspeichers zu verteilen, sondern je nach Bedarf Teile unter Berücksichtigung der Objektstruktur auszulagern. Dabei wird die thematische Komponente derart aufgeteilt, daß ein Teil der Attribute in den Datenseiten der Raumzugriffsstruktur verbleibt, während die restlichen Attribute als interpretierbare Bytekette in einem modifizierten B^+-Baum abgespeichert werden.

Die Verbindung zwischen Raumzugriffsstruktur und dem modifizierten B^+-Baum wird über einen Zeiger hergestellt. Um eine flexible Auslagerung durchführen zu können, ist es notwendig, die Objektbeschreibung um Verwaltungsinformationen zu ergänzen. Daraus ergibt sich die in Abbildung 55 angedeutete, schematische Struktur eines Geo-Objektes. Neben dem Objektidentifier ist auch die Beschreibung der Objektstruktur (*Objektdescriptor* kurz ObjDesc) hinzugefügt. Der 'ObjDesc' gibt an, welche thematischen Attribute dem Objekt zugeordnet sind und von welchem Typ diese Attribute sind. Da in der Raumzugriffsstruktur unterschiedlich strukturierte Geo-Objekte abgespeichert sein können, muß über einen Objektdescriptor die Struktur der thematischen Komponente eines jeden Objektes dem System bekannt gemacht werden. Diese Information braucht aber nicht in den Datenseiten der Raumzugriffsstruktur gespeichert werden, wenn sie unter Verwendung des Objektidentifiers beschafft werden kann.

Außerdem ist für jedes thematische Attribut ein Eintrag abgespeichert, der neben dessen Länge auch die Information enthält, ob das Attribut ausgelagert ist oder nicht. Die ausgelagerten Attribute werden durch den Zeiger (*thematischer Pointer* kurz ThePtr) auf einen im folgenden genauer zu präzisierenden B^+-Baum repräsentiert. Schließlich folgen die nicht ausgelagerten Attribute in der Reihenfolge der Beschreibung im Objektdescriptor.

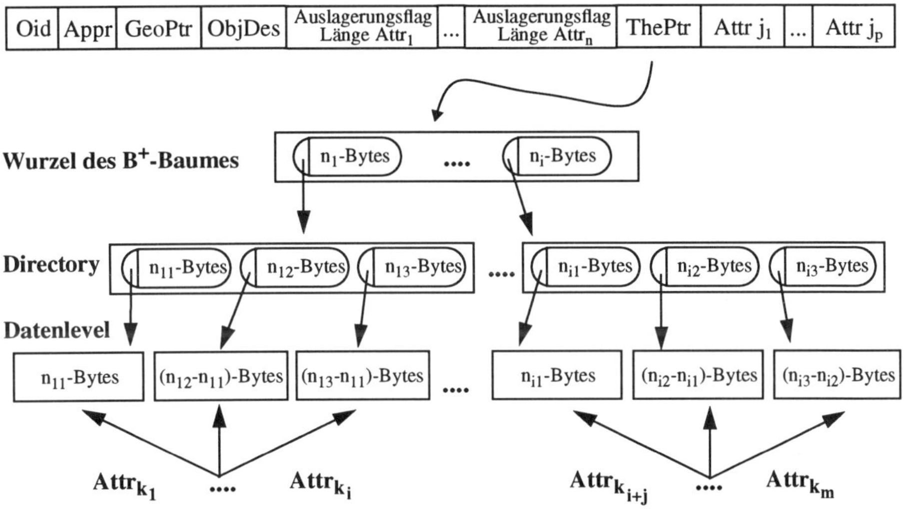

Abbildung 55: Die Speicherung der thematischen Komponente eines Geo-Objektes

Verwaltung thematischer Attribute in einer B^+-Baum-Variante

Es seien n Attribute zu speichern:
Die nicht ausgelagerten Attribute $Attr_{j_1}, ..., Attr_{j_p}$, $j_i \in \{1,2,...,n\}$, werden direkt in den Datenseiten der Raumzugriffsstruktur abgespeichert. Die restlichen Attribute $Attr_{k_1}, ..., Attr_{k_m}$, $m = n - p, k_l \neq j_i$, $k_l \in \{1,2,...,n\}$, werden in einem B^+-Baum gespeichert, auf den man über den Zeiger 'ThePtr' zugreifen kann. In Abbildung 55 bezeichnen die n_{ij}*-Bytes* in den Directoryseiten relative Separatoren, während sie in den Datenseiten die Länge der gespeicherten Bytekette angeben. Falls die Länge der Objektbeschreibung innerhalb der Raumzugriffsstruktur ein vordefiniertes Limit überschreitet (vgl. Abschnitt 6.1.2) muß ausgelagert werden. Prinzipiell kann man verschiedene Auslagerungsstrategien in Erwägung ziehen, die jeweils anwendungsspezifische Vor- und Nachteile aufweisen. Lagert man stets alle Attribute in einen B^+-Baum aus, so muß z.B. auch bei Anfragen an einzelne indizierte oder atomare Attribute stets über den B^+-Baum zugegriffen werden. Dies erhöht die Zugriffszeit. Versucht man hingegen möglichst viele Attribute unabhängig von ihrer Struktur in den Datenseiten der Raumzugriffsstruktur unterzubringen, so verbessert sich das Leistungsverhalten lediglich bei Anfragen, die sich auf genau diese Attribute beziehen. In unserem Ansatz wenden wir eine Heuristik an, die zuerst versucht, alle Attribute, die indiziert sind, und weiterhin alle atomaren Attribute in den Datenseiten der Raumzugriffsstruktur unterzubringen. Diese Heuristik gewährleistet weitgehend, daß der Zugriff auf indizierte und atomare Attribute beschleunigt wird. Attribute, für die aufgrund ihrer Länge eine Auslagerung sinnvoll bzw. notwendig ist, z.B. Attribute variabler Länge, werden in unserem Konzept in einem B^+-Baum gespeichert.

Die genannten Strategien verhindern jedoch nicht, daß atomare oder indizierte Attribute ausgelagert werden müssen. Der effiziente und gezielte Zugriff auf ausgelagerte Attribute wird durch die Berücksichtigung der Struktur der Daten im B^+-Baum gewährleistet. Die hier angewandte B^+-Baum-Variante geht auf einen Vorschlag des EXODUS-Projektes zurück, bei der mengenorientiert eine beliebige Anzahl an Bytes angefragt und manipuliert werden kann. Die EXODUS-Variante kennt dabei jedoch keinerlei Struktur des Objektes, d.h. es bleibt einer höheren Schicht überlassen, das Objekt zu interpretieren. Die von uns entwickelte Variante kann aufgrund der Informationen im Verwaltungsteil des Objektes Attribute gezielt abspeichern, d.h. Attribute, die auf einer Datenseite des B^+-Baumes Platz haben, werden nicht über mehrere Datenseiten verteilt und solche, die mehrere Datenseiten belegen, werden auf möglichst wenigen Seiten abgelegt. Dabei werden die folgenden fundamentalen Eigenschaften des B^+-Baumes beibehalten:

- der Datenseitenfüllgrad beträgt mindestens 50%
- die Einträge einer Directoryseite bestehen aus der Information über den Speicherbedarf und aus einem Verweis auf eine Seite des nächsttieferen Levels
- die Wurzelseite enthält minimal 2 Einträge, die anderen Directoryseiten enthalten minimal *b* Einträge (= halb gefüllt) und maximal $2b+1$ Einträge (kurzfristig überfüllt)

Der attributsabhängige Aufbau eines B^+-Baumes wird anhand der Längeninformationen aus dem Verwaltungsteil des Datensatzes gesteuert. Auf diese Weise kann die auszulagernde Bytekette an Attributsgrenzen aufgeteilt werden.

Für ein Geo-Objekt sei die thematische Komponente bestehend aus der geordneten Folge der Attribute $Attr_1, ..., Attr_n$ gegeben. Betrachten wir die auszulagernde geordnete Teilmenge von Attributen $Attr_{k_1}, ..., Attr_{k_m}$, $k_i \in \{1, ..., n\}$. Eine Attributsteilsequenz $Attr_{k_i}, ..., Attr_{k_j}$, $i \leq j$, wird genau dann in eine Datenseite eingefügt, wenn die betreffende Seite damit mindestens zu 50% gefüllt ist und ein weiteres Attribut $Attr_{k_{j+1}}$ nicht mehr in dieser Seite untergebracht werden kann. Mit $i=1$ beginnend werden die ersten j Attribute in der ersten Datenseite abgelegt, die Attribute $Attr_{k_{j+1}}, ..., Attr_{k_m}$ werden nach dem gleichen Verfahren auf die weiteren Datenseiten verteilt. Wird für eine Sequenz $Attr_{k_i}, ..., Attr_{k_s}$ der Mindestfüllgrad einer Datenseite unterschritten, so wird $Attr_{k_{s+1}}$ auf diese und die rechte Nachbarseite verteilt.

Bei letzterer Vorgehensweise kann es bei ungünstigen Attributslängen dazu kommen, daß gerade nur das erste Attribut auf genau einer Seite liegt und alle weiteren Attribute mindestens auf zwei Seiten verteilt werden, obwohl sie oft in genau einer Seite untergebracht werden könnten. Um in solchen Fällen eine geeignete Speicherung zu gewährleisten, dürfen Seiten genau dann unterfüllt sein, wenn sie mit ihrer rechten Nachbarseite einen Mindestfüllgrad von 50% einhalten. Die letzte, äußerst rechts liegende Datenseite darf genau dann unterfüllt sein, wenn die linke Nachbarseite zu mehr als 50% gefüllt ist und die letzten Attribute dort nicht mehr untergebracht werden können. Somit bleibt der Mindestfüllgrad über den gesamten Baum hinweg betrachtet erhalten.

Für Attribute, die mehrere Datenseiten zur Speicherung benötigen, wird durch die zu speichernden Daten eine Anzahl von Datenseiten vollständig gefüllt. Unter der Annahme dies wären p Seiten, werden die Daten, die nicht mehr vollständig eine Seite füllen können, soweit möglich, auf der gerade betrachteten Seite (der erste Teil) oder auf der den p Seiten folgenden Seite (der letzte Teil) abgespeichert.

Operationen auf der B^+-Baum-Variante

Die im EXODUS-Projekt vorgestellten Algorithmen für das Suchen, Einfügen, Ändern und Löschen beliebiger Byte-Sequenzen in der thematischen Komponente des Geo-Objektes können in der vorgestellten Struktur direkt auf Attribute angewendet werden. Jedes thematische Attribut eines Objektes kann dabei auch als Nullwert modelliert werden, der bereits in den Datenseiten der Raumzugriffsstruktur anhand der Längeninformation bekannt ist. Die nachfolgend in MODULA-2-Notation angegebenen Prozeduren leisten die vorgenannten Manipulationen. Der in der Raumzugriffsstruktur gespeicherte Informationsteil über die Attribute (siehe Abb. 55) wird hier als Variable "Info" an alle Prozeduren übergeben.

```
PROCEDURE ExpandAttribute (Info:ARRAY OF BYTE; nr:AttrNr;Pos:CARDINAL; Item:ARRAY OF BYTE)
PROCEDURE ShortenAttribute (Info:ARRAY OF BYTE; nr:AttrNr;Pos,Offset:CARDINAL)
PROCEDURE UpdateAttribute (Info:ARRAY OF BYTE; nr:AttrNr;Item:ARRAY OF BYTE)
PROCEDURE ModifyAttribute (Info:ARRAY OF BYTE; nr:AttrNr;Pos,Offset:CARDINAL; Item:ARRAY OF BYTE)
PROCEDURE DeleteAttribute (Info:ARRAY OF BYTE; nr:AttrNr)
```

Die Prozedur 'ExpandAttribute' erlaubt das Einfügen der Bytesequenz 'Item' an beliebiger Stelle in ein variabel langes Attribut. 'ShortenAttribute' ist die inverse Operation zu 'ExpandAttribute'. Durch 'UpdateAttribute' wird ein Attributswert vollständig durch die Bytesequenz 'Item' ersetzt und durch 'ModifyAttribut' wird eine vorgegebene Bytesequenz eines variabel langen Attributs ersetzt. Die Prozedur 'DeleteAttribute' entfernt die Daten eines Attributs. Das Lesen von zusammenhängenden Attributssequenzen im B^+-Baum bzw. das Lesen der gesamten ausgelagerten thematischen Komponente wird mengenorientiert unterstützt, da sie sich über die Längeninformationen im Verwaltungsteil des Objektes zu einer einzigen Byte-Sequenz zusammenfassen lassen. Man benötigt somit nur eine Leseoperation.

6.1.5 Lokale Modifikation eines Geo-Objektes

Prinzipiell können Geo-Objekte sowohl in ihrer thematischen als auch in ihrer geometrischen Komponente modifiziert werden. Die klassischen, atomaren Attribute wie z.B. Cardinal, Integer, Real, String fester Länge usw. werden immer vollständig verändert, wenn sie modifiziert werden. Wie der Begriff 'atomar' schon nahelegt, sind lokale Modifikationen nicht erforderlich. Anders verhält es sich bei solchen thematischen Attributen, die variabel lang oder unstrukturiert sind. Im vorangegangenen Abschnitt wurde eine Speicherungsmethode vorgestellt, die gerade lokale Modifikationen solcher Attribute durchführt. Die thematische Komponente kann somit aufgrund der Aufteilung in Attribute und der Organisation variabel langer, unstrukturierter Attribute mittels einer B^+-Baum-Variante effizient lokal modifiziert werden.

Lokale Modifikationen auf der Geometrie der Geo-Objekte sind äußerst komplex und bedürfen einer genaueren Betrachtung. Der Grund hierfür liegt in der Tatsache begründet, daß bei lokaler Veränderung der Objektgeometrie die Byte-Array-Darstellung und der Geometrieindex modifiziert, die Approximation des Objektes angepaßt und Integritätsprüfungen durchgeführt werden müssen. Im weiteren behandeln wir nur das EPL. Linienzüge und Knotenpunkte sind analog zu modifizieren.

Modifikation der Approximation:

Mittels eines Triggermechanismus werden alle Approximationen neu berechnet und verändert, deren Geo-Objekte von der lokalen Geometriemodifikation betroffen sind. Falls Segmente modifiziert werden, müssen mehrere Approximationen angepaßt werden, während sonst lediglich eine Approximation verändert werden muß.

Modifikation der Byte-Array-Darstellung:

Zunächst wird das zu verändernde Geo-Objekt spezifiziert, z.B. über eine Anfrage. Danach kann der Benutzer beispielsweise interaktiv durch graphische Markierung die zu löschende Teilpunktfolge angeben. Durch diese Markierung ist spezifiziert, ob das umgebende Polygon oder welches Loch des EPL modifiziert werden soll. Mit *r* sei die Anzahl der zu löschenden Punkte bezeichnet. Jedes Polygon ist in unserem Byte-Array-Ansatz durch eine vorgegebene Reihenfolge der Randpunkte festgelegt. P_j sei der Punkt innerhalb des spezifizierten Polygons, der vor dem zu löschenden Linienzug liegt und P_{j+r+1} sei der Punkt, der ihm folgt. Wir sprechen nur dann von einer *lokalen* Modifikation, wenn die Punkte P_j und P_{j+r+1} zu einem einzigen umschließenden Polygon, zu einem einzigen Loch oder zu einem einzigen Segment gehören. Ist dies nicht der Fall, wird die Modifikation vom System verworfen. O.B.d.A. nehmen wir an, daß eine lokale Modifikation immer nur eine einzige Teilpunktfolge löscht. Danach muß der einzufügende Linienzug angegeben werden. *s* sei die Anzahl der Punkte, die neu eingefügt werden. *n* sei die Anzahl der Randpunkte des Geo-Objektes oder des Segmentes. Zwei Fälle sind zu unterscheiden:

1. Fall: P_j ist ein Punkt eines Geo-Objektes und kein Segmentpunkt.

Um zu testen, ob die Integrität der Objektgeometrie nach der Modifikation nicht verletzt ist, wird mit allen Kanten des einzufügenden Linienzuges eine Schnittanfrage auf der Geometrie aller Objekte durchgeführt. Diese Schnittanfrage ist effizient durchzuführen, da sie in der Regel lokal beschränkt ist. Der Benutzer entscheidet, ob auftretende Schnitte die Integrität verletzen oder nicht. Je nachdem wie diese Entscheidung ausfällt, wird die Modifikation durchgeführt oder verworfen. Falls sich das Objekt durch die Modifikation selbst überlappt, wird diese Modifikation aufgrund unserer Objektdefinition vom System verworfen.

Falls $r > s$ wird nach der j-ten Punktposition das Byte-Array mit den s neuen Punkten überschrieben und die Punkte P_{j+r+i}, i=1,2,... *n-j-r*, werden auf die Punkte P_{j+s+i} umkopiert. Die Gesamtzahl der Randpunkte des modifizierten Polygons beträgt *n-*(*r-s*). Die Gesamtlänge des Byte-Arrays und des betroffenen Polygons ist nach der Modifikation um 16*(*r-s*) Byte kürzer. Man beachte, daß durch die Verkürzung dieses Polygons alle im Byte-Array nachfolgenden Loch-Polygone um 16*(r-s) Byte umkopiert werden müssen, wobei natürlich auch die Angaben der Startpositionen dieser Loch-Polygone um 16*(*r-s*) Byte verringert werden müssen. Falls $r \leq s$, so wird das Byte-Array länger und in analoger Weise wie bei der Komprimierung muß das Byte-Array nun um 16*(*s-r*) Byte expandiert werden.

2. Fall: P_j ist ein Segmentpunkt

In diesem Fall ist der Integritätstest wesentlich restriktiver, denn durch Segmente werden topologische Beziehungen modelliert, die nicht verletzt werden dürfen. Falls eine Kante des einzufügenden Linienzuges einen Schnitt verursacht, so wird diese Modifikation vom System verworfen. Die eigentliche Modifikation läuft analog wie im 1. Fall ab.

Modifikation des Geometrieindex:

Wie in Abschnitt 6.1.3 beschrieben, verwenden wir den TR*-Baum als Geometrieindex, der eine Zerlegung des EPL in Trapeze über Zeiger auf die Randpunkte des EPL referenziert. Die im TR*-Baum abgespeicherten Zeiger verweisen auf Byte-Positionen innerhalb der Byte-Array-Darstellung eines EPL oder eines Segments. Die Zeiger setzen sich also aus Objektidentifier und Byte-Position bzw. Segmentidentifier und Byte-Position zusammen.

Zunächst müssen alle Trapeze gelöscht werden, die durch die Modifikation verändert werden. Dazu müssen die Bounding Boxes von $\{P_j, P_{j+1},..., P_{j+r}, P_{j+r+1}\}$ und $\{P_j, P_{j+1},..., P_{j+s}, P_{j+s+1}\}$ bestimmt werden. Mit diesen Bounding Boxes werden Window Queries gestellt. Die gefundenen Trapeze werden aus dem TR*-Baum gelöscht, im Hauptspeicher zwischengespeichert und über einen Merge-Algorithmus (vgl. [KBS 91a]) zu einem oder mehreren Polygonen zusammengefaßt. O.B.d.A beschränken wir uns im weiteren auf ein Polygon. Das so gewonnene Polygon grenzt den Bereich ein, der von der Modifikation betroffen ist. Alle Trapeze außerhalb dieses Bereiches bleiben durch die Modifikation unverändert. Das im Hauptspeicher erzeugte Polygon wird als Liste von Zeigern auf die eigentlichen Polygonpunkte repräsentiert. Aus dieser Liste werden alle Zeiger entfernt, die auf den zu löschenden Linienzug $(P_{j+1},..., P_{j+r})$ verweisen. Danach wird das Byte-Array, wie oben beschrieben, modifiziert. In die Liste werden nach dem Zeiger auf P_j die Zeiger auf die Punkte $\{P_{j+1},..., P_{j+s}\}$ eingefügt. Anschließend müssen im TR*-Baum und in der Liste alle Zeiger, die auf Punkte P_i mit $i > j+r$ verweisen, so modifiziert werden, daß sie auf die Punkte $P_{i-(r-s)}$ zeigen, falls $r > s$, sonst auf die Punkte P_{i+s-r}. Das durch die Liste repräsentierte Polygon wird in Trapeze zerlegt, die dann in den TR*-Baum eingefügt werden.

Anm.: Falls die Anfragebereiche der Window Query oder die Anzahl der gefundenen Zerlegungskomponenten im Verhältnis zum Ausgangsobjekt sehr groß sind, sollte nicht lokal modifiziert, sondern der TR*-Baum komplett gelöscht und ein neuer aufgebaut werden. Die Schnittfläche der Anfragebereiche mit den in der Wurzel des TR*-Baumes abgespeicherten Bounding Boxes ist ein guter Schätzer, ob sich lokale Modifikation lohnt. Falls ein Segment modifiziert wird, müssen die TR*-Bäume aller Objekte, die zu diesem Segment gehören, angepaßt werden. Das prinzipielle Vorgehen ändert sich nicht.

6.2 Globale Ordnungserhaltung der Geometriekomponenten

Eine wichtige Anforderung an Geo-Datenbanksysteme ist die *Mengenorientierung*. Neben kleinräumigen Anfragen muß ein Geo-Datenbanksystem in der Lage sein, großräumige Anfragen effizient zu bearbeiten. Bei solchen Anfragen werden große Datenmengen vom Sekundärspeicher in den Hauptspeicher übertragen. Die bisher vorgestellten Konzepte unterstützen durch selektiven Objektzugriff insbesondere Punkt- und kleinräumige Bereichsanfragen; großräumige Anfragen erfahren durch diese Ansätze keine besondere Effizienzsteigerung. Daher benötigen wir in unserer Architektur ein Konzept, das eine Mengenorientierung unterstützt.

Betrachten wir die bisherige Speicherorganisation und die zu speichernden Geo-Objekte, so können folgende Beobachtungen gemacht werden:

- Die exakten Geometriebeschreibungen der Geo-Objekte sind oft im Vergleich zu den Seitengrößen sehr umfangreich. Oft passen nur wenige Objekte in eine Seite. Etliche Objekte benötigen selbst bei einer Seitenkapazität von 4 KByte mehrere Seiten Speicherplatz (vgl. Tabelle 1 auf Seite 19). Deshalb wird in unserer Geo-Architektur die Geometriebeschreibung der Geo-Objekte nicht in den Datenseiten der Raumzugriffsstruktur gespeichert, sondern auf andere Seiten ausgelagert.
- Die Seiten werden räumlich unabhängig voneinander auf dem Sekundärspeicher abgelegt; d.h. räumlich benachbarte Seiten sind nicht physisch nah gespeichert. Größere Bereichsanfragen lesen aber eine Reihe räumlich benachbarter Seiten in den Hauptspeicher ein. Folglich müssen die Seiten auf dem Sekundärspeicher von verschiedenen Stellen 'zusammengesammelt' werden. Dadurch entsteht ein erheblicher Leistungsverlust.

Das bisherige Konzept stellt somit nur eine *lokale Ordnung* innerhalb von Seiten sicher [Wid 91]. Um die Mengenorientierung geeignet zu unterstützen, ist eine *globale Ordnung* notwendig, d.h. größere räumlich zusammenhängende Bereiche der Geo-Daten werden physisch nah gespeichert. Dazu gibt es zwei Konzepte:

1.) Verwendung größerer Seiten

Dabei bleibt aber die extreme Variabilität im Speicherplatzbedarf geographischer Daten unberücksichtigt (vgl. Tabelle 1 auf Seite 19, siehe auch [WNP 87]). Auch verlieren dadurch kleinräumige Anfragen wie die Punktanfrage an Effizienz, da der Übertragungsaufwand für die Seiten zunimmt.

2.) Physisch zusammenhängende Speicherung von Seiten

Dazu ist eine *mengenorientierte Schnittstelle* zwischen dem Datenbanksystem und dem Sekundärspeicher notwendig [WNP 87]. Über eine solche Schnittstelle kann dann effizient eine Menge physisch benachbarter Seiten vom Sekundärspeicher in den Hauptspeicher eingelesen werden. Um dieses Konzept auf räumliche Bereichsanfragen in einer Geo-Datenbank anzuwenden, müssen die in physisch zusammenhängenden Seiten gespeicherten Objekte räumlich benachbart sein.

In [HSW 88] wurde für geometrische Punktdaten vorgeschlagen, das zweite Konzept über *dynamisches z-Hashing* zu realisieren. Dieser Ansatz wurde in [HWZ 91] auf Raumdaten übertragen. Dabei wird allerdings nur die globale Ordnung bezüglich der Approximationen sichergestellt. Außerdem ist dieser Ansatz nur für Hash-Verfahren und nicht für Verfahren mit beliebiger Raumaufteilung einsetzbar. Daher haben wir ein Konzept entwickelt, das auf der Partitionierung des Raumes durch den R*-Baum beruht und globale Ordnung auf der exakten Geometriebeschreibung der Geo-Objekte sicherstellt.

Der Aufbau der Szenen-Organisation

Der R*-Baum partitioniert den Raum nachweislich effizient: Sowohl die Überlappung, der Rand als auch die Fläche der Bounding Boxes im Directory werden minimiert. Daher ist es sinnvoll, die Partitionierung des R*-Baumes als Grundlage für die Einheiten zu nehmen, die physisch zusammenhängend gespeichert werden. Die Grundidee der *Szenen-Organisation* ist es, Teilbäume des R*-Baumes als solche Speicherungseinheiten zu verwenden.

In einer *Szene* wird die exakte Geometriebeschreibung aller Geo-Objekte, die durch einen Teilbaum des R*-Baumes repräsentiert ist, physisch zusammenhängend auf dem Sekundärspeicher gehalten. Eine Szene besteht somit aus einer größeren Menge physisch benachbarter Seiten, die die Geometrie aller zugehörigen Geo-Objekte umfaßt. Benötigt ein Geo-Objekt mehrere Seiten Speicherplatz, so werden diese Seiten innerhalb der Szene physisch zusammenhängend abgespeichert. Damit kann auch ein einzelnes, größeres Objekt durch eine Operation vom Sekundärspeicher vollständig in den Hauptspeicher übertragen werden (*objekt-orientierter Zugriff*, vgl. Schritt 3 im Phasenmodell auf Seite 30). Ansonsten unterliegen die Seiten innerhalb einer Szene keiner Ordnung. Szenen organisieren somit die exakte Geometriebeschreibung der Geo-Objekte, während die Approximationen und die thematischen Attribute in den Datenseiten des R*-Baumes verwaltet werden.

Neben einer schematischen Darstellung der Szenen-Organisation zeigt Abbildung 56 den Szenenaufbau an einem Beispiel. Als Daten werden die Verwaltungsbezirke der EG verwendet. In einem R*-Baum sind die Approximationen der Polygone (vgl. Abb. 56 (a)), die diese Bezirke geometrisch modellieren, organisiert. Abbildung 56 (b) zeigt die Partitionierung des R*-Baumes auf einer höheren Directory-Ebene; diese Rechtecke beschreiben die Szenen im Baum; die durch die zugehörigen Teilbäume repräsentierten Polygonbeschreibungen sind physisch zusammenhängend gespeichert.

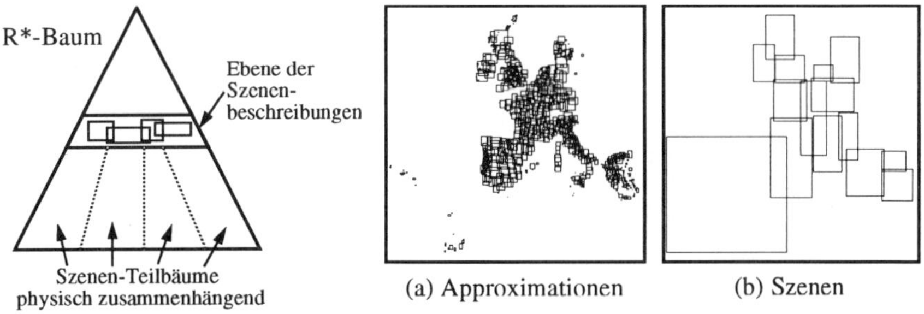

Abbildung 56: Schematische und beispielhafte Darstellung der Szenen-Organisation

Anfragebearbeitung

In einer Szenen-Organisation können sowohl klein- als auch großräumige Anfragen effizient bearbeitet werden. Kleinräumige Anfragen werden wie bisher zweistufig durch Filter- und Verfeinerungsschritt abgearbeitet. Besitzt eine Bereichsanfrage hingegen einen größeren Anfragebereich, werden die betroffenen Szenen, die den Anfragebereich schneiden, vollständig in den Hauptspeicher eingelesen. Dieses kann sehr effizient erfolgen, da die Seiten der Szene physisch benachbart sind. Damit genügt auf dem Plattenspeicher eine einzige Suchoperation, um die Szene einzulesen. Ohne die Szenen-Organisation müßte jede Seite einzeln angesteuert werden. Allerdings kann eine Szene auch eine Reihe von Geo-Objekten umfassen, die die Anfrage nicht erfüllen (False Hits). Bei einer Szenen-Organisation lassen False Hits das Übertragungsvolumen unnötigerweise ansteigen. Dieser Effekt beeinträchtigt die Effizienz aber nicht wesentlich, da der Aufwand für die Suche einer Seite den Aufwand für die Übertragung einer Seite bei weitem übersteigt [PH 90]. Ist der Schnittbereich des Anfragebereichs mit den Szenen sehr klein, ist die Wahrscheinlichkeit der False Hits sehr hoch. Zur Optimierung der Anfragebearbeitung kann deshalb die Größe des Schnittbereiches als Maß für die Entscheidung dienen, ob eine Szene vollständig eingelesen wird, oder ob die Anfrage wie bisher ohne Nutzung der Szenen-Organisation über den R*-Baum abläuft. Eine genauere Untersuchung des Leistungsverhaltens der Szenen-Organisation folgt in Abschnitt 6.2.1.

Nachdem die Szene in den Hauptspeicher eingelesen wurde, kann die Anfragebearbeitung in der bisherigen Form weiter ablaufen. Eine ausführlichere Darstellung, wie eine solche Szenen-Organisation dynamisch organisiert werden kann, beinhaltet Abschnitt 6.2.2. Die Ergänzung der bisherigen Techniken zur Anfragebearbeitung um eine Szenen-Organisation erlaubt sowohl eine effiziente kleinräumige Selektion als auch eine Unterstützung großräumiger Bereichsanfragen.

6.2.1 Experimentelle Untersuchungen zur Geometriespeicherung

Prinzipiell lassen sich drei Ansätze für die Speicherung der Geometrie von Geo-Objekten unterscheiden:

1. *Speicherung der Exaktdarstellung außerhalb der Datenseiten (Ansatz 1)*
   In den Datenseiten der Raumzugriffsstruktur befinden sich neben den Approximationen nur Verweise auf die Exaktdarstellung der Geo-Objekte. Die Exaktdarstellung wird außerhalb der Speicherungsstruktur nicht räumlich organisiert gespeichert, z.B. in sequentiellen Dateien. Dieser Ansatz wird beispielsweise bei Quadtrees verwendet [HS 92]. Anders formuliert stellt die räumliche Indexstruktur für die Approximationen einen Primärindex und für die eigentlichen Geo-Objekte einen Sekundärindex dar. Abbildung 57 zeigt den Ansatz schematisch. Ein Vorteil dieses Ansatzes besteht darin, daß eine hohe Zahl von Approximationen gemeinsam in einer Datenseite gespeichert werden kann, d.h. es wird eine maximale lokale Ordnung auf den Approximationen hergestellt. Außerdem gibt es keine prinzipielle Größenbeschränkung für die exakte Repräsentation der Geo-Objekte. Wesentlicher Nachteil ist, daß sich die Ordnungserhaltung nur auf die Approximationen bezieht. Folglich ist auch bei Bereichsanfragen für jeden Zugriff auf die exakte Objektrepräsentation ein zusätzlicher Seitenzugriff notwendig, da diese nicht räumlich organisiert wird.
2. *Speicherung der Exaktdarstellung innerhalb der Datenseiten (Ansatz 2)*
   Die exakte Repräsentation der Objekte wird zusätzlich zu den Approximationen innerhalb der Datenseiten gespeichert. Damit sind auch diese physisch nah gespeichert und können bei Anfragen gemeinsam in einem Zugriff in den Hauptspeicher eingelesen werden [Wid 91]. Die Indexstruktur ist im Gegensatz zum ersten Ansatz damit ein Primärindex, der die physische Speicherung bestimmt. Der wesentliche Nachteil dieses Ansatzes ist darin zu sehen, daß nur wenige Objekte in eine Seite passen und häufig räumlich benachbarte Geo-Objekte in verschiedene Datenseiten fallen. Geo-Objekte, die mehrere Seiten Speicherplatz benötigen, lassen sich durch diesen Ansatz nur schwierig organisieren.
3. *Speicherung der Objekte in einer Szenen-Organisation (Ansatz 3)*
   Diesen Ansatz haben wir kurz motiviert und werden ihn in Abschnitt 6.2.2 detailliert vorstellen. Hierbei werden größere Teile der Geometrie in physisch zusammenhängenden, aber nur lokal sortierten Speicherbereichen zusammengefaßt und über den R*-Baum organisiert.

Abbildung 57 veranschaulicht die drei Ansätze schematisch:

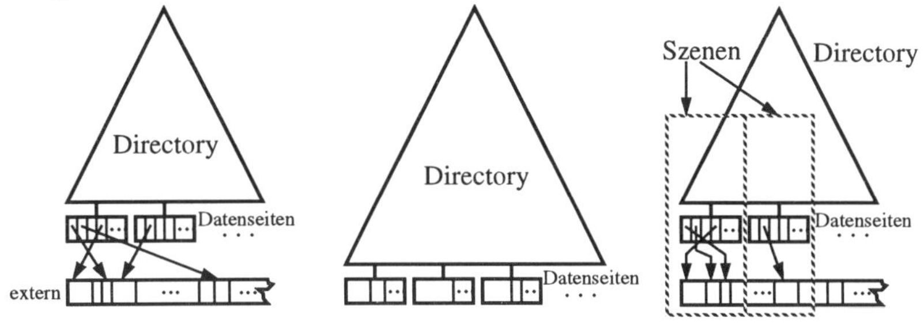

Ansatz 1 Ansatz 2 Ansatz 3

Abbildung 57: Ansätze zur Speicherung von Geo-Objekten

Die Szenen-Organisation ist für die Unterstützung großräumiger Bereichsanfragen entworfen. Für solche mengenorientierten Anfragen stellen sich zwei Fragen, die im folgenden näher untersucht werden:

- Wie unterscheidet sich das Leistungsverhalten der drei Ansätze? Kann durch die Szenen-Organisation gegenüber den beiden anderen Speicherungsverfahren ein entscheidender Leistungsgewinn erzielt werden?
- Welche Größe von Szenen zeigt das beste Leistungsverhalten? Hängt diese Größe stark von der Größe der Bereichsanfragen ab?

Testumgebung

Um diese Fragestellungen beantworten zu können, vergleichen wir die drei Ansätze in einer empirischen Untersuchung miteinander. Testdaten sind reale Daten vom US Bureau of the Census [Bur 89], die die Verwaltungsgrenzen, Straßenzüge, Eisenbahnlinien und Flüsse von vier kalifornischen Counties repräsentieren. In dieser Datenbasis befinden sich 119.151 Linienzüge, die jeweils aus 2 bis 349 Punkten bestehen. Jede Koordinate wird durch eine Real-Zahl von 8 Byte dargestellt, so daß sich ein Gesamtdatenvolumen von 15,9 MByte ergibt. Approximiert werden diese Linienzüge durch minimal umgebende Rechtecke, für deren Repräsentation 16 Byte zur Ver-

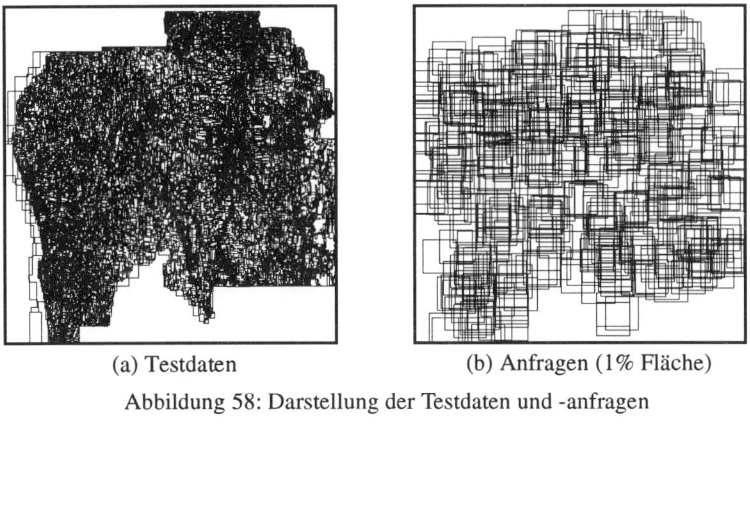

(a) Testdaten (b) Anfragen (1% Fläche)

Abbildung 58: Darstellung der Testdaten und -anfragen

fügung stehen. Diese Rechtecke sind in Abbildung 58 (a) dargestellt. Aus diesen Daten werden gemäß der drei Ansätze R*-Bäume erzeugt. Die Seitenkapazität beträgt dabei 4 KByte.

Um Aussagen über das Leistungsverhalten der Verfahren für größere Bereichsanfragen zu gewinnen, untersuchen wir vier Testserien mit unterschiedlich großen Anfragebereichen. Jede Testserie besteht aus 464 quadratischen Bereichsanfragen (Window Queries), die über den von Objekten überdeckten Datenraum gleichverteilt sind. Die Größe der Anfragebereiche variiert zwischen 0,25 und 16% der Fläche des Gesamtdatenraumes. Abbildung 58 (b) zeigt die Anfragen bei einer Fläche von 1%. In Tabelle 17 sind die Anfragen der vier Testserien genauer spezifiziert.

Testserie	Größe der Anfragen (Prozent vom Gesamtdatenraum)	pro Testserie		durchschnittlich pro Anfrage	
		eingelesene Datensätze	eingelesene Daten (KByte)	eingelesene Datensätze	eingelesene Daten (KByte)
I	0,25%	189.229	29.392	408	63
II	1%	714.937	105.521	1.541	227
III	4%	2.687.648	382.483	5.792	824
IV	16%	9.462.455	1.315.236	20.393	2.835

Tabelle 17: Charakteristika der Testserien

Für die Bewertung der Effizienz der Verfahren benötigen wir ein Maß zur Beschreibung des Zugriffsaufwandes. Wie bereits erwähnt, lassen sich für einen Seitenzugriff die Zeit für die Suche der Seite auf dem Sekundärspeicher und die Zeit für das Lesen und den Transfer der Seite vom Sekundärspeicher in den Hauptspeicher unterscheiden. Für die Bestimmung des Gesamtaufwandes bewerten wir im folgenden den Aufwand für die Suche im Vergleich zum Übertragungsaufwand im Verhältnis 10 : 1. Dieses Verhältnis entspricht in etwa realen Magnetplattenspeichern [PH 90]. Sei N_S die Anzahl der Suchoperationen und N_T die Anzahl der Transfers, dann gilt für den Zugriffsaufwand A:

$$A = 10N_S + N_T$$

Für Bereichsanfragen sind die Zugriffskosten, die durch den R*-Baum verursacht werden, im Verhältnis zu den Kosten für die Zugriffe auf exakte Repräsentationen gering. Daher betrachten wir im folgenden nur die Zugriffe, die durch das Einlesen der exakten Darstellung der Geo-Objekte entstehen.

Testergebnisse

Tabelle 18 zeigt den Zugriffsaufwand bei Speicherung der Linienzüge außerhalb der Datenseiten (Ansatz 1). Die Anzahl der Suchoperationen (N_S), die Zahl der Transfers (N_T) und der Zugriffsaufwand A sind dort gerundet in Tausend dargestellt. Durch das Runden ergibt sich A in den folgenden Tabellen nicht genau aus N_S und N_T.

Testserie I (0,25%)			Testserie II (1%)			Testserie III (4%)			Testserie IV (16%)		
N_S	N_T	A	N_S	N_T	A	N_S	N_T	A	N_S	N_T	A
189	189	2.082	715	715	7.864	2.688	2.689	29.585	9.462	9.463	104.088

Tabelle 18: Zugriffsaufwand Ansatz 1 (in Tausend, gerundet)

Bedingt durch den Ansatz, die Exaktdarstellung auszulagern, ist für jeden angefragten Datensatz mindestens eine (teure) Suchoperation notwendig, da die exakten Repräsentationen nicht räumlich organisiert sind. Nach jeder Suchoperation ist mindestens ein Transfer notwendig. Die Tatsache, daß die Transferzahl nicht wesentlich höher als N_S ist, resultiert aus der geringen Zahl von Datensätzen, die größer als eine Seite sind.

In Tabelle 19 sind die Ergebnisse für das zweite Speicherverfahren angegeben, bei dem die Linienzüge innerhalb der Datenseiten gespeichert werden.

Testserie I (0,25%)			Testserie II (1%)			Testserie III (4%)			Testserie IV (16%)		
N_S	N_T	A	N_S	N_T	A	N_S	N_T	A	N_S	N_T	A
16	16	175	52	52	573	180	180	1.985	610	610	6.710

Tabelle 19: Zugriffsaufwand Ansatz 2 (in Tausend, gerundet)

Gegenüber dem ersten Ansatz kommt diese Vorgehensweise mit deutlich weniger Suchoperationen aus. Dies ist dadurch bedingt, daß mehrere Linienzüge in einer Datenseite gespeichert und durch einen Zugriff eingelesen werden. Der Gewinn hängt nur unwesentlich von der Größe der Bereichsanfragen ab. Da es in den Testdaten kaum Datensätze gibt, deren Größe die Seitengröße übersteigt, ist N_T praktisch genauso groß wie N_S.

Bei der Szenen-Organisation sind die Ergebnisse wesentlich von der durchschnittlichen Größe der Szenen abhängig. Während beim ersten Ansatz die exakte Darstellung nur dann eingelesen wird, wenn sie aufgrund der Anfrage benötigt wird, werden beim zweiten Ansatz am Rand von Anfragen unweigerlich auch Exaktrepräsentationen eingelesen, die die Anfrageregion nicht berühren (False Hits). Sehr große Szenen kommen mit sehr wenig Suchoperationen aus, benötigen aber dafür um so mehr Operationen zum Transfer vom Sekundärspeicher in den Hauptspeicher, da die Zahl der False Hits mit zunehmender Szenengröße steigt. Je kleiner die Szenen werden, desto mehr steigt der Aufwand zum Suchen und desto geringer wird der Übertragungsaufwand. Um diesen Effekt näher zu untersuchen, haben wir unterschiedliche Szenengrößen getestet. Die Ergebnisse sind in Tabelle 20 aufgeführt; die Einträge mit dem geringsten Zugriffsaufwand sind hell unterlegt.

Wie erwartet, sinkt N_S mit zunehmender Szenengröße, während N_T steigt, je größer die Szenen sind. Dabei bildet sich je nach Größe der Anfragebereiche ein Optimum beim Zugriffsaufwand, das etwa zwischen 25 und 100 KByte liegt. Je größer die Anfragen sind, desto größer ist die optimale Szenengröße. Allerdings ist die Abhängigkeit nicht sehr gravierend: Während 64 der Faktor zwischen Testserie I und IV bezüglich der Größe der Anfragebereiche ist, beträgt der Faktor zwischen den entsprechenden optimalen Szenengrößen nur rund 4. Außerdem verläuft die Aufwandsfunktion im Bereich dieser Optima bei allen Testserien sehr flach, so daß mit rund 77 KByte eine für alle Testserien nahezu optimale Szenengröße bestimmt werden kann.

durchschnittl. Szenengröße (Byte)	Testserie I (0,25%)			Testserie II (1%)			Testserie III (4%)			Testserie IV (16%)		
	N_S	N_T	A	N_S	N_T	A	N_S	N_T	A	N_S	N_T	A
1.852.750	1,1	698	709	1,2	781	794	1,6	943	959	2,1	1.666	1.188
757.943	1,2	275	287	1,6	343	345	2,4	505	529	4,1	837	877
273.357	1,5	128	144	2,3	185	208	4,2	324	365	8,6	638	725
140.124	1,8	78	96	3,0	123	153	6,0	238	298	14,1	528	669
91.619	2,2	62	84	3,9	103	142	8,5	214	299	20,8	503	711
79.027	2,1	51	72	3,9	90	130	8,8	191	280	22,7	474	701
63.402	2,3	46	70	4,5	85	130	10,4	187	291	27,5	467	742
33.283	3,2	36	68	6,7	70	137	17,3	167	340	48,8	447	936
18.610	4,2	26	68	10,0	57	158	27,8	151	429	82,8	432	1.260
10.716	6,1	23	84	15,4	54	209	45,6	153	609	140	452	1.853
8.367	6,8	21	87	18,2	52	235	55,6	152	708	175	460	2.210

Tabelle 20: Zugriffsaufwand Szenen-Organisation (Ansatz 3) (in Tausend, gerundet)

Zusammenfassung

In Tabelle 21 ist der Zugriffsaufwand für alle drei untersuchten Speicherungsansätze gegenübergestellt. Dabei ist der Aufwand des ersten Verfahrens auf 1 normiert; bei den beiden anderen Ansätzen ist der Faktor angegeben, um den sich der Aufwand vermindert hat. Die durchschnittliche Szenengröße für Ansatz 3 beträgt 79.027 Byte.

Ansatz	Verbesserung des Zugriffsaufwands *A* (Faktoren)			
	I (0,25%)	II (1%)	III (4%)	IV (16%)
1. Geometrie außerhalb der Datenseite	1,0	1,0	1,0	1,0
2. Geometrie innerhalb der Datenseite	11,9	13,7	14,9	15,5
3. Szenen-Organisation	28,9	60,5	105,7	148,5

Tabelle 21: Verbesserung des Zugriffsaufwands der Ansätze 2 und 3 im Vergleich zu Ansatz 1

Die Ergebnisse lassen sich wie folgt vergleichen und zusammenfassen:

- Der Ansatz, die Exaktdarstellung innerhalb der Datenseiten zu speichern, ist in unseren Tests dem ersten Ansatz, die exakte Repräsentation auszulagern, um einen Faktor von rund 12 bis 15 überlegen. Die Größe der Anfragebereiche spielt dabei nur eine untergeordnete Rolle.

  Bei diesem Ergebnis ist allerdings ein wichtiger Aspekt zu berücksichtigen: Die untersuchten Geo-Objekte sind im Vergleich zu der Größe der Datenseiten relativ klein. In realen Karten treten häufig wesentlich umfangreichere Objekte auf (vgl.

Tabelle 1 auf Seite 19). Das heißt, daß bei solchen Daten die Objekte zwangsläufig ausgelagert werden müssen. Infolgedessen wird sich dieser Ansatz bei einem größeren Anteil umfangreicher Objekte stark an das Leistungsverhalten des ersten Verfahrens annähern.

- Eindeutiger Gewinner dieses Vergleiches ist die Szenen-Organisation. Bereits bei kleinen Anfragebereichen tritt ein erheblicher Leistungsgewinn ein. So ist die Szenen-Organisation um einen Faktor von knapp 30 besser als der Auslagerungsansatz. Bei größeren Anfragebereichen steigt dieser Faktor sogar auf 106 bzw. 148.

  Eine weitere wichtige Beobachtung besteht darin, daß eine nahezu optimale Szenengröße von der Größe der Anfragebereiche weitgehend unabhängig ist. Damit ist der Deckungsbereich für eine Implementierung mit einer festgelegten Szenengröße sehr groß.

  Darüber hinaus kann durch den flachen Verlauf der Aufwandfunktion ein starker Leistungsgewinn auch dann erzielt werden, wenn durch Einfügen oder Löschen von Geo-Objekten die durchschnittliche Szenengröße während der Laufzeit schwankt.

Obwohl in unserer experimentellen Untersuchung nur ein einziges reales Datenfile getestet wurde, haben die Testergebnisse deutlich gemacht, daß die Szenen-Organisation einen vielversprechenden Ansatz zur effizienten Anfragebearbeitung in Geo-Datenbanksystemen darstellt. Massive Leistungssteigerungen von einem Faktor bis zu 150 gegenüber bisherigen Ansätzen sind zu erzielen. In folgenden Abschnitt wird vorgestellt, wie auf der Basis des R*-Baumes diese neuartige Szenen-Organisation in einer dynamischen Umgebung realisiert werden kann.

6.2.2 Szenen-Organisation

Die Geometriedarstellung von Geo-Objekten setzt sich in unserer Geo-Architektur aus zwei Basiseinheiten zusammen: Zum einen aus der Beschreibung der einzelnen Geo-Objekte einschließlich ihres Geometrieindexes und zum anderen aus den Segmenten. Wie in Abschnitt 6.1.2 beschrieben, werden die Approximationen der Geo-Objekte in den Datenseiten der Raumzugriffsstruktur gespeichert. Jeder Datenseite ist demnach eine Menge von Geo-Objekten zugeordnet, wobei diese Objekte eine Region des Datenraums überdecken. Als *Region* bezeichnen wir im weiteren auch die Bounding Box der Geo-Objekte, die in einem beliebigen Teilbaum des R*-Baumes gespeichert sind. In geographischen Anwendungen ist sowohl die Menge dieser Objekte als auch die überdeckte Region nicht statisch, sondern verändert sich dynamisch.

In unserem Ansatz verwenden wir den R*-Baum als Raumzugriffsstruktur. In den Datenseiten werden die Geo-Objekte durch Approximationen der Geometriekomponente in konstanter Länge repräsentiert. Die Speicherung der exakten Repräsentation der Geometriekomponente ist vollständig als Geometrie-Cluster ausgelagert und die Repräsentation der Objekte innerhalb der Datenseiten überschreitet ein vordefiniertes Limit nicht. Da der R*-Baum in realen Anwendungen selbst bei extremer Ungleichverteilung der Geo-Objekte eine durchschnittliche Speicherplatzausnutzung von 70% (vgl. [Bec 90]) für die Datenseiten gewährleistet, ist die Anzahl der Geo-Objekte, die einer Datenseite und somit einer Region zugeordnet sind, fast konstant.Mit anderen Worten: Die Zerlegung des Datenraums in Regionen balanciert die Objektanzahl.

Speichereinheiten fester Länge können durch das Betriebssystem oder eine spezielle Speicherungskomponente effizienter organisiert werden als variabel lange (vgl. z.B. die Blockverwaltung in UNIX). Eine Zuordnung der Geometriebeschreibung aller Geo-Objekte auf Szenen fester Größe würde die physisch zusammenhängende Speicherung der Szenen vereinfachen. Gleichzeitig muß aber auch eine hohe Speicherplatzausnutzung pro Szene gewährleistet sein. Unter der Anforderung, daß die Szenen-Organisation dynamisch sein soll, d.h. die Geo-Objekte werden eingefügt, gelöscht und ihre Geometrie verändert, sind folgende Gesichtspunkte zu bedenken:

- Die Geometriebeschreibung der Geo-Objekte entspricht variabel langen Byteketten. Ihre Beschreibung ist also kein punktförmiges Datum, sondern variiert sehr stark und kann sehr umfangreich werden. Die Balancierung des Speicherplatzbedarfs über die Szenen hinweg ist deshalb wesentlich schwieriger zu erreichen als die Balancierung der Geo-Objekte gemäß ihrer Anzahl.
- Die in den Szenen abgelegten Geometriedaten sollen räumlich benachbart sein, um Geo-Anfragen effizient unterstützen zu können. Deshalb eignet sich die in Abschnitt 6.1.4 vorgestellte B^+-Baum-Variante für variabel lange Byteketten nicht für eine Szenen-Organisation.

Wie schon zu Beginn dieses Abschnitts motiviert, ist der Ausgangspunkt und die grundlegende Idee der Szenen-Organisation die Beobachtung, daß der R*-Baum sehr effizient in einer dynamischen Umgebung räumlich benachbarte Geo-Objekte in Regionen zusammenfaßt. Es erscheint deshalb naheliegend, die Partitionierung des R*-Baumes in Regionen als Szenenaufteilung zu verwenden. Der Speicherplatzbedarf der verschiedenen Szenen soll dabei, so weit es in einer dynamischen Umgebung möglich ist, einem festen, vordefinierten Wert entsprechen. Zwei prinzipielle Probleme sind bei einem solchen Ansatz zu überwinden:

- Der R*-Baum muß vollständig in eine disjunkte Menge von Teilbäumen aufgeteilt werden. Zerlegt man den R*-Baum in Teilbäume gleicher Höhe, so stellt die disjunkte Aufteilung kein Problem dar, da der R*-Baum höhenbalanciert ist. Allerdings kann die Speicherbelegung der Teilbäume stark variieren. Deshalb ist eine Aufteilung des R*-Baumes in disjunkte Teilbäume unterschiedlicher Höhe günstiger. Dies stellt aber ein nicht triviales Problem dar, zumal in einer dynamischen Umgebung.
- In unserer Geo-Architektur ist die Geometrie der Objekte kompakt und redundanzfrei abgespeichert. Dies wird durch eine Zerlegung der Geometrie in Segmente erreicht. Als Konsequenz ergibt sich, daß nicht die Geo-Objekte selbst, sondern die Segmente die kleinsten Speicherungseinheiten darstellen. Segmente sind mehreren Objekten zugeteilt. Deshalb ist durch Zuordnung eines Objektes zu einer Szene nicht eindeutig festgelegt, in welcher Szene das Segment abgespeichert wird.

Im folgenden wird der R*-Baum so erweitert, daß er den Datenraum in Szenen aufteilt. Die Erweiterung zur Szenen-Organisation ist vom Designparadigma geleitet, eine räumliche Clusterung der Objekte zu erreichen, die so weit wie möglich derjenigen Clusterung entspricht, die bei Verwendung des herkömmlichen R*-Baumes entsteht. Zunächst wollen wir auf die dazu notwendigen Strukturmodifikationen im R*-Baum eingehen.

Strukturmodifikationen im R*-Baum

Ausgangspunkt ist der in Abschnitt 6.1.2 vorgestellte R*-Baum, in dessen Datenseiten für jedes Geo-Objekt der Objektidentifier, die Approximation, der Zeiger auf die ausgelagerte Geometriedarstellung (GeoPtr), Verwaltungsinformationen zur Auslagerung der thematischen Attribute, der Zeiger auf die ausgelagerten thematischen Attribute (ThePtr) und einige thematische Attribute abspeichert sind (vgl. Abb. 55). In diesem Datensatz wird als zusätzliche Information der Speicherbedarf (Storage) abgespeichert, der für die vom 'GeoPtr' referenzierte Geometriebeschreibung benötigt wird. Damit ist der Speicherbedarf der ausgelagerten Geometrie aber in der Regel nicht vollständig quantifiziert, denn die Geometriebeschreibung eines Geo-Objektes kann sich aus Verweisen auf Segmente zusammensetzen (vgl. Abschnitt 6.1.1). Da der R*-Baum Approximationen organisiert, d.h. er partitioniert objektbezogen, und da Segmente zu mehreren Objekten gehören, ist die Szenenzuordnung der Segmente nicht eindeutig und muß daher eindeutig festgelegt werden. In unserer Geo-Architektur wird deshalb jedes Segment durch einen eigenen Datensatz in den Datenseiten des R*-Baumes repräsentiert, der aus den folgenden Komponenten besteht:

- *Segmentidentifier* (kurz SegId), um das Segment zu identifizieren bzw. zu referenzieren.
- Speicherbedarf (*Storage*) der Geometriebeschreibung des Segments
- Approximation des Segments, so daß der R*-Baum das Segment einer Datenseite und somit einer Szene zuordnen kann. Der Knotenpunkt stellt eine Ausnahme dar, da er keine Approximation benötigt.
- Zeiger (kurz *SegPtr*), der auf die Geometriebeschreibung des Segmentes innerhalb der Szene verweist.

Der R*-Baum speichert also in seinen Datenseiten zwei Typen von Datensätzen: Geo-Objektrepräsentationen und Segmentrepräsentationen. In der Regel beziehen sich Anfragen auf Geo-Objekte und nicht auf Segmente, weshalb in den Datenseiten des R*-Baumes mittels einer Kennzeichnung zwischen einer Geo-Objekt- und einer Segmentrepräsentation unterschieden werden sollte. Eine solche Kennzeichnung verhindert, daß Segmente während der Anfragebearbeitung unnötigerweise untersucht werden. Da sich die Regionen des R*-Baumes überlappen können und da ein Segment immer zu mehreren Geo-Objekten gehört, kann der Fall eintreten, daß das Segment und die Beschreibung des Geometrie-Clusters eines Geo-Objektes in verschiedenen Szenen abgespeichert sind. Die physische Zersplitterung der Objektgeometrie ist kein R*-Baum-spezifisches Problem, sondern auf die redundanzfreie Abspeicherung der Geometrie zurückzuführen. Die Szenen-Organisation auf Basis des R*-Baumes garantiert aber die interne Ordnungserhaltung von Segmenten und unsegmentierten Geo-Objekten. Da die Approximationen der Geo-Objekte und der Segmente gemeinsam in einem R*-Baum organisiert und räumlich geclustert werden, ist die Wahrscheinlichkeit sehr hoch, daß Segment und Ausgangsobjekt auch physisch in einer Szene abgespeichert werden. Dieser Effekt beruht auf der Tatsache, daß die Bounding Boxes der Segmente vollständig in der Bounding Box ihrer Ausgangsobjekte liegen.

Die Directoryeinträge müssen ebenfalls nur leicht modifiziert werden. Jeder Directoryeintrag des R*-Baumes besteht aus einem Zeiger, der auf einen Sohnknoten verweist, und einer Bounding Box, die das kleinste umschließende Rechteck derjenigen Objekte beschreibt, die in den Sohnknoten abgespeichert sind. Zusätzlich wird zu jedem Directoryeintrag der Speicherbedarf (Storage) der Geometriebeschreibungen aller Geo-Objekte hinzugefügt, die dem zugehörigen Teilbaum zugeordnet sind. Auf diese Art und Weise ist für jeden beliebigen Teilbaum des R*-Baumes bekannt, wieviel Speicherbedarf die Objekte benötigen, die durch diesen Teilbaum verwaltet werden.

Zusammenfassend können wir feststellen, daß ein R*-Baum nur geringfügig erweitert werden muß, um Szenen zu organisieren. Der erweiterte R*-Baum stellt lokale Ordnung der Geo-Objekte auf Approximationsebene und gleichzeitig globale Ordnung sicher, indem die Geometrie räumlich benachbarter Geo-Objekte auf Szenen aufgeteilt wird. Als zusätzliche Strukturinformationen werden benötigt:

- Für jedes Geo-Objekt einen Eintrag für den Speicherbedarf der Geometriebeschreibung
- Für jeden Directoryeintrag die Zusatzinformation über den Speicherbedarf des zugehörigen Teilbaumes

- Segmentrepräsentationen bestehend aus Segmentidentifier, Approximation und der Information über den Speicherbedarf
- Kennzeichnung der Datensätze, ob Segmente oder Geo-Objekte repräsentiert sind.

Die beiden letzten Strukturmodifikationen sind nur dann nötig, wenn Überlappungen und Randberührungen der Geo-Objekte durch Segmentierung explizit modelliert werden.

Anpassung der Szenengröße und Generierung neuer Szenen

Eine Szene besteht aus einer Folge von Blöcken des Sekundärspeichers. Die Anzahl der Blöcke einer Szene sei mit p bezeichnet, wobei gilt $p = 2^k$, k=1, 2 ,..., *max*. Vom Anwender oder vom System kann *max* vorgegeben werden. Eine Szene stellt eine Clustereinheit dar, d.h. die Aufteilung der Blöcke einer Szene auf den Sekundärspeicher soll durch das Betriebssystem so organisiert sein, daß zum Transfer der Szene in den Hauptspeicher möglichst wenige Suchoperationen ausreichen. In unserem Ansatz haben die Szenen nicht alle die gleiche Größe, aber sie sind auch nicht beliebig variabel. Wir wählen das Buddy-System aus, damit die geclusterte Speicherung der Szenen durch das Betriebssystem oder eine spezielle Speicherungskomponente effizient realisiert werden kann. Wie dies umgesetzt wird, ist nicht Gegenstand dieser Arbeit und wird nicht weiter diskutiert. Es sei auf die einschlägige Literatur verwiesen. In [WNP 87] wird eine mengenorientierte Schnittstelle zwischen einem Datenbanksystem und dem Sekundärspeicher vorgestellt, über die effizient eine Menge physisch zusammenhängender Seiten vom Sekundärspeicher in den Hauptspeicher eingelesen werden kann.

Solange die Szenengröße die maximale Blockzahl nicht überschreitet, kann beim Einfügung von Objekten die Szenengröße durch Verdoppeln der Blockanzahl und Umkopieren von Blöcken immer angepaßt werden, so daß eine minimale Speicherplatzbelegung von 50% garantiert ist. Falls durch ein Einfügen eine Szene ihre maximale Größe überschreitet, wird sie in k neue Szenen umkopiert, wobei die k neuen Szenen wiederum zu mindestens 50% gefüllt sind. Schrumpft eine Szene durch Entfern von Geo-Objekten wird die Szenengröße durch Halbieren und Umkopieren angepaßt. Die Anpassung der Szenengröße ist somit vollständig auf das Buddy-System abgestützt. Szenen werden weder dynamisch expandiert noch komprimiert.

Die Szenen-Organisation ist mit einem Sekundärspeicherblock für die erste Szene initialisiert. Die Geo-Objekte werden in einen R*-Baum eingefügt, wobei deren Geometrie-Cluster einer Szene zugeordnet sind. Die Szenengröße wird dabei wie folgt angepaßt:

1. Anpassung der Szenengröße:

Falls durch ein Einfügen in den R*-Baum die Summe des Speicherbedarfs (Σ) der Teilbäume, die durch die Wurzeleinträge repräsentiert werden, die Blockgröße (bsize) überschreitet, aber kleiner als die maximale Szenengröße ist, wird die Szene mit dem neu eingefügten Objekt in einen Speicherbereich umkopiert, der $2^{\left\lceil \log_2 \left(\frac{\Sigma}{\text{bsize}}\right) \right\rceil}$ Blöcke umfaßt.

Falls die Speicherplatzausnutzung einer Szene durch Löschen von Objekten unter 50% sinkt, wird diese Szene auf eine neue umkopiert, deren Größe $2^{\left\lceil \log_2 \left(\frac{\text{Storage}}{\text{bsize}}\right) \right\rceil}$ Blöcke umfaßt.

2. Generierung neuer Szenen:

Falls durch eine Einfügung $2^{\left\lceil \log_2 \left(\frac{\Sigma}{bsize} \right) \right\rceil}$ *max* übersteigt, d.h. die maximale Szenengröße ist überschritten, wird die alte Szene in *k* neue Szenen aufgeteilt, wobei *k* der Anzahl der Wurzeleinträge des R*-Baumes entspricht. An dieser Stelle sei nochmals auf unser Designparadigma hingewiesen, die Clusterung, die durch den R*-Baum festgelegt ist, durch die Szenen-Organisation so weit wie möglich unbeeinflußt zu lassen. Deshalb wird auch nicht versucht, eine überlaufende Szene in zwei neue aufzuteilen. Ein solches Vorgehen entspräche einer Strategie, die der Balancierung des Speicherbedarfs über die Szenen hinweg eher entgegenkommt. Dabei würden aber zwei neue Bounding Boxes erzeugt, die der herkömmliche R*-Baum nicht generiert hätte.

Aus ursprünglich einem R*-Baum werden *k* eigenständige Teilbäume erzeugt. Jeder Teilbaum entspricht einer neuen Szene. Die Zerlegung ist disjunkt und vollständig, da alle Wurzeleinträge zu Szenen gemacht werden und die Teilbäume alle die gleiche Höhe haben. Die *k* Bounding Boxes der Szenen werden zusammen mit der Information über den Speicherbedarf in den weiter unten beschriebenen *Szenenbaum* eingefügt. Jeder neuen Szene werden

$2^{\left\lceil \log_2 \left(\frac{Storage_i}{bsize} \right) \right\rceil}$, i = 1, 2,...,k Blöcke zugewiesen.
Die alte Szene wird auf die *k* neuen Speicherbereiche umkopiert (vgl. Reorganisation von Szenen). Für jedes weitere Einfügen von Geo-Objekten entscheidet dann der Szenenbaum, in welcher Szene die Geometrie abgespeichert und in welchem Teilbaum das Zugriffs-Cluster abgelegt wird.

Szenenbaum

Nachdem der R*-Baum in mehrere Teilbäume zerlegt wurde, müssen diese Teilbäume räumlich organisiert werden. Dabei ist zu entscheiden, in welche Szenen neue Geo-Objekte eingefügt werden. In unserer Geo-Architektur verwaltet der Szenenbaum die *Szenenbeschreibungen*, die aus den folgenden Komponenten bestehen:

1. Szenenidentifier (SId), der auf die Szene verweist
2. Zeiger auf einen R*-Baum (TreePtr)
3. Bounding Box aller zu dem referenzierten R*-Baum gehörenden Geo-Objekte
4. der Information über den Speicherbedarf (Storage) der in der Szene abgespeicherten Daten

In unserer Geo-Architektur verwenden wir als Szenenbaum ebenfalls einen R*-Baum. Die erwartete Anzahl der Szenen ist klein genug, so daß der Szenenbaum vollständig im Hauptspeicher gehalten werden kann. Deshalb bietet es sich an, ihn in analoger Weise zum TR*-Baum zu organisieren, d.h. man verwendet nur logische Daten- und Directoryseiten, deren Kapazität auf maximal 4 Einträge beschränkt ist (vgl. Kapitel 5).

Jeder Eintrag in den Datenseiten des Szenenbaumes verweist auf die Wurzel eines herkömmlichen R*-Baumes. Beim Einfügen neuer Geo-Objekte werden die gewöhnlichen R*-Baum-Routinen verwendet. Zunächst wird der Szenenbaum durchlaufen, um zu entscheiden, in welcher Szene man das Geometrie-Cluster (vgl. Seite 118) des neuen Geo-Objektes abspeichern muß. Danach wird der R*-Baum, der dieser Szene zugeordnet ist, traversiert, um diejenige Datenseite zu bestimmen, in der das Zugriffs-Cluster und das thematische Cluster (vgl. Seite 118) abgespeichert wird. Durch die Waldstruktur dieses Ansatzes erreicht man, daß lokal in jedem R*-Baum Reorganisationen (z.B. Forced Reinsert) ablaufen können, ohne daß dadurch die Szenenaufteilung berührt wird. Forced Reinsert oder ein Datenseitensplit sind logische Veränderungen innerhalb eines R*-Baumes, wobei die physische Speicherung der Geometrie der Objekte innerhalb der entsprechenden Szene unverändert bleibt. Aufwendiges Verschieben von Objekten zwischen den Szenen, das Löschen und Einfügen der kompletten Geometriebeschreibung der Objekte, wird vermieden.

Der Szenenbaum und alle R*-Bäume sind für sich selbst höhenbalanciert, während die Höhen der R*-Bäume untereinander sich sehr wohl unterscheiden können. Dies gilt insbesondere, wenn die Objektanzahl nicht mit dem Speicherbedarf der Geometriekomponente korreliert. Abbildung 59 zeigt schematisch den Szenenbaum und die Szenen-Organisation.

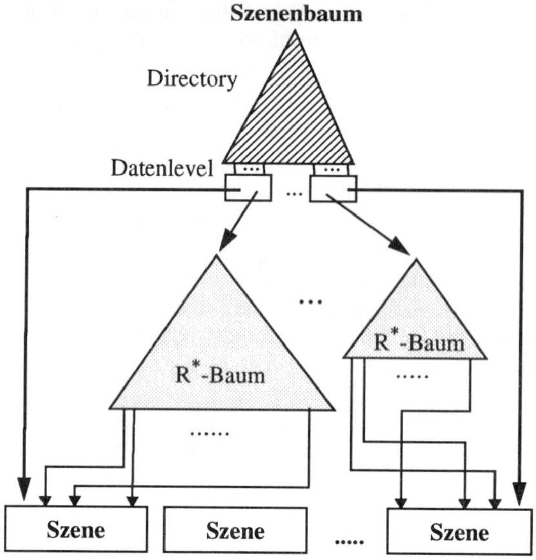

Abbildung 59: Szenenbaum und schematische Szenen-Organisation

Die Clusterung der Geo-Objekte durch die vorgestellte Szenen-Organisation unterscheidet sich von einer herkömmlichen R*-Baum-Clusterung lediglich darin, daß sich die Bounding Boxes der Szenen nur durch Einfügen und Löschen verändern, eine Reorganisation durch Forced Reinsert von Wurzeleinträgen eines R*-Baumes in einen anderen ist dagegen nicht vorgesehen. Dies würde nämlich bedeuten, daß man Geometrie-Cluster von einer Szene in eine andere Szene physisch umspeichern müßte. Solche Reorganisationen wären sehr aufwendig und haben globalen Charakter. Die geringfügige Einschränkung der Reorganisationsmöglichkeiten läßt eine signifikante Verschlechterung der Clusterung gegenüber einem herkömmlichen R*-Baum ohne Szenen-Organisation nicht erwarten.

Reorganisation von Szenen

Wenn durch Einfügen eines neuen Geo-Objektes die Szene überläuft, aber die maximale Szenengröße noch nicht erreicht ist, kann eine Reorganisation sehr effizient durchgeführt werden. Man fordert vom Betriebssystem oder einer speziellen Speicherungskomponente eine passende Anzahl von zusammenhängenden Blöcken an, kopiert darauf die alte Szene und fügt das Geometrie-Cluster des neuen Geo-Objektes ein. Die Blöcke der alten Szene werden danach freigegeben. Das Kopieren der Daten von einer alten auf eine neue Szene kann auf dem Sekundärspeicher ablaufen, denn es sind keine Reorganisationen in der neuen Szene notwendig.

Dagegen ist das Aufteilen einer Szene auf *k* neue mit wesentlich mehr Aufwand verbunden. Innerhalb einer Szene unterliegen die einzelnen Geometrie-Cluster keiner Ordnung. Deshalb muß für die einzelnen Geometrie-Cluster sequentiell entschieden werden, welcher der *k* neuen Szenen sie zugeordnet sind. Dementsprechend werden sie in eine neue Szene eingefügt. Dabei kann aber nur von einer effizienten Reorganisation gesprochen werden, wenn folgende zwei Anforderungen erfüllt sind:

- Die Reorganisation der Szenen wird nicht global durchgeführt, sondern schrittweise während des laufenden Betriebs.
- Während der Reorganisation kann auf die Szenen-Architektur wie auf einen herkömmlichen R*-Baum angefragt werden. Der selektive Zugriff auf Geo-Objekte ist zu jeder Zeit sichergestellt.

Auf logischer Ebene kann die Reorganisation sehr schnell durchgeführt werden. Der Eintrag der alten Szene wird aus dem Szenenbaum gelöscht und die *k* neu generierten Szenenbeschreibungen (SId, Bounding Box, Storage TreePtr) eingefügt. Die Szenenidentifier SId = S_i, i =1,2,...,k, werden als Surrogat vergeben. Die *k* neuen Einträge verweisen über den 'TreePtr' korrekt auf die entsprechenden R*-Bäume. Ein selektiver Zugriff auf das Geometrie-Cluster eines jeden Geo-Objektes ist sichergestellt, da diese in den Datenseiten der R*-Bäume über den 'GeoPtr' referenziert ist.

Die Größe der neuen Szene läßt sich aus 'Storage' berechnen. Die neuen Szenen S_i sind zu diesem Zeitpunkt nicht korrekt reorganisiert und erhalten deshalb einen Reorganisationszähler, der mit dem Wert 1 initialisiert ist und anzeigt, daß ein Zugriff auf die komplette Szene nicht möglich ist. Dies ist notwendig, da die Objekte, die eigentlich in den neuen Szenen gespeichert sein sollten, zu diesem Zeitpunkt noch in der alten Szene zu finden sind. In der alten Szene werden Reorganisationszeiger angelegt, die auf die S_i verweisen, um diese Sperren aufheben zu können, falls die Reorganisation abgeschlossen ist.

Interner Aufbau einer Szene:

Um Anfragen und Reorganisationen auf den Szenen effizient durchführen zu können, reicht es nicht, lediglich die Geometrie-Cluster der Geo-Objekte in den Szenen abzuspeichern. Wird eine Szene zur Anfragebearbeitung vollständig in den Hauptspeicher geladen, kann eine 2-stufige Anfragebearbeitung über Filter und Verfeinerung nur dann ablaufen, wenn neben der exakten Geometrie auch die Approximation der Geo-Objekte vorliegt. Die Approximationen der Geo-Objekte sind in unserer Architektur aber in den Datenseiten des R*-Baumes abgelegt. Um diese Approximationen in den Hauptspeicher zu transferieren, wären selektive Objektzugriffe notwendig. Das soll aber gerade bei der szenenbasierten Anfragebearbeitung vermieden werden. Deshalb ist es erforderlich, in der Szene zu jedem Geometrie-Cluster auch die entsprechende Approximation abzuspeichern.

Zusätzlich ist zu jeder Szene ein Verwaltungsteil abgespeichert, der den Szenenidentifier, eine Liste von Reorganisationszeiger und eine Offset-Tabelle enthält. Dabei gewährleisten die Reorganisationszeiger, daß die Reorganisation einer Szene schrittweise ablaufen kann, und die Offset-Tabelle gibt für jeden Geometrieidentifier und Segmentidentifier die Position des referenzierten Geometrie-Cluster innerhalb der Szene an. Durch diese indirekte Adressierung kann die Geometrie der Geo-Objekte innerhalb einer Szene umkopiert werden, ohne daß die Zeiger in den Datenseiten des R*-Baumes angepaßt werden müssen (siehe Abb. 60).

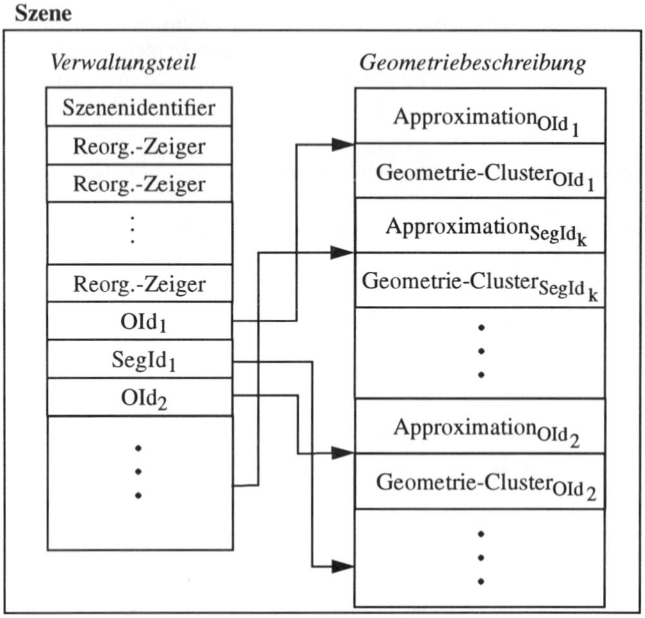

Abbildung 60: Interner Aufbau einer Szene

Aus der alten Szene werden die Geometrie-Cluster zusammen mit ihrer Approximation sequentiell gelöscht und in die neuen Szenen eingefügt. Dazu benötigt man aber die Information, in welche der *k* neuen Szenen die einzelnen Geometrie-Cluster eingefügt werden sollen. Über die Identifier alleine kann diese Szenenzugehörigkeit nicht bestimmt werden, da nur in den Datenseiten des Szenenbaumes die logische Zugehörigkeit von Szene zu R*-Baum abgespeichert ist. Über eine räumliche Anfrage kann man aber feststellen, in welcher Szene ein Geo-Objekt logisch liegen soll. Auf der Szenen-Organisation wird eine Exact Match Query mit der Approximation und dem Identifier durchgeführt. In den Datenknoten des Szenenbaumes können mehrere Szenen gefunden werden, in denen die Approximation liegen könnte. Auf Datenebene der R*-Bäume kann, falls nicht schon die Approximation das Geo-Objekt eindeutig identifiziert, durch Vergleich der Identifier die Szenenzugehörigkeit eindeutig festgestellt werden. Das Geometrie-Cluster mit seiner Approximation wird in die identifizierte Szene eingefügt und der Zeiger (*GeoPtr* bzw. *SegPtr*) in der Datenseite des R*-Baumes entsprechend angepaßt.

Nachdem sequentiell alle Daten aus der alten Szene gelöscht wurden, kann die Reorganisationssperre in den referenzierten Szenen aufgehoben werden. Dazu wird der Reorganisationszähler aller referenzierten Szenen um eins erniedrigt. Da in einer dynamischen Umgebung nicht auszuschließen ist, daß eine gesperrte Szene in *j* neue Szenen aufgeteilt werden muß, kann es zu Mehrfachsperrungen kommen. Dies ist in unserem Ansatz elegant zu lösen. Die gesperrte Szene wird, wie gerade beschrieben, reorganisiert mit der einzigen Ausnahme, daß der Reorganisationszähler der *j* neuen Szenen um eins erhöht wird. Diese Methode ist rekursiv anwendbar. Szenen werden wieder für szenenbasierte Anfragebearbeitung freigegeben, falls der Reorganisationszähler den Wert 0 enthält.

6.2.3 Ablauf von szenenbasierten Geo-Anfragen

Das Einlesen von beliebigen rechteckigen Ausschnitten aus einer nahtlosen, globalen Karte ist eine der wichtigsten Operationen in Geo-Datenbanksystemen. Dabei müssen große Datenmengen vom Sekundärspeicher in den Hauptspeicher übertragen werden. In unserer Bezeichnungsweise entspricht diese Operation einer Window Query, wobei die Geo-Objekte am Rand der Karte geclippt werden. Für solche großräumigen Bereichsanfragen kann die Szenen-Organisation effizient ausgenutzt werden. Abbildung 61 zeigt den schematischen Ablauf der Bearbeitung großräumiger Bereichsanfragen.

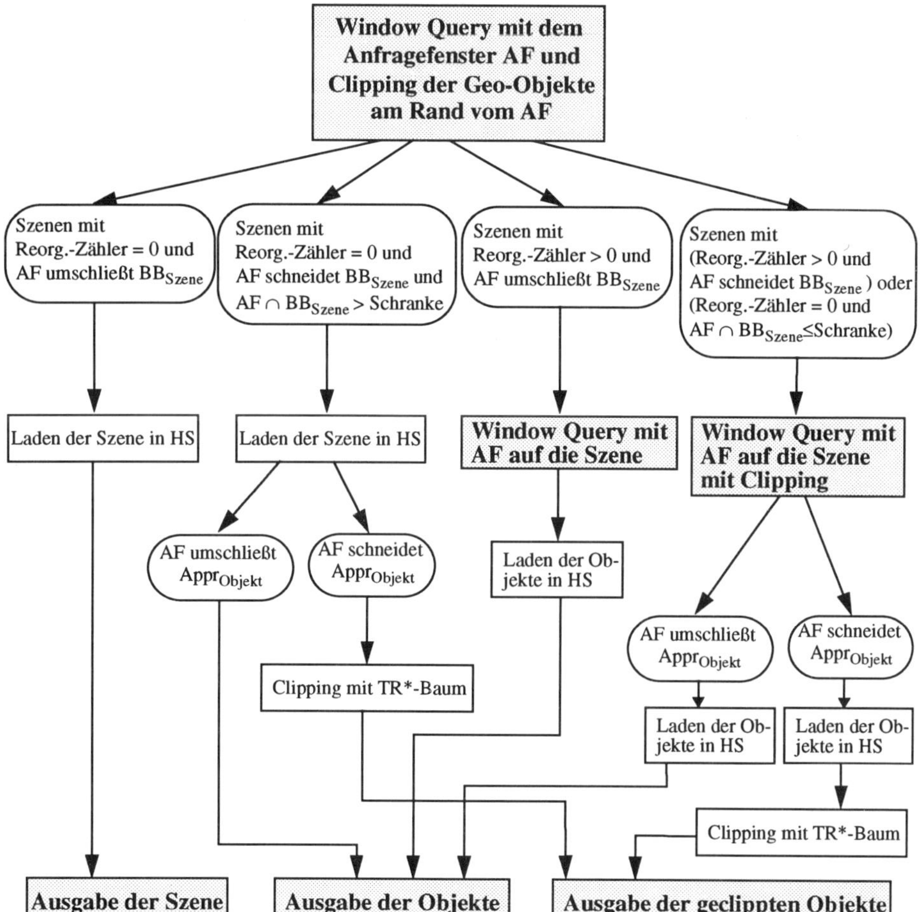

Abbildung 61: Schematischer Ablauf einer szenenbasierten Window Query mit Clipping

Durch die Szenen-Organisation kann auf einen Großteil der Geo-Objekte, die im Anfragebereich liegen, mengenorientiert zugegriffen werden. Der Zugriff auf die einzelnen Szenen wird in unserer Architektur durch die logische und physische Trennung von Szenenbaum und R*-Bäumen effizient unterstützt. Die räumliche Suche im Szenenbaum kann schnell durchgeführt werden, da der Szenenbaum zur Anfragebearbeitung vollständig im Hauptspeicher gehalten wird und durch seine geringe Knotengröße Hauptspeicheroperationen bei der Suche minimiert werden. Szenen, die die Anfrage erfüllen, werden vollständig eingelesen. Dies verringert die Anzahl der Suchoperationen pro Objekt massiv (vgl. Abschnitt 6.2.1). Lediglich auf Geo-Objekte, die in einer Szene liegen, deren Schnitt mit dem Anfragebereich sehr klein ausfällt, wird selektiv zugegriffen. Dieses Vorgehen benötigt keine aufwendige Optimierungskomponente. Die Entscheidung, wie bei Anfragen vorgegangen wird, kann einfach von der Größe des Schnittbereiches zwischen Anfrage- und Szenenbeschreibung abgeleitet werden. Falls also die erwartete Menge der False Hits pro Szene zu groß ist ($AF \cap BB_{Szene} \leq$ Schranke), wird von szenenbasiertem Zugriff auf selektiven Objektzugriff umgeschaltet. Der selektive Zugriff wird durch herkömmliche R*-Bäume unterstützt. Auch das Clippen derjenigen Geo-Objekte, die den Rand des Anfragefensters schneiden, wird in unserer Geo-Architektur effizient durch Verwendung der TR*-Bäume ausgeführt.

Unsere Speicher- und Zugriffsarchitektur unterstützt aber nicht nur großräumige Bereichsanfragen, sondern auch alle übrigen Anfragen. Denn abstrakt gesehen kann die Szenen-Organisation als ein einziger nichtbalancierter R*-Baum aufgefaßt werden. Alle Anfragen werden im Prinzip wie bisher über ein Traversieren und Verzweigen im Baum bearbeitet. Nur an einer Stelle ergibt sich ein Unterschied: Alle Operationen auf dem Szenenbaum finden im Hauptspeicher statt und sind entsprechend schnell ausführbar. Unterhalb des Szenenbaumes werden die R*-Bäume seitenorientiert durchlaufen.

6.3 Indizierung der Thematik über Sekundärindexe

Das zentrale Entwurfskriterium unserer Architektur besteht in der räumlichen Clusterung von Geo-Objekten. Die Approximationen räumlich benachbarter Geo-Objekte sind in den Datenseiten des R*-Baumes geclustert, während die exakten Geometriedarstellungen in Szenen zusammengefaßt sind. Anfragebedingungen, die sich auf die geometrische Komponente der Objekte beziehen, werden durch diese beiden Clusterungen effizient unterstützt. Ein Index, der auf den Approximationen der Geo-Objekte definiert ist, wird im weiteren als *Cluster-Index* bezeichnet. In Geo-Datenbanksystemen haben Anfragen aber nicht ausschließlich einen geometrischen Bezug. Thematische Attribute dienen ebenfalls als Selektionskriterium. Die Unterstützung sowohl räumlicher als auch thematischer Anfragebedingungen ist unbedingt notwendig. Eine vollständig voneinander losgelöste Organisation räumlicher und thematischer Objektattribute ist daher nicht sinnvoll. Eine geeignete Verbindung zwischen der Organisation der räumlichen wie der thematischen Daten erscheint uns unabdingbar. Für diese Kombination haben wir unter dem Stichwort *erweiterbare Indexverwaltung* [Kri 91b] ein Konzept entwickelt, das sowohl die effiziente Bearbeitung räumlicher als auch alphanumerischer Anfragen bezüglich einer einheitlichen Datenbasis erlaubt. Anfrageoptimal wäre eine Objektorganisation, in der die Geo-Objekte bezüglich aller anwendungsrelevanten Anfragen einer Clusterung unterliegen würden. Da in unserer Architektur die Geo-Objekte redundanzfrei abgespeichert werden und die physische Speicherung der thematischen Komponente durch die Raumzugriffsstruktur festgelegt ist, können *Sekundärindexe*, die den Zugriff auf thematische Attribute beschleunigen sollen, lediglich Zeiger auf die Objekte clustern. Es sei darauf hingewiesen, daß Sekundärindexe in [Kri 91b], [Hee 92] und [Sch 92] ausführlich behandelt werden. Deshalb beschreiben die folgenden Abschnitte lediglich in knapper Form, wie solche Sekundärindexe in unserer dynamischen Speicher- und Zugriffsarchitektur organisiert, neu angelegt und gelöscht werden.

6.3.1 Index-Manager

Für ein Geo-Datenbanksystem gehen wir davon aus, daß es sinnvoll ist, einen schnellen Zugriff über einer Menge von Eigenschaften zu gewährleisten. Wir bezeichnen im folgenden die Eigenschaften, für die ein schneller Zugriff unterstützt werden soll, als *Indexeigenschaften.* In [Kri 91b] haben wir einen Index-Manager vorgestellt, der nicht nur die räumliche Lage und Ausdehnung der Objekte indiziert, sondern auch eine erweiterbare Menge alternativer Zugriffspfade auf thematische Eigenschaften unterstützt. Geo-Anfragen und alternative Zugriffspfade sind so organisiert, daß sowohl redundante Speicherung der Objekte als auch zeitintensive Reorganisationen vermieden werden.

Je nach Anwendung stellen einzelne Attribute oder beliebige Kombinationen von Attributen Indexeigenschaften dar. Ein effizienter Index-Manager muß also eine beliebige Zahl von Attributen in beliebiger Kombination unterstützen. Man kann aus allen Indexeigenschaften einen m-dimensionalen Superschlüssel bilden ($m > 0$) und die Geo-Objekte nach diesem Schlüssel durch eine Zugriffsstruktur organisieren. Das Problem dieser Vorgehensweise liegt darin, daß das Leistungsverhalten jeder m-dimensionalen Zugriffsstruktur für ein großes m und bei n spezifizierten Suchattributen degeneriert, wenn n wesentlich kleiner als m ist. Eine andere Vorgehensweise besteht darin, für jede Indexeigenschaft eine eigene, vollständige Zugriffsstruktur aufzubauen. Ein solches Vorgehen zeigt bei der zu erwartenden Menge von Zugriffsstrukturen im allgemeinen ein sehr schlechtes Leistungsverhalten [Kri 84] und erzeugt große Redundanz, was den Erwartungen an Datenbanksystemen widerspricht.

Unser Index-Manager erweitert die traditionelle Nutzung von invertierten Indexen auf eine beliebige Mischung ein- oder mehrdimensionaler Zugriffsstrukturen. Dabei sind alle Indexe dynamisch, d.h. sie erlauben das Einfügen, Löschen und Ändern von Datensätzen. Zudem können alle Indexe dynamisch angelegt und wieder gelöscht werden. Dies ermöglicht eine flexible Nutzung der Indexe. Je nachdem welche Anwendung bzw. welche Anfragen effizient bearbeitet werden sollen, können neue indizierte Zugriffspfade angelegt oder alte gelöscht werden. Dabei ist der Index-Manager so organisiert, daß eine steigende Anzahl der indizierten Zugriffspfade das Gesamtleistungsverhalten der Anfragebearbeitung nicht verschlechtert, sondern lediglich zusätzlichen Speicherplatz zur Repräsentation der Sekundärindexe und Mehraufwand beim Update von Geo-Objekten erfordert. Jeder Zugriffspfad wird unabhängig von den anderen unterstützt. Da in unserer Architektur Anfragen mit Einfügen, Entfernen und Verändern von Geo-Objekten abwechseln können, sind nur voll dynamische Indexstrukturen innerhalb des Index-Managers erlaubt. In der einschlägigen Literatur wurden verschiedene ein- und mehrdimensionale voll dynamische Indexstrukturen entwickelt (vgl. u.a. [BM 72], [NHS 84], [SK 90] und [Sam 90a]). Da es günstig und notwendig ist, anstatt eines einzigen m-dimensionalen Index (d.h. eines einzigen indizierten Zugriffspfades) mehrere Indexe zu verwenden, kann jedes einzelne Attribut oder eine beliebige Kombination der m Attribute durch eine maßgeschneiderte Indexstruktur unterstützt werden. Diese offene Architektur erscheint uns für den Einsatz in der Praxis geeignet. Jede vom Index-Manager verwaltete Indexstruktur ist für einen speziellen Zugriffspfad zuständig.

In unserem Ansatz kann eine erweiterbare Menge von Sekundärindexen vergeben werden. Diese stellen unterschiedliche semantische Beziehungen zwischen den Objekten her, die nicht nur die geometrische, sondern auch thematische Eigenschaften reflektieren. Es handelt sich dabei um alternative Zugriffspfade auf Daten der Geo-Objekte, die in den Datenseiten der Raumzugriffsstruktur oder in einem modifizierten B^+-Baum physisch gespeichert sind (vgl. Abschnitt 6.1). Die Sekundärindexe müssen die physische Clusterung der Geo-Objekte durch die Raumzugriffsstruktur übernehmen, da jedes Geo-Objekt nur einmal gespeichert werden soll (Vermeiden von Redundanz). Innerhalb des Sekundärindexes muß es also eine Art Verweis auf die Adresse des Geo-Objektes geben, die durch die Raumzugriffsstruktur bestimmt wird. Durch Einfügen oder Löschen von Geo-Objekten können sich aber über die Laufzeit des Geo-Datenbanksystems solche Adressen verändern. Würde im Sekundärindex nun die direkte Adresse des Geo-Objektes gespeichert, müßte bei jeder Änderung innerhalb der Raumzugriffsstruktur eine komplette Anpassung aller betroffenen Sekundärindexe durchgeführt werden. Dieses ist sehr aufwendig und aus Effizienzgesichtspunkten nicht akzeptabel. Daher sieht unser Konzept vor, die Verweise auf die Objekte in einer *Link-Tabelle* zu organisieren, um die Reorganisation der kompletten Sekundärindexe zu vermeiden (siehe Abb. 62). Jeder Sekundärindex definiert einen alternativen, anfrageorientierten Zugriffspfad. Er kann ein- oder mehrdimensional sein und basiert auf einer prinzipiell beliebigen, aber für den Zugriffspfad geeigneten Indexstruktur. Innerhalb einer Anwendung können also verschiedene bedarfsgerechte, d.h. für spezielle Anfragen leistungsfähige Indexstrukturen eingeführt werden. Die Attributsmengen der einzelnen Indexe müssen nicht disjunkt sein. Verschiedene Indexe können über gemeinsame Attribute indizieren (siehe Abb. 62).

Indexarten:

Sowohl die Sekundärindexe als auch der durch den R*-Baum verwaltete Cluster-Index soll auf zwei verschiedenen Mengen von Geo-Objekten zulässig sein (vgl. [Hee 92] und [Sch 92]):

- Geo-Objekte, die der gleichen Klasse angehören (*Klassenindex* oder *Relationenindex*).

- Geo-Objekte, die einer gemeinsamen Superklasse angehören, welche zumindest einen Schlüssel als (Menge) gemeinsame(r) Eigenschaft(en) besitzen (*Superklassenindex*).

Durch einen Klassenindex wird eine homogene Menge indiziert, bei der alle Geo-Objekte der gleichen Klasse angehören. Ein Superklassenindex bietet die Möglichkeit, Geo-Objekte beliebiger Klassen, die nur eine gemeinsame Untermenge von Eigenschaften gleichen Typs besitzen, zu indizieren. Derartige Mengen lassen sich in einem Klassenkonzept, das eine zyklenfreie netzwerkartige Struktur besitzen kann (Mehrfachvererbung), durch die Existenz eines gemeinsamen Supertypen definieren (siehe [Hee 92]). In [Kri 91b] und [Sch 92] werden diese Superklassen auch als heterogene Relationen bezeichnet.

Metadaten:

Ein wesentlicher Bestandteil der Definition eines Geo-Objektes ist demnach die Information über seine Indizierung und Speicherung, die als Metadaten in einem Geo-Datenbanksystem zu verwalten sind. Diese Metadaten beschreiben u.a. die Anzahl und die Art der Indexe, welche Attribute zu einem Zugriffspfad zusammengefaßt sind und welche Zugriffsstrukturen für welche Zugriffspfade verwendet wurden. Sowohl der Index-Manager als auch der Anfrageoptimierer greifen auf diese Metadaten zu. Wie die Metadaten abgelegt sind und wie das Zusammenspiel von Raumzugriffsstruktur und Sekundärindexen in einem Anfrageprozessor integriert und optimiert werden kann, ist ausführlich in [Hee 92] und [Sch 92] diskutiert.

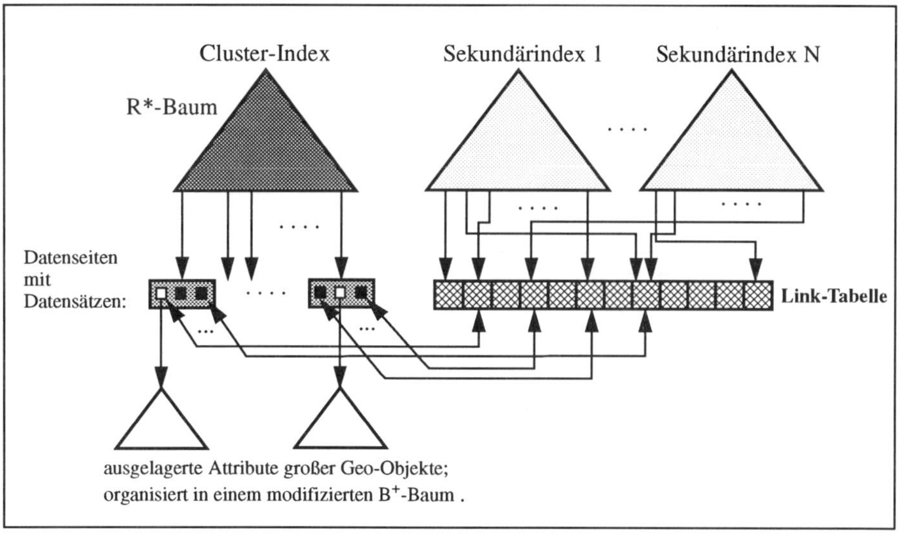

Abbildung 62: Sekundärindexe und Link-Tabelle

6.3.2 Das Konzept der Link-Tabelle

Die Link-Tabelle ordnet jedem Geo-Objekt, dargestellt durch den eindeutigen Objektidentifier, eine Datenseite der Raumzugriffsstruktur zu, nämlich genau diejenige Datenseite, in welcher das

Geo-Objekt liegt. Die Sekundärindexe erhalten die gesuchte Adresse eines Objektes mit Hilfe der Link-Tabelle, indem sie der unter dem Objektidentifier des gesuchten Objektes abgelegten Datenseitenreferenz folgen. Der Vorteil dieser indirekten Adressierung wird deutlich, wenn man sich eine (lokale) Reorganisation der Raumzugriffsstruktur betrachtet. Mußten bisher alle Sekundärindexe komplett angepaßt werden, so genügt es nun, die Datenseitenreferenzen der betroffenen Objekte in der Link-Tabelle anzupassen. Durch diese Vorgehensweise benötigt man für jedes umgespeicherte Objekt nur einen Zugriff auf die Link-Tabelle. Zusätzlicher Aufwand durch die Link-Tabelle entsteht ausschließlich, wenn ein Objekt über einen Sekundärindex gesucht wird. In diesem Fall ist ein zusätzlicher Zugriff auf die Link-Tabelle erforderlich.

Verzögerte Abänderung der Link-Tabelle

Aus Effizienzgründen wird nicht jede notwendige Veränderung der Link-Tabelle sofort durchgeführt. Erst beim nächsten Zugriff auf ein Objekt muß dessen Eintrag aktuell sein, bzw. aktualisiert werden. Dazu müssen die Reorganisationen protokolliert werden. Wenn ein Objekt nicht an der Stelle liegt, an der es aufgrund des Verweises in der Link-Tabelle liegen müßte, so ist im Protokoll ein entsprechender Eintrag mit der aktuellen Lage des Objektes vermerkt. Die neue Position wird nun explizit in die Link-Tabelle eingetragen und ist damit lokal aktualisiert. Allerdings ist in diesem Fall zur Suche des Objektes mindestens ein zusätzlicher Seitenzugriff nötig. Das Update-Protokoll wird daher im Hintergrund parallel zu den Anfragen abgearbeitet und somit wird die Link-Tabelle weitestgehend aktuell gehalten. Das Update-Protokoll kann z.B. als AVL-Baum über den Tripeln (Objektidentifier, Datenseite, Offset) organisiert werden, wobei der Objektidentifier den Suchschlüssel innerhalb des AVL-Baumes darstellt und Offset die Position des Geo-Objektes innerhalb der Datenseite. Durch Überschreiben der Einträge werden mehrfache Veränderungen einzelner Objekte nur einmal im Protokoll referenziert (siehe Abb. 63).

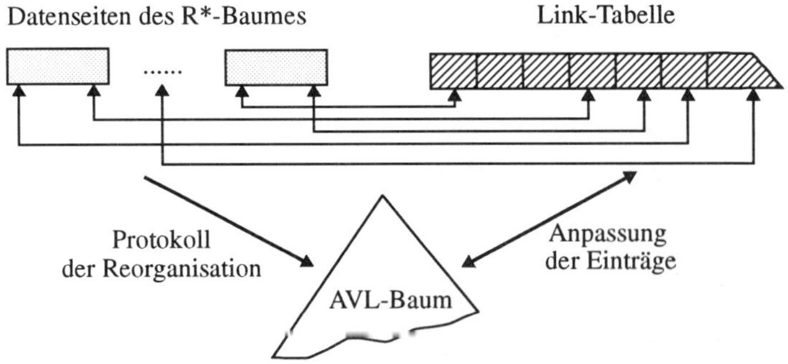

Abbildung 63: Reorganisation der Link-Tabelle

Speicherung der Link-Tabelle

Die Größe der Link-Tabelle entspricht der Anzahl der verwalteten Objekte. Aufgrund der nicht statischen Objektmenge ist eine dynamische Anpassung der Link-Tabelle, insbesondere bezüglich Einfügen und Entfernen, notwendig. Die Aufgabe der Link-Tabelle liegt in der Organisation der eindimensionalen, paarweise verschiedenen und für jedes Objekt statischen Objektidentifier. Für die dynamische Organisation der Link-Tabelle schlagen wir ein eindimensionales Hashverfahren ohne Directory vor, da es bei der exakten Suche nach den Objektidentifiern, insbesondere bei Gleichverteilung der zugrundeliegenden Datenmenge, im Gegensatz zu Baumverfahren die Einzugriffsgarantie gewährleistet. Die exakte Suche ist auch der einzig relevante Anfragetyp auf der Link-Tabelle. Da die Objektidentifier, referenziert durch die Link-Tabelle, in unserer Architektur als Surrogate zufällig vergeben werden, kommt Bereichsanfragen auf der Link-Tabelle keine semantische Bedeutung zu. Folgendes Hashverfahren schlagen wir vor:

Die Objektidentifier beschreiben Cardinals, die z.B. in aufsteigender Reihenfolge und somit zufällig für jedes einzelne Objekt vergeben werden. Dann spezifizieren deren von rechts nach links gelesene und als Dualzahl zwischen 0 und 1 interpretierte Bitstrings gleichverteilte Werte im Bereich [0,1). Für deren Verwaltung bietet sich ein eindimensionales, ordnungserhaltendes lineares Hashing an (vgl. [Lar 80] und [KS 86]).

Der Eintrag der Link-Tabelle besteht aus dem Objektidentifier als Suchschlüssel und einem Zeiger, der die Lage des eigentlichen Objektes innerhalb der Raumzugriffsstruktur beschreibt. Daher werden jedem Eintrag der Link-Tabelle die entsprechende Adresse der Datenseite der Raumzugriffsstruktur und der Offset-Wert innerhalb dieser Datenseite zugeordnet.

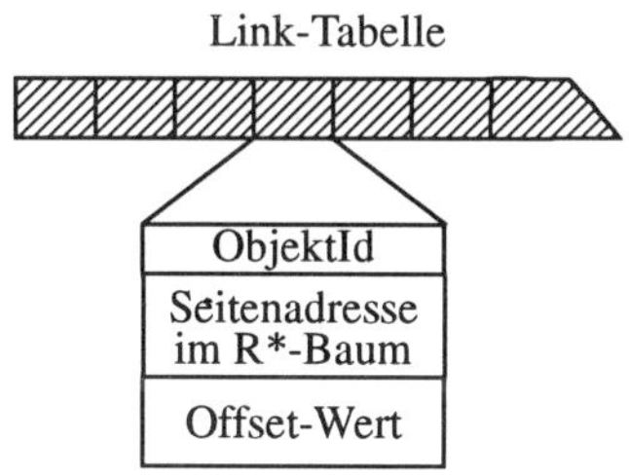

Abbildung 64: Einträge in der Link-Tabelle

Anfragebearbeitung über die Link-Tabelle

Der Zugriff auf Geo-Objekte über einen Sekundärindex besteht zunächst aus der Anfrage auf den entsprechenden Index und anschließend aus einem Zugriff auf die Link-Tabelle für jeden der erhaltenen Objektidentifier, bevor die Objekte aus den eigentlichen Datenseiten gelesen werden können. Der Zugriff auf eines der Objekte über die Link-Tabelle benötigt das Auswerten einer Hashfunktion und exakt einen zusätzlichen Seitenzugriff auf die Link-Tabelle. Um mehrmaliges Lesen gleicher Datenseiten zu vermeiden, werden bei Bereichsanfragen auf Sekundärindexe die einzelnen Zeiger gesammelt und der Zugriff auf die eigentlichen Objekte mengenorientiert durchgeführt.

Über die Link-Tabelle ist es zudem möglich, mehrere Teilanfragen auf verschiedene Sekundärindexe, z.B. verschiedene Selektionen innerhalb einer Anfrage, allein anhand der Objektidentifier zu beantworten und damit die Menge der effektiv zu lesenden Objekte zu minimieren. Dies ist eine entscheidende Erweiterung von Join- und Selektionsindexen, wie sie von Valduriez [Val 87] vorgeschlagen wurden. Dessen Konzept beinhaltet weder die Idee von mehrdimensionalen, anfrageorientierten Indexen noch das eines Update-Protokolls. Ein Sekundärindex, der die Objektidentifier verschieden strukturierter Geo-Objekte clustert, kann als Join-Index, und ein Sekundärindex über homogen strukturierte Geo-Objekte als Selektionsindex aufgefaßt werden.

6.3.3 Dynamisierung des Indexmanagements

Ein Hauptziel beim Entwurf eines Index-Managers war die Realisierung einer flexiblen und erweiterbaren Unterstützung von Zugriffspfaden auf Objekte bzw. Objektmengen (vgl. auch [Hee 92]). Dynamische Aspekte treten dabei in unserer Architektur in zweierlei Hinsicht auf. Zum einen soll das Anlegen bzw. das Löschen von Indexen zu beliebigen Zeitpunkten möglich sein, und zum anderen soll sich die in dem Cluster oder in einem Sekundärindex zusammengefaßte Objektmenge im Laufe der Zeit ändern dürfen.

In unserer Architektur werden die Geo-Objekte in den Datenseiten des R*-Baumes und in Szenen ordnungserhaltend gespeichert. Der R*-Baum ist als einziger Index fest vorgegeben und wird bei Initialisierung der Geo-Datenbank angelegt. Er ist eine voll dynamische Raumzugriffsstruktur. Da er die Lage der Geo-Objekte auf dem Sekundärspeicher definiert, kann er nicht gelöscht oder durch eine andere Raumzugriffsstruktur ersetzt werden, ohne daß eine vollständige Reorganisation der Daten vorgenommen werden muß.

In einer erweiterbaren, anfrageorientierten Indexverwaltung ist es notwendig, neue Sekundärindexe anzulegen oder alte zu löschen. Dies ist bei unserem Ansatz zu jedem beliebigen Zeitpunkt möglich. Die Sekundärindexe können beim Einfügen der Objekte parallel zum R*-Baum aufgebaut werden. Hierbei erfolgt auch der Aufbau der Link-Tabelle. Soll ein Index, z.B. zur Unterstützung eines neuen Zugriffspfades, nachträglich generiert werden, so ist der R*-Baum einzulesen. Allerdings ist nur der Index über die Objektidentifier und dem spezifizierten Auswahlkriterium aufzubauen. Die Speicherung der eigentlichen Geo-Objekte im R*-Baum wird dabei nicht verändert. Falls die neu indizierten Attribute nicht im Zugriffs-Cluster liegen sollten, kann der Zugriff auf diese Attribute beschleunigt werden, indem ihre Auslagerung rückgängig gemacht wird. Dies entspricht einer globalen Reorganisation und verursacht erheblichen Aufwand. Deshalb sollte diese Reorganisation nicht während des laufenden Betriebs des Geo-Datenbankssystems geschehen.

Das Löschen eines invertierten Index ist in konstanter Zeit möglich; weder R*-Baum noch die Geo-Objekte selbst werden davon berührt. Die Zugriffsstrukturen, die die Sekundärindexe organisieren, dürfen vom Benutzer des Geo-Datenbanksystems frei gewählt werden. Sie müssen lediglich voll dynamisch sein, da in unserer Architektur Geo-Objekte eingefügt und gelöscht werden dürfen.

6.4 Indizierung der zeitlichen Veränderung von Geo-Objekten

Zeit ist ein essentieller Faktor sämtlicher in der realen Welt auftretenden Informationen. Ihre Auswertung und Interpretation erfolgen immer in einem zeitlichen Kontext. Heutige kommerzielle Geographische Informationssysteme adressieren den Zeitbezug nicht direkt, sondern speichern lediglich einen einzelnen "Schnappschuß" des Modells. Der Zeitfaktor tritt für Geo-Objekte jedoch in dreierlei Hinsicht auf:

1. als Bezugspunkt von thematischen Attributen und Ereignisse.
2. als Attribut, ohne daß sich die räumlichen Eigenschaften des Objektes ändern.
3. als die grundlegende Struktur, in der Änderungen der geometrischen Komponente beobachtet werden.

Das Hauptgewicht der vorliegenden Arbeit liegt auf der Speicherung und der Indizierung der geometrischen Komponente der Geo-Objekte. Deshalb beschäftigen wir uns intensiver mit dem dritten Gesichtspunkt. Die anderen beiden Zeitaspekte werden in der entsprechenden Literatur ausführlich behandelt. So wird beispielsweise in der englischsprachigen Literatur der Zeitbezug von Geo-Objekten unter dem Schlagwort "Spatiotemporal Reasoning in GIS" diskutiert (vgl. u.a. [Lan 92]).

Beim Entwurf eines Systems, das geometrische und zeitliche Aspekte zur effizienten Bearbeitung einer Anfrage auf Zeitversionen der geometrischen Komponente der Geo-Objekte berücksichtigt, tritt vor allem eine Schwierigkeit auf: Eine effiziente Anfragebearbeitung erfordert spezielle Indizierungsmechanismen und Repräsentationsformen für die Objekte und damit oft einen erheblichen Mehrbedarf an Speicherplatz (vgl. [Kri 91b]). Gerade der Speicherplatzbedarf bei einer Versionenverwaltung soll aber möglichst klein gehalten werden, um eine große Zahl von Versionen der Geo-Objekte überhaupt handhabbar zu machen. Gesucht sind daher Repräsentationsformen, die sowohl eine effiziente Indizierung als auch eine speicherplatzsparende Komprimierung der Geo-Objekte zulassen.

In [SK 90] haben wir im Rahmen des interdisziplinären Projektes »Bioindikation« ein Bioindikations-Datenbanksystem entworfen, in dem Flechten, die ihre Färbungsbereiche und ihre Form im Laufe der Zeit variieren, abgespeichert werden. Zudem ist die relative räumliche Lage von bestimmten Farbbereichen für die Bioindikation von Bedeutung. Diese Flechtenrepräsentationen sind ein Beispiel für sich über die Zeit räumlich verändernde Geo-Objekte.

Eine Anfrage auf solche *Raum-Zeit-Objekte* besteht aus räumlichen und zeitlichen Anfragebedingungen. In diesem Kapitel konzentrieren wir uns auf die Repräsentation eines *polygonalen Raum-Zeit-Objektes* und entwickeln eine effiziente Datenstruktur, die Anfragen und Operationen unterstützt, die sich auf räumliche Veränderungen über die Zeit beziehen (*zeitliches Monitoring räumlicher Objekte* [SK 92]). In Abschnitt 6.4.1 diskutieren wir einige in der Literatur vorgestellten Ansätze zur Raum-Zeit-Indizierung. Danach beschreiben wir in Abschnitt 6.4.2 unseren Ansatz zur Speicherung der geometrischen Komponente von Zeitversionen. Anschließend stellen wir einen Leistungsvergleich vor, der erkennen läßt, daß räumliche Indizierung eine Möglichkeit zur effizienten Anfragebearbeitung auf Raum-Zeit-Objekten bietet. Abschnitt 6.4.5 beschäftigt sich mit der dynamischen Komponente der Speicherung und Indizierung einer Zeitversion von Geo-Objekten.

6.4.1 Bekannte Vorschläge

In den letzten Jahren wurden bereits einige Verfahren zur Versionenverwaltung entwickelt. Versionsmechanismen, wie sie z.B. in [Kat 85] erwähnt werden, sind kaum praktikabel für polygonale Objekte aus geographischen Anwendungen, da dort die Repräsentation der Änderungen von einer Version zur nächsten oft aufwendiger ist als die Repräsentation der gesamten Version. In [XHL 90] wird eine verbesserte Zugriffsstruktur für sich über die Zeit räumlich verändernde Daten vorgeschlagen. In diesem Ansatz werden Geo-Objekte durch Bounding Boxes approximiert. Approximationen implizieren eine zweistufige Anfragebearbeitung (vgl. Abschnitt 3.4.5). Dies hat zur Folge, daß über die Zugriffsstruktur nur eine Kandidatenmenge bestimmt wird, die in einem Verfeinerungsschritt weiter überprüft werden muß. In diesem zweiten Schritt werden komplexe Algorithmen, die aus dem Gebiet der algorithmischen Geometrie bekannt sind, auf die ursprünglichen Geo-Objekte angewandt, um jene Objekte zu bestimmen, die die Anfragebedingung erfüllen. Wie bereits erwähnt, wird die Anfragebearbeitung komplexer Geo-Objekte durch die komplexen und zeitaufwendigen geometrischen Berechnungen dominiert. Deshalb ist das grundlegende Ziel einer effizienten Anfragebearbeitung die Reduzierung der Zeit, die für solche geometrischen Berechnungen verbraucht wird. Ein Index auf den Bounding Boxes der Geo-Objekte bewirkt nur eine geringfügige Verbesserung, da die BB-Approximation oft derart ungenau ist, daß die Anzahl der Kandidaten nicht wesentlich verringert wird (vgl. auch Abschnitt 3.4.5). Eine Versionenindizierung auf Basis von Approximationen, die nicht die eigentliche Objektgeometrie indiziert, bringt deshalb keinen entscheidenden Leistungsgewinn. Aufgrund dieser Beobachtung unterstützen auch die Ansätze zur Versionenverwaltung, die in [LM 91] und [Dri 89] vorgeschlagen wurden, die räumliche und zeitliche Indizierung von exakten Polygondarstellungen nicht effizient.

Eine wichtige Eigenschaft von polygonalen Raum-Zeit-Objekten ist die sehr hohe Überlappung zwischen den einzelnen Versionen aus einer Zeitreihe (im folgenden auch *Instanzen* genannt). Folglich ist die Verwendung des Cell-Trees [Gün 89] oder des Edge-Quadtrees [Sam 90b] für die räumliche Indizierung der exakten Darstellung solcher Raum-Zeit-Objekte nicht empfehlenswert, da sich die Effizienz dieser Datenstrukturen bei einem steigenden Überlappungsgrad der Polygone stark verringert.

Im folgenden möchten wir aufzeigen, daß die Bearbeitungszeit von räumlichen und zeitlichen Anfragen durch eine zerlegungsbasierte Indizierung der Instanzen wesentlich verringert werden kann. Die Anfragen für Raum-Zeit-Objekte bestehen aus räumlichen und zeitlichen Anfragebedingungen, wie z.B: 'Welche Aufnahmen einer Flechte haben im Anfragegebiet innerhalb des Zeitintervalls [t_0, t_1] zu mehr als 50% einen dunklen Farbton?'. Wir konzentrieren uns hier auf die Repräsentation von polygonalen Raum-Zeit-Objekten und entwickeln eine Datenstruktur, die effizient Anfragen und Operationen unterstützt, die sich sowohl auf räumliche als auch auf zeitliche Eigenschaften beziehen.

6.4.2 Speicherung der zeitlichen Veränderung von Geo-Objekten

Ziel der vorliegenden Arbeit ist eine effiziente Anfragebearbeitung auf Geo-Objekten. Durch eine geeignete Repräsentation kann die Anfragebearbeitung effizienter gestaltet werden. Deshalb stellen wir eine Architektur vor, die detaillierte Vorschläge macht, wie die Geo-Objekte zu speichern sind. Eine geeignete Repräsentation ist gerade für Raum-Zeit-Objekte von entscheidender Bedeutung, da der Speicherplatzbedarf bei einer Versionenverwaltung möglichst klein gehalten werden soll. Die in diesem Kapitel behandelte Indizierung der zeitlichen Veränderung von Geo-Objekten kann ohne großen Aufwand aber auch für andere Objektrepräsentationen verwendet werden.

In unserem Ansatz ist ein Geo-Objekt durch Byte-Arrays repräsentiert (vgl. Abschnitt 6.1.1). Die beiden Entwurfsparadigmen 'kompakte und redundanzfreie Speicherung des Geometrie-Clusters' und 'Erhalt der internen Ordnung' haben in unserer Architektur für die Objektrepräsentation und -speicherung die zentrale Rolle gespielt. Beide Entwurfskriterien prägen auch den Lösungsansatz zur Speicherung der zeitlichen Veränderungen von Geo-Objekten.

Lösungsansatz:

Ein sich zeitlich veränderndes Geo-Objekt verändert auch seine topologischen Beziehungen zu anderen Geo-Objekten. Sollen topologische Beziehungen wie Randberührungen explizit repräsentiert werden, muß man die Geometrie in Segmente zerlegen (vgl. Abschnitt 6.1.1). Die Segmente sind dann die kleinsten zu speichernden Einheiten, aus denen sich die Geo-Objekte zusammensetzen. Um das folgende Speicherungskonzept anschaulicher darstellen zu können, nehmen wir an, daß die kleinsten zu speichernden Einheiten die Geo-Objekte selbst sind. Die Verallgemeinerung auf Segmente ist nur noch von technischer und beschreibender Natur. Sie wird im weiteren nicht detaillierter behandelt, um die folgende Darstellung nicht über Gebühr zu verlängern.

Jedes Geo-Objekt wird zusammen mit seinen Veränderungen physisch in einer Speichereinheit geclustert. Die erste Zeitversion ist wie in Abschnitt 6.1.1 beschrieben als Punktfolge repräsentiert. Zur Repräsentation der nächsten Version werden neue Randpunkte benötigt. Diese neuen Randpunkte werden an die alte Punktfolge angehängt. Die Veränderung der Geometrie von einer Version zur nächsten wird redundanzfrei abgespeichert. Kein Digitalisierungspunkt ist mehrfach abgelegt. Wie sich die zweite Zeitversion aber aus den gespeicherten Randpunkten zusammensetzt, muß repräsentiert werden. Die Digitalisierungspunkte sind in der vorgeschlagenen Speicherung linear geordnet, wobei sie nach Versionsgruppen unterteilt sind. Falls zu einem Zeitpunkt neue Randpunkte dazukommen, die bei der Repräsentation dieser Version aufeinanderfolgen, ist dies implizit durch die Reihenfolge dieser Punkte gespeichert. Jede Instanz des Raum-Zeit-Objektes kann zu jedem Zeitpunkt durch eine Folge von Zeigern repräsentiert werden. Bei einem solchen Vorgehen ist das Geo-Objekt, das zu einem Zeitpunkt x aus n Randpunkten besteht, durch n Zeiger repräsentiert. Diese Repräsentation kann komprimiert werden, indem man die Ordnung der Randpunkte innerhalb der Folge ausnutzt. Eine Zeitversion kann auch als Folge von Punktsequenzen repräsentiert werden. Dazu generiert man zu jeder Zeitversion eine Folge von Einträgen bestehend aus Zeiger und Zähler. Der Zeiger referenziert den Startpunkt der Punktsequenz und der Zähler gibt die Anzahl der Punkte in der Punktsequenz an (siehe Abb. 65). Die Repräsentation von Zeitversionen über Punktsequenzen ist sinnvoll, da bei zeitlichem Monitoring von Geo-Objekten lokale und geringfügige Veränderungen zu erwarten sind.

Jede zeitliche Veränderung ist somit durch eine Folge von Eintragspaaren (Zeiger, Zähler) repräsentiert. Die Existenzdauer dieser Version ist durch ein Zeitintervall $[t_a, t_e)$ bestimmt, wobei t_a die 'Geburtszeit' und t_e die 'Sterbezeit' der Version angibt. Unser Konzept ist für Objekte entworfen, bei denen zu einem bestimmten Zeitpunkt nur eine Ausprägung des Objektes aktuell ist, d.h. es gibt keine Varianten, und das Objekt existiert kontinuierlich über einen gewissen Zeitraum hinweg. Unter diesen Annahmen müssen nur die Geburtszeiten einer Version in einem Index (z.B. 2-3-Baum) verwaltet werden, um auf eine Instanz des Raum-Zeit-Objektes effizient zugreifen zu können.

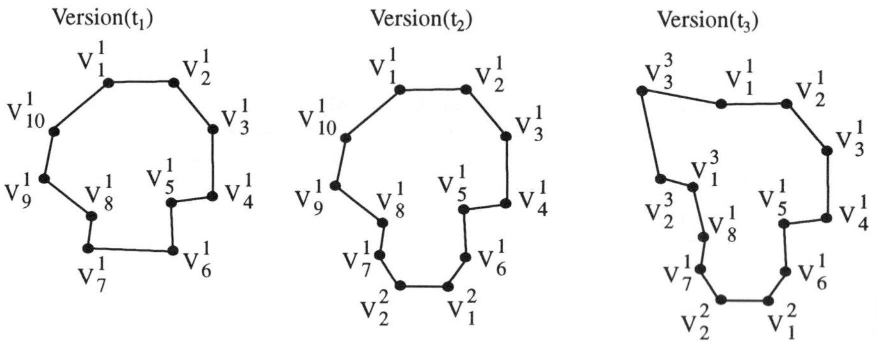

Geometrierepräsentation:

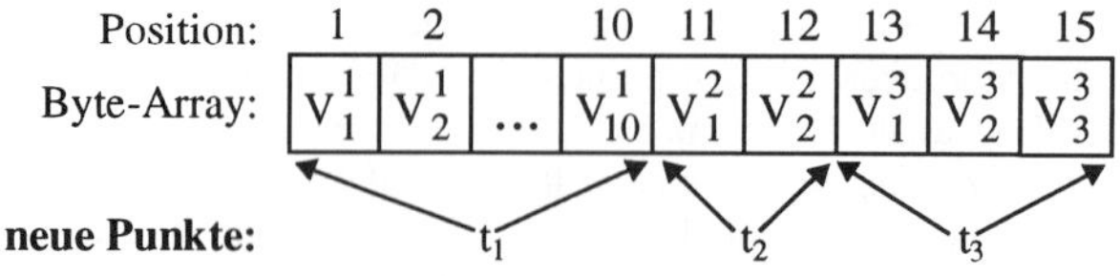

Referenzierung der Versionen:

$\text{Version}(t_1) = [t_1, (\text{Position}1, \#10)]$

$\text{Version}(t_2) = [t_2, (\text{Position}1, \#6), (\text{Position}11, \#2), (\text{Position}7, \#4)]$

$\text{Version}(t_2) = [t_3, (\text{Position}1, \#6), (\text{Position}11, \#2), (\text{Position}7, \#2), (\text{Position}13, \#3)]$

Abbildung 65: Speicherung eines sich zeitlich verändernden Polygons

6.4.3 Indizierung von Raum und Zeit auf der Basis von Zerlegungen

In unserer Architektur werden für die Anfragebearbeitung in einem Filterschritt Approximationen verwendet. Jedem Geo-Objekt ist eine Approximation zugeordnet. Entsprechend wird für Raum-Zeit-Objekte die Gesamtapproximation aller Versionen berechnet. Auf Ebene des Filterschrittes ist dann die Zeitkomponente einfach dadurch zu integrieren, daß neben der Approximation auch das Existenzintervall dieses Objektes als Schlüssel im R*-Baum abgespeichert wird. Daraus resultiert ein dreidimensionaler R*-Baum, zwei Dimensionen für die Raumkomponente und eine Dimension für die Zeit. Der Filterschritt kann eine Raum-Zeit-Anfrage nicht exakt beantworten. Auf der einen Seite kann er zwar Ergebnisse ermitteln, aber auf der anderen Seite liefert er auch Kandidaten, die in einem Verfeinerungsschritt weiter untersucht werden müssen. Im Verfeinerungsschritt wird getestet, welche Versionen eines Kandidaten die Anfrage erfüllen. Beläßt man es bei der in Abschnitt 6.4.2 angesprochenen Speicherung, müssen alle durch die Raum-Zeit-Anfrage spezifizierten Versionen sequentiell gegen die räumliche Anfragebedingung getestet werden, wobei komplexe und zeitintensive Computational-Geometry-Algorithmen verwendet werden müssen. Um zeitintensive Algorithmen auf der Geometrie zu vermeiden, bietet es sich auch hier an, Objektzerlegungen und den TR*-Baum zu nutzen.

Die grundlegende Idee unseres Ansatzes kann wie folgt zusammengefaßt werden: Wir zerlegen jedes Polygon der Zeitreihe in disjunkte, einfache Komponenten mittels einfacher und sehr effizienter geometrischer Algorithmen. Die Zeitmarke des entsprechenden Polygons ist jeder Zerlegungskomponente zugeordnet. Aufgrund dieses Preprocessing-Schrittes können Anfragen und Operationen vereinfacht und die Lokalität von räumlichen Anfragen ausgenutzt werden (vgl. Kapitel 4). Gemäß [Kri 91b] haben wir uns für die Zerlegung der Versionen in Trapeze entschieden, die von Asano und Asano in [AA 83] vorgestellt wurde (vgl. Abschnitt 4.2.2). Die Umkehroperation des Zerlegungsprozesses, die wieder eine sortierte Folge von Polygoneckpunkten erzeugt, kann durch einen Plane-Sweep-Algorithmus effizient durchgeführt werden [KBS 91a]. In Kapitel 5 haben wir den TR*-Baum vorgestellt, eine Hauptspeicherdatenstruktur, mit der in einer dynamischen Umgebung Anfragen auf Trapeze effizient bearbeitet werden können. Ebenso wie in Abschnitt 6.1.3 werden die Trapeze in den Datenknoten des TR*-Baumes über Zeiger auf die Digitalisierungspunkte referenziert. Der TR*-Baum wird als Geometrieindex genutzt und an die Geometrierepräsentation des Raum-Zeit-Objektes angehängt. Diese Repräsentation, bestehend aus Index und exakter Geometriedarstellung, wird persistent auf dem Sekundärspeicher gehalten und komplett für die Anfragebearbeitung in den Hauptspeicher geladen.

6.4.4 Empirischer Leistungsvergleich von Raum-Zeit-Indizierungen

In diesem Abschnitt wollen wir zwei unterschiedliche Ansätze zur räumlich-zeitlichen Anfragebearbeitung miteinander vergleichen. Untersuchungsobjekt sind dabei Zeitreihen von Polygonen, die vektorisierte Flechtenaufnahmen repräsentieren (vgl. [KSB 92]).

- *Repräsentation eines Raum-Zeit-Objektes im traditionellen Ansatz mit separaten TR*-Bäumen*

  Die Zeitmarken der Instanzen werden in einem 2-3-Baum (vgl. u.a. [AHU 87]) gespeichert. Die Blattknoten des 2-3-Baumes enthalten Einträge der Form E = (t_i, Instanz, TR*-Baum), wobei E.t_i den Geburtszeitpunkt dieser Instanz angibt. Die Sterbezeit ist implizit durch die Geburtszeit der Nachfolgeinstanz gegeben. E.Instanz ist eine in Abschnitt 6.4.2 beschriebene Folge von Punktsequenzen, die die Version zum Zeitpunkt t_i referenziert und E.TR*-Baum ist der Geometrieindex der Version t_i (siehe Abb. 66).

- *Repräsentation eines Raum-Zeit-Objektes in einem einzigen TR*-Baum*

  In einem Preprocessing-Schritt wird jedes Polygon der Zeitreihe in eine Menge von Trapezen zerlegt. Jedes Trapez erhält die Zeitmarke des Original-Polygons. Die Trapeze aller zerlegten Polygone einer Zeitreihe werden zusammen in einem einzigen TR*-Baum gespeichert. Ein Blattknoten dieses TR*-Baumes enthält Einträge der Form E = (trap, [t_i , t_j)), wobei E.trap ein Trapez der Zeitreihe referenziert, das vom Zeitpunkt t_i bis zum Zeitpunkt t_j gültig war. Eine Anfrage mit räumlichen und zeitlichen Bedingungen wird wie folgt bearbeitet: Zunächst wird eine räumliche Suche durchgeführt, indem man den TR*-Baum traversiert, um alle Datenknoten mit Trapezen zu identifizieren, die die räumliche Anfragebedingung erfüllen könnten. Im zweiten Schritt wird der eigentliche Geometrietest nur auf den Trapezen ausgeführt, die auch die zeitliche Anfragebedingung erfüllen.

Diese beiden Ansätze benutzen entgegengesetzte Strategien. Im traditionellen Ansatz wird die zeitliche Anfragebedingung durch einen Index unterstützt. Die durch den Zeitindex spezifizierten Kandidaten müssen sequentiell gegen die räumliche Anfragebedingung getestet werden. Der Ansatz mit nur einem TR*-Baum unterstützt gezielt die räumliche Anfragebedingung. Dies erscheint lohnenswert, da Geometrievergleiche teurer sind als Zeitvergleiche. In Abbildung 66 sind die beiden Ansätze skizziert.

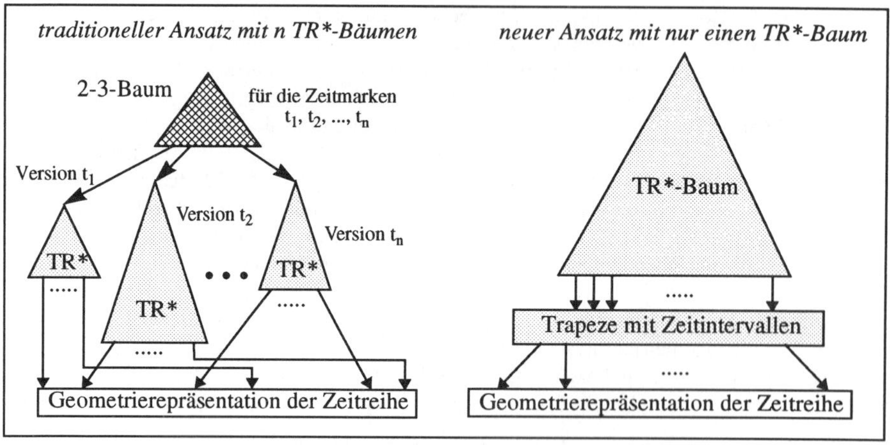

Abbildung 66: Zwei Ansätze zur Raum-Zeit-Indizierung

Im folgenden vergleichen wir das Leistungsverhalten dieser beiden Methoden in Abhängigkeit von der Anfragebedingung. In den unterschiedlichen Tests dominierten die räumlichen bzw. zeitlichen Bedingungen in unterschiedlichem Maße die Gesamtanfrage. Wir haben bereits in Kapitel 5 gezeigt, daß man verschiedene Typen von räumlichen Anfragen und Operationen effizient bearbeiten kann, indem man anstelle einer Reihe unterschiedlicher Datenstrukturen, die für bestimmte geometrische Algorithmen maßgeschneidert sind, den TR*-Baum einsetzt. Somit nutzen wir im traditionellen Ansatz den TR*-Baum für geometrische Indizierung jeder einzelnen Version. Für die Indizierung der Zeitreihe liegt dann eine Sequenz von TR*-Bäumen vor. Dieses Vorgehen erlaubt einen standardisierten Vergleich signifikanter Leistungsparameter, da beide Ansätze die gleiche Datenstruktur benutzen, um die räumliche Anfragebedingung zu bearbeiten. Somit sind die Aussagen dieses Vergleiches im Gegensatz zu Laufzeitmessungen maschinen- und implementierungsunabhängig und damit generell vergleichbar.

Um die Verfahren gegeneinander zu testen, haben wir vektorisierte Flechtenaufnahmen simuliert [KSB 92]. Dazu generierten wir eine Zeitreihe von 200 unterschiedlichen Polygonen, wobei jedes Polygon durch 75 Randpunkte beschrieben ist. Die Varianz in der Polygongröße ist relativ klein. Jedes Polygon einer solchen Zeitreihe unterscheidet sich in der Zeitmarke von den anderen Polygonen. Um für die Bioindikation repräsentative Daten zu erhalten, sind die Polygone so ausgerichtet, daß sie im Schwerpunkt übereinstimmen.

Für unseren Leistungsvergleich haben wir die folgende Beispielsanfrage untersucht:

"Suche alle Instanzen innerhalb eines Zeitintervalls $[t_0, t_1]$,
die einen gegebenen Anfragepunkt P enthalten".

Um den Vergleich zu vereinheitlichen, haben wir erfolgreiche Point Queries in zufällig verteilten Zeitintervallen untersucht, d.h. mindestens eine Instanz des Objektes im gültigen Zeitintervall enthält den Anfragepunkt. Somit variiert die Antwortzahl zwischen 0,5% und 100% der 200

Instanzen des Objektes. Die Leistung der Anfragebearbeitung wird durch folgende drei Parameter charakterisiert:

- Die Anzahl der Vergleiche mit der Zeitmarke ist ein Maß, um die Kosten zu bestimmen, die bei der Auswertung der zeitlichen Anfragebedingung auftreten.
- Die Zahl der Punkt-in-BB-Tests (PiBB-Test) ist ein Maß für den Aufwand, der für die räumliche Suche benötigt wird, um den TR*-Baum zu traversieren.
- Die Anzahl der Punkt-in-Trapez-Tests (PiT-Tests) ist ein Maß, um den Aufwand bei geometrischen Berechnungen zu beschreiben.

In der Vorstellung der Resultate führen wir nicht die Zahl der Zeitmarken-Vergleiche auf, da dieser Aufwand gegenüber dem Aufwand zur räumlichen Suche (PiBB-Tests) und den geometrischen Berechnungen (PiT-Tests) vernachlässigbar ist.

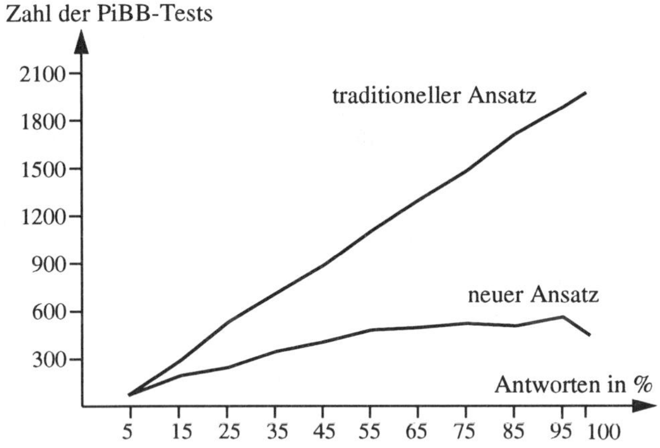

Abbildung 67: Vergleich der räumlichen Suche

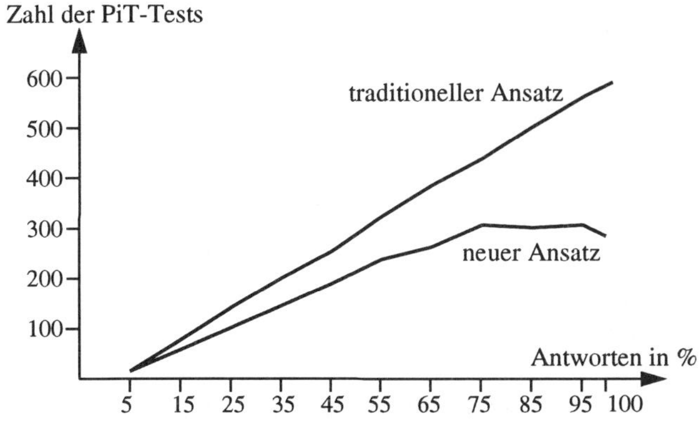

Abbildung 68: Vergleich des Aufwands für geometrische Berechnungen

Der Leistungsunterschied zwischen dem traditionellen und unserem neuen Ansatz hängt vom Anteil der Instanzen ab, die die Anfrage erfüllen. Daher ist in Abbildung 67 und Abbildung 68 auf der horizontalen Achse dieser prozentuale Anteil aufgetragen. In Abbildung 67 veranschaulicht die vertikale Achse die Zahl der PiBB-Tests, die die Effizienz der räumlichen Suche beider Ansätze beschreibt. In Abbildung 68 präsentieren wir die Zahl der PiT-Tests als Maß für die Kosten der geometrischen Berechnungen.

Interpretation der Ergebnisse

Im traditionellen Ansatz wird ein Raum-Zeit-Objekt durch *n* TR*-Bäume indiziert, wobei *n* die Zahl der Instanzen ist. Der Aufwand zur räumlichen Suche und für geometrische Berechnungen wächst linear, da die durch den Zeitindex spezifizierten Kandidaten nur sequentiell bezüglich der Anfragebedingung getestet werden. In unserem Beispiel benötigen *m* Kandidaten eine Point Query über *m* TR*-Bäume (siehe Abb. 67 und Abb. 68).

Benutzt man dagegen nur einen einzigen TR*-Baum zur Geometrieindizierung des Raum-Zeit-Objektes, zeigt die räumliche Suche ein in etwa logarithmisches Wachstum bezogen auf die Anzahl der Instanzen, die die Anfrage erfüllen (siehe Abb. 67). Dieser Effekt basiert auf der Baumstruktur des TR*-Baumes. Unser neuer Ansatz reduziert die Kosten auch für geometrische Berechnungen, weil der TR*-Baum eine Datenstruktur darstellt, die sowohl Überlappungen als auch benachbarte Trapeze effizient organisiert. Daher werden nur wenige erfolglose PiT-Tests durchgeführt. Zum Beispiel benötigt ein TR*-Baum, der ein Polygon mit 75 Eckpunkten speichert, im Durchschnitt 2,9 PiT-Tests, um eine erfolgreiche Point Query zu beantworten. Dagegen führt unser Ansatz durchschnittlich nur 1,4 PiT-Tests für einen Treffer durch, wenn ein Anfragepunkt in allen 200 Instanzen des Objektes enthalten ist.

Wenn nur 5 Prozent aller Instanzen eines Objekts die Anfragebedingung erfüllen, ist der traditionelle Ansatz schneller. In diesem Fall ist die Selektivität der Zeitanfrage so hoch, daß ein räumlicher Index keine Leistungssteigerung bewirkt. Für unser Anfragebeispiel liegt der Anteil von Instanzen, ab dem das räumliche Indizieren wichtiger wird als das zeitliche, bei 5 Prozent.

Dieser Leistungsvergleich zeigt, daß das räumliche Indizieren die Möglichkeit einer effizienten Anfragebearbeitung für Objekte mit sich über die Zeit verändernden räumlichen Eigenschaften bietet.

6.4.5 Dynamische Aspekte der Speicherung einer Zeitreihe

Sei die Geometrie der Versionenreihe (*VR*) eines Raum-Zeit-Objektes als Folge von Randpunkten gegeben $VR = \{P_1, P_2,..., P_n\}$. Die einzelnen Versionen (*V*) seien einfache Polygone. Eine Verallgemeinerung auf einfache Polygone mit Löchern stellt keine prinzipielles oder inhaltliches Problem dar, sondern würde die Beschreibung verlängern, weshalb an dieser Stelle darauf verzichtet sei.

Einfügen der neuesten Version:

Eine neue Version V_{neu} sei durch das Polygon mit der Punktfolge $\{R_1, R_2,..., R_m\}$ und dem Geburtszeitpunkt t_{neu} gegeben.

Anpassung der Geometrierepräsentation:

Um der Redundanzfreiheit genüge zu leisten, ist zunächst durch Punktvergleiche von P_j mit R_h, $j = 1,..., n$ und $h = 1,..., m$, zu bestimmen, welche Randpunkte R_{j_i}, $j_i \in (1,\ldots, m)$ wirklich neu sind und nicht schon in früheren Versionen verwendet wurden. Die identifizierten Randpunkte R_{j_i}, i=1,...,k, werden nach dem Punkt P_n an die Versionenreihe angehängt ⇒ VR_{neu} := {P_1, P_2,..., P_n, R_{j_1},..., R_{j_k} }. Im weiteren sei für VR_{neu} der Punkt P_1 der Nachfolger von R_{j_k}.

Die Repräsentation der Version V_{neu} als Folge von Punktsequenzen ist wie folgt festgelegt:

- Bestimme die Startsequenz S_1:

  Für alle R_{j_s}, s = 1,...,k

  → Bestimme in VR_{neu} den Punkt P_j, der mit R_{j_s} identisch ist $j \in \{1,2, \ldots, n+k\}$

  → Ausgehend von P_j, bestimme die Anzahl l_s der aufeinanderfolgenden, identischen Punkte von VR_{neu} und V_{neu}.

  → Berechne $l_{max} = \max \{l_1,\ldots,l_k\}$

  $\Rightarrow S_1 = \{P_{max}, P_{max+1}, \ldots, P_{max+l_{max}-1}\}$ wobei $P_{max} = R_{j_s}$ mit $l_s = l_{max}$

  S_1 ist durch das Paar (Zeiger auf P_{max}, l_{max}) repräsentiert.

- Alle weiteren Punktsequenzen S_i sind ableitbar:

  → Der Startpunkt von S_i ist gleich dem Nachfolger von S_{i-1}. Durch Punktvergleich ist auch die Länge bestimmt. Der Nachfolger einer Punktsequenz S_i ist durch den Nachfolger des letzten Punktes von S_i in VR_{neu} gegeben.

Anpassung des Geometrieindex:

Da der TR*-Baum eine dynamische Zugriffsstruktur ist, kann die Anpassung der Indizierung, wenn eine neue Version eingefügt wird, in einfacher Weise und effizient durchgeführt werden. V_{neu} wird in Trapeze zerlegt. Falls eines dieser Trapeze schon im TR*-Baum vorhanden ist und bis zum Einfügen der neuen Version aktuell war, wird dessen Existenzintervall auf den neuen Zeitpunkt angepaßt. Sonst wird dieses Trapez mit dem Zeitintervall [t_{neu} , t_{neu}) in den TR*-Baum eingefügt. Man beachte, daß wirklich nur solche Trapeze zusätzlich im TR*-Baum neu referenziert werden, die ausgehend von der zuletzt gültigen Version hinzugekommen sind.

Löschen der letzten Version:

Das Löschen ist die inverse Operation zum Einfügen und leicht algorithmisch zu entwickeln. Das Byte-Array der Geometrierepräsentation wird am Ende um die entsprechenden Digitalisierungspunkte gekürzt. Aus dem TR*-Baum werden alle Trapeze entfernt, deren Zeitintervall gleich [t_{akt} , t_{akt}) ist. Außerdem wird bei allen Zeitintervallen [t_i , t_{akt}) t_{akt} um einen Zeitpunkt zurückgesetzt.

Einfügen und Löschen an beliebiger Stelle der Zeitreihe:

Da wir in unserem Ansatz die Geometrie der Versionen in einem Byte-Array speichern und sich die *n*-te Version aus den Versionen 1 bis *n*-1 zusammensetzen kann, erfordert Einfügen und Löschen an beliebiger Stelle in der Zeitreihe erheblichen Aufwand, falls die vorgeschlagene Struktur erhalten bleiben soll. Die triviale Lösung, alle Versionen nach dem spezifizierten Zeitpunkt zunächst temporär zu löschen und danach sequentiell wieder einzufügen, ist gleichbedeutend mit einer globalen Reorganisation. Daher ist diese Lösung nicht voll befriedigend und bietet Raum für weitere Forschungen.

6.5 Darstellung und Bewertung der Geo-Architektur

Ausgangspunkt aller Überlegungen beim Entwurf unserer Geo-Architektur war das Paradigma: Die räumliche Organisation der Geo-Objekte muß bei ihrer Speicherung auf dem Sekundärspeicher so nachgebildet werden, daß Geo-Anfragen effizient durchgeführt werden können. Aufgrund der Komplexität der Geometriekomponente ist es nicht möglich, über die vollständige Ausdehnungsinformation zu indizieren. Ein räumlicher Zugriffspfad kann daher nicht das exakte Ergebnis einer Anfrage liefern, sondern nur einen möglichst großen Teil der Objekte sofort von der Ergebnismenge ausschließen.

Die Abbildung von Geo-Objekten, die einem bestimmten Ort in der Ebene zugeordnet sind (*Geokodiertheit* vgl. [Gün 91]), auf einen eindimensionalen, seitenorientierten Sekundärspeicher erfordert eine spezielle Adressierungskomponente. Die Basis unseres Systems und wichtigste Komponente für eine effiziente Anfragebearbeitung bildet der R*-Baum [Bec 90]. Er organisiert die Daten seitenorientiert auf dem Sekundärspeicher und ermöglicht eine effiziente räumliche Indizierung. Dabei ist die konzeptionelle Einfachheit und Leistungsfähigkeit des R*-Baumes hervorzuheben. Im Gegensatz zu Quadtrees wird die Geometriebeschreibung der Geo-Objekte nicht an Zellengrenzen geclippt. R*-Bäume ermöglichen eine objekt-orientierte Organisation, d.h. die Geo-Objekte werden als atomare Einheiten betrachtet.

Speicherung und Organisation der Geo-Objekte

Zum einen muß die interne und die lokale (vgl. Abschnitt 6.1.2) sowie die globale Ordnung (vgl. Abschnitt 6.2) bei der Organisation und Speicherung der Geo-Objekte so weit wie möglich erhalten bleiben, damit die Anfragebearbeitung in Geo-Datenbanksystemen effizient ablaufen kann (vgl. u.a. [Wid 91]). Zum anderen ist für geographische Anwendungen eine kompakte und redundanzfreie Geometriedarstellung aus Speicherplatz- und Konsistenzgründen unbedingt zu fordern. Diese beiden Anforderungen führten in unserer Geo-Architektur zu einer Dreiteilung der Objektbeschreibung in Zugriffs-Cluster, Geometrie-Cluster und thematisches Cluster. Das Zugriffs-Cluster umfaßt die Attribute der Geo-Objekte, auf die schnell zugegriffen werden soll, und ist in den Datenseiten des R*-Baumes gespeichert. Die Geometrie-Cluster der einzelnen Geo-Objekte erfüllen interne Ordnung und sind räumlich in Szenen organisiert. Falls die Beschreibung der Geometrie verschiedener Geo-Objekte gemeinsame Teile umfaßt, setzt sich die Geometriebeschreibung der Geo-Objekte aus mehreren Geometrie-Clustern (Geo-Objekte und Segmente) zusammen (vgl. Segmentierungsprozeß in Abschnitt 6.1.1). Die Geometrie eines jeden Geo-Objektes wird durch einen TR*-Baum indiziert, in dessen Datenseiten die Zerlegungskomponenten durch Zeiger auf die eigentlichen Digitalisierungspunkte referenziert sind (vgl. Abschnitt 6.1.3). Durch diese Organisationsform können geometrische Anfragen und Operationen effizienter durchgeführt werden, wobei der zusätzliche Speicherbedarf mit ca. 60% nicht sehr hoch ausfällt und ungefähr der Größe entspricht, die die Verzeigerung in einem Quadtree benötigt (vgl. dazu [HS 92]). Jedes Geometrie-Cluster eines Geo-Objektes wird um den Geometrieindex erweitert. Diejenigen thematischen Attribute eines jeden Geo-Objektes, die nicht schon im Zugriffs-Cluster gespeichert sind, sind dem thematischen Cluster zugeordnet und werden in einem eigenen modifizierten B^+-Baum gespeichert (vgl. Abschnitt 6.1.4).

Ablauf einer räumlichen Anfrage

Eine räumliche Anfrage traversiert bei der Wurzel beginnend den Szenenbaum (siehe Abb. 69). Dabei trifft sie auf eine oder mehrere Szenenbeschreibungen. Übersteigt der Schnitt von Anfrageregion und Szene einen Schwellenwert, wird eine Szene vollständig in den Hauptspeicher geladen, in dem dann die weitere Anfragebearbeitung abläuft; somit entfallen aufwendige Suchoperationen auf dem Sekundärspeicher [Bri 92b]. Andernfalls werden die erforderlichen Datenbereiche wie in einem herkömmlichen R*-Baum seitenweise in den Hauptspeicher transferiert.

Die nächste Stufe in der Architektur bilden die Approximationen. Sie unterstützen eine einfache Vorauswahl, ob ein Geo-Objekt eine Anfrage erfüllt oder nicht. Dazu wird die Approximation in den Einträgen der Datenseiten der R*-Bäume gespeichert. Dabei kann entsprechend der Anwendung die effizienteste Approximation verwendet werden, z.B. das minimal umgebende 5-Eck.

Erfüllt die Approximation eines Geo-Objektes die Anfragebedingung, muß das Objekt weiter untersucht werden. Dazu befindet sich in jedem Objekteintrag ein Verweis auf die exakte Geometrierepräsentation. Diese wird durch den TR*-Baum verwaltet. Er strukturiert die Zerlegungskomponenten des Geo-Objektes räumlich. Damit kann die Lokalität von Anfragen ausgenutzt und auf die entscheidenden Teilkomponenten direkt zugegriffen werden. Anhand dieser einfachen geometrischen Teilobjekte kann die Anfragebedingung überprüft werden. Dieses Vorgehen erspart den aufwendigen Test mit dem Gesamtobjekt.

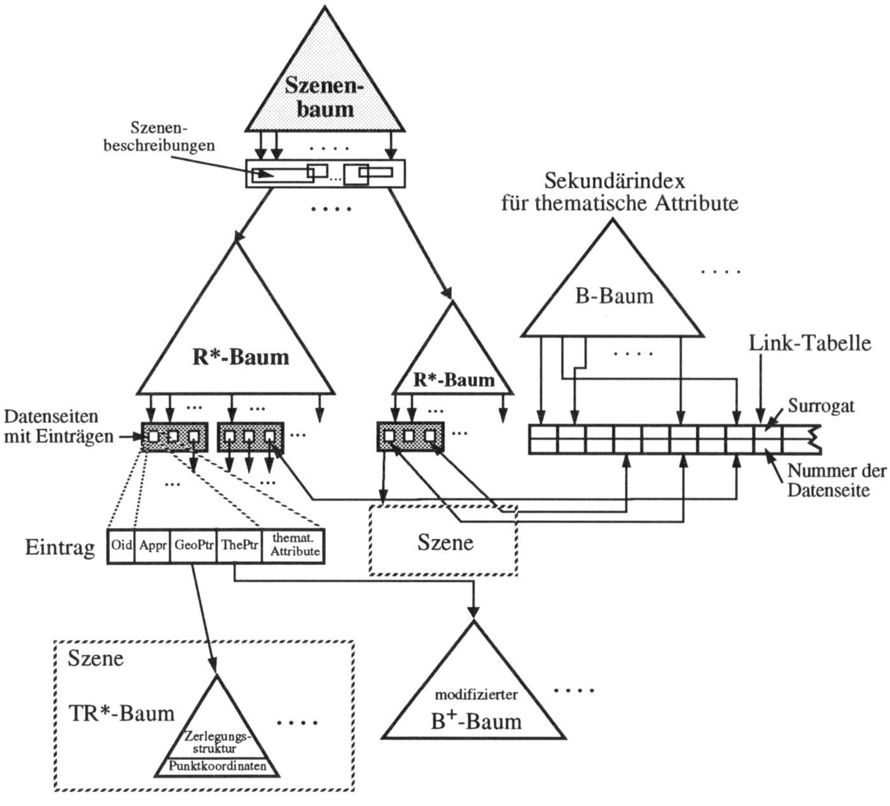

Abbildung 69: Schema der Geo-Architektur

Abgerundet wird die Architektur durch Sekundärindexe für thematische Attribute. Eine thematische Anfrage kann z.B. mit einem B-Baum bearbeitet werden. Als Ergebnis erhält man in der Regel eine Menge von Objektsurrogaten. Über das Surrogat greift man auf die Link-Tabelle zu und erhält die Nummer der Datenseite, die den zugehörigen Objekteintrag enthält. Indizierte thematische Attribute sind in der Regel in den Datenseiten eines R*-Baumes abgespeichert. Der Zugriff auf ausgelagerte Attribute wird über einen modifizierten B^+-Baum gesteuert.

Resümee zur Geo-Architektur

Es läßt sich hervorheben, daß sich unsere Geo-Architektur durch ihre Modularität auszeichnet, wobei die einzelnen Komponenten auf ihre Leistungsfähigkeit hin getestet und untersucht wurden:

- Für den selektiven Objektzugriff verwenden wir R*-Bäume, die nachgewiesenermaßen effizient sind (vgl. [Bec 90] und [HS 92]).
- Die Geometriebeschreibung der Geo-Objekte liegt in einem neutralen Geometrieformat als Punktfolgen abgespeichert in Byte-Arrays vor, so daß auch Plane-Sweep-Algorithmen und die Organisation der Objekte durch R*-Bäume effizient kombiniert werden können [KBS 91a] und [KBS 91b].
- Die Indizierung thematischer Attribute ist in unsere Architektur effizient integriert [Kri 91b]. Als Sekundärindexe können beliebige, leistungsfähige mehrdimensionale Punktzugriffsstrukturen verwendet werden (vgl. [Kri 89]).
- Die 2-stufige Anfragebearbeitung wird optimiert, indem im Filterschritt leistungsfähige Approximationen verwendet werden [BKS 92] und der Verfeinerungsschritt durch den Zerlegungsansatz [Kri 91a] mit TR*-Bäumen [SK 91] unterstützt wird.
- Entscheidende Bedeutung gewinnt unsere Geo-Architektur für geographische Anwendungen, da der mengenorientierte räumliche Zugriff durch das neue Konzept der Szenen-Organisation effizient unterstützt wird (vgl. [Bri 92b]).

7 Zusammenfassung und Ausblick

Der Entwurf einer effizienten Speicher- und Zugriffsarchitektur für Geo-Datenbanksysteme ist in erster Linie durch die Anforderungen aus der Anwendung und durch den Stand der Entwicklungen in der Hardware-Technologie bestimmt.

In geographischen Anwendungen ist der Trend zu verzeichnen, daß das traditionelle Layer-Konzept, d.h. die Aufteilung desselben Untersuchungsgebiets in mehrere thematische Ausschnitte, zur Strukturierung raumbezogener Information immer weniger verwendet wird. Statt dessen werden alle Objekte, die für die Anwendung relevant sind und innerhalb des Untersuchungsgebietes eine eigene Identität besitzen, gemeinsam in einer Datei gespeichert. Diese integrierte Strukturierung bedingt die Speicherung großer Datenvolumina in einer "nahtlosen" Datenbasis, d.h. im Gegensatz zu früher werden Geo-Objekte nicht mehr an Kartengrenzen geclippt. Da im Rastermodell digitale Bilder gehandhabt werden und keine Geo-Objekte, auf die individuell zugegriffen werden kann, setzt sich das Vektormodell als Basis der integrierten Strukturierung immer mehr durch. Geo-Objekte sind im Vektormodell leichter zu indizieren und bei der räumlichen Anfragebearbeitung können leistungsfähige Raumzugriffsstrukturen eingesetzt werden, die den effizienten selektiven Zugriff auf einzelne Objekte realisieren. Ein Geo-Datenbanksystem muß deshalb in der Lage sein, große Mengen von Geo-Objekten (viele Millionen bei integrierten Daten (vgl. [Cra 90]), die eine hohe Variabilität und Komplexität aufweisen, zu verwalten. Zusätzlich sind komplexe und zeitaufwendige Algorithmen aus dem Bereich der Computational Geometry nötig, um Operationen wie z.B. die Berechnung des Schnitts effizient durchzuführen.

Die zukünftige Hardware-Technologie ist durch eine verteilte und vernetzte Workstation-Umgebung mit Datenkommunikationsraten in der Größenordnung von 10 - 100 MByte pro Sekunde charakterisiert (vgl. u.a. [LKM 90]). Die einzelnen Workstations werden eine Rechenleistung im Bereich von 500 MIPS, Hauptspeichergrößen von bis zu 500 MByte und Sekundärspeichermedien mit wiederbeschreibbaren optischen Platten besitzen (vgl. u.a. [FE 92]). Eine Speicher- und Zugriffsarchitektur, die diese Entwicklungstendenzen nicht berücksichtigt, kann schon während ihres Entwurfs überholt sein.

Im folgenden wird zusammengefaßt, welche Konzepte und Ideen in unserer Geo-Architektur integriert, wie die Anforderungen aus der geographischen Anwendung und die HW-Entwicklung umgesetzt und welche verwertbaren Ergebnisse erzielt wurden.

Beschreibungsmodell

Außerordentlich bedeutsam beim Entwurf einer effizienten Speicher- und Zugriffsstruktur ist die Analyse der Daten, die zu verwalten sind. Um große Mengen von Geo-Objekten analysieren zu können und ihre speziellen Charakteristika bewertbar und vergleichbar zu machen, haben wir in Kapitel 2 ein Beschreibungsmodell vorgestellt, mit dem die Komplexität und die Variabilität einer geometrischen Datenbasis quantifiziert und visualisiert wird. Wichtiger Bestandteil unseres Beschreibungsmodells ist die Verwendung von Formparametern, mit denen die Formkomplexität von Geo-Objekten charakterisiert werden kann. Um die Aussagekraft und Realitätsnähe unseres Modells zu überprüfen, analysierten wir reale geographische Daten. Die untersuchte Modellklasse bildeten einfache Polygone mit Löchern aus unterschiedlichen realen Karten. Damit Bewertungen möglichst allgemeingültig sind, stammten die Karten aus vier verschiedenen Quellen und hatten unterschiedliche Auflösungen. In den Daten befanden sich sowohl natürliche Objekte wie Inseln und Seen als auch administrative Flächen wie Regierungsbezirke. In unseren Tests wiesen wir nach, daß die untersuchten Geo-Objekte in fast allen Beschreibungsparametern eine hohe Komplexität und Variabilität aufweisen, wobei je nach Datenquelle signifikante Unterschiede beobachtet werden konnten. Ausgehend von diesen Analysen und der Aufarbeitung der spezifischen Anforderungen der Anfragen und Operationen im GIS-Bereich haben wir ein Phasenmodell zur geometrischen Anfragebearbeitung entworfen.

Zweistufige Anfragebearbeitung

Hauptbestandteil dieses Phasenmodells ist die zweistufige Anfragebearbeitung durch Filter- und Verfeinerungsschritt. In der Arbeit wurde herausgearbeitet, daß für die räumliche Selektion, bei der die räumliche Lage und Ausdehnung der Geo-Objekte als Auswahlkriterium spezifiziert wird, der Schlüssel für eine Effizienzsteigerung in der Vereinfachung der Objektgeometrie durch Approximationen liegt. Ein einfaches Zahlenbeispiel macht dies plausibel: Die exakte Geometriedarstellung entspricht in unserer Beispielkarte (Bezirke von Baden-Württemberg) 11,5 MByte, während die approximative Darstellung durch minimal umgebende achsenparallele Rechtecke (Bounding Boxes) lediglich 10,5 KByte umfaßt. Somit ist es auch nicht überraschend, daß jede Raumzugriffsstruktur in irgendeiner Form Approximationen verwendet. Entweder werden die Geo-Objekte durch einfache Geo-Primitive approximiert (vgl. R-Bäume), oder die Directory-Elemente der Raumzugriffsstruktur approximieren die Datenbasis (vgl. Quadtrees).

Umsetzung des Approximationskonzepts mit dem R-Baum*

Mit Approximationen wird ein schneller geometrischer Filter etabliert, der es vermeidet, riesige Datenmengen zu durchsuchen und aufwendige Algorithmen auf komplexen Geometriedarstellungen durchzuführen. Vor allem bei Anfragen, die räumliche und thematische Selektion kombinieren, können auf der Basis von Approximationen viele Objekte aus der Ergebnismenge ausgefiltert werden, ohne die komplexe und umfangreiche Geometriedarstellung der Objekte in den Hauptspeicher zu laden und mit aufwendigen Algorithmen zu testen.

In dieser Arbeit wurde auf der Basis unserer realen Testdaten gezeigt, daß mit unserem R*-Baum dieser Filterschritt um bis zu 60% verbessert werden kann, wenn nicht mehr die traditionelle Approximation durch die Bounding Box verwendet wird, sondern neue Approximationen wie die minimal umgebende Ellipse oder das minimal umgebende 5-Eck zum Einsatz kommen. Dabei hat sich der R*-Baum als eine einfache, robuste und sehr leistungsfähige Raumzugriffsstruktur erwiesen.

Zerlegungsansatz

Auch bei Optimierung des Filterschritts gibt es viele Anwendungen, vor allem wenn sehr viele Geo-Objekte schon in den (großen) Hauptspeicher übertragen sind und bearbeitet werden müssen, bei denen der Verfeinerungsschritt den Flaschenhals der Anfragebearbeitung darstellt. Deshalb untersuchte diese Arbeit zusätzlich eine zweite Strategie zur Vereinfachung der Objektgeometrie. Bei diesem Ansatz werden die Geo-Objekte durch einfache Teilkomponenten repräsentiert. Indem Verarbeitungszeit und Speicherplatz in diese Zerlegungsrepräsentation investiert wird, vermeidet man bei der Anfragebearbeitung komplexe und aufwendige Algorithmen. Beispielsweise ist der Schnitt zweier komplexer Polygone ersetzt durch den Schnitt einfacher Teilkomponenten. In dieser Arbeit wurden eine Reihe von Zerlegungstechniken auf ihre Eignung für den Einsatz in Geo-Datenbanksystemen diskutiert. Dabei wurden sowohl Verfahren aus der Literatur untersucht als auch eine neue Triangulation in homogene Dreiecke vorgestellt. Als Fazit zeigte sich, daß disjunkte Zerlegungen in einfache Teilkomponenten wie Dreiecke, Trapeze und konvexe Polygone für unsere Geo-Architektur die geeignetsten Kandidaten sind.

TR-Baum*

Da bei unserer zweistufigen Anfragebearbeitung für den Verfeinerungsschritt die komplette Zerlegungsrepräsentation in den Hauptspeicher übertragen wird - ein Vorgehen das bei den heutigen und zukünftigen Hauptspeichergrößen sinnvoll ist - , benötigt man eine Datenstruktur, die im Hauptspeicher effizient diejenigen Teilkomponenten findet, die von der Anfrage oder Operation betroffen sind. Dazu haben wir in Kapitel 5 unseren TR*-Baum vorgestellt, der eine Menge beliebiger Teilkomponenten, auch solche, auf denen keine räumliche Ordnung definiert werden kann, so organisiert, daß komplexe geometrische Anfragen und Operationen effizient ausgeführt werden. In experimentellen Untersuchungen haben wir festgestellt, daß der TR*-Baum Trapeze mit ihren beiden horizontalen Kanten am besten räumlich clustert. Unser Ansatz zeichnet sich durch seine Allgemeingültigkeit für verschiedene geometrische Anfragen und Operationen aus. Experimentell haben wir nachgewiesen, daß die TR*-Baum-Repräsentation von Geo-Objekten auf der Basis einer Trapez-Zerlegung nicht nur bei hoher Lokalität in der Anfragebearbeitung leistungsfähig ist, sondern auch im schlechtesten Fall bei vollständiger Überlappung der Objekte nicht degeneriert, sondern effizient bleibt. Mit unserem Ansatz können komplexe Algorithmen, die für den 'Punkt-in-Objekt'-Test linearen Aufwand in der Anzahl der Eckpunkte besitzen, durch nahezu logarithmisch viele einfache Operationen ('Punkt-in-Bounding Box'-Tests und 'Punkt-in-Trapez'-Tests) ersetzt werden. Auch bei komplexen Operationen wie z.B. dem Schnitt zweier Polygone können abhängig vom Grad der Lokalität signifikante Verbesserungen erzielt werden.

Nachdem wir Konzepte und Verfahren zur Leistungssteigerung, wie die zweistufige Anfragebearbeitung, den R*-Baum, Approximation mit der Ellipse und dem 5-Eck, Trapez-Zerlegung und den TR*-Baum einzeln vorgestellt und empirisch evaluiert hatten, beschrieb Kapitel 6, wie diese Bausteine in unsere Speicher- und Zugriffsarchitektur für Geo-Datenbanksysteme eingebettet werden.

Dreiteilung der Objekt-Clusterung

Ausgangspunkt unserer Architektur ist die Dreiteilung aller zu einem Objekt gehörenden Daten in Zugriffs-Cluster, Geometrie-Cluster und thematisches Cluster. Aus Effizienzgründen ist in den Datenseiten des R*-Baumes lediglich das Zugriffs-Cluster abgespeichert, während die exakte Geometriedarstellung der Objekte und die thematischen Attribute, die selten oder nie als Auswahlkriterium bei Anfragen verwendet werden, ausgelagert und über Zeiger referenziert sind. Das Zugriffs-Cluster umfaßt alle Daten, die für räumliche und thematische Selektionen der aktuellen Anwendung häufig benötigt werden. Erstmals wurde auch anhand zahlreicher Tests mit umfangreichen Datenmengen empirisch festgestellt, daß eine durchschnittliche Zahl von mindestens 25 Zugriffs-Clustern in den Datenseiten des R*-Baumes sichergestellt sein muß, um die volle Leistungsfähigkeit des R*-Baumes zu garantieren. Je nachdem welche physische Seitengröße in der gegebenen Rechnerkonfiguration vorhanden ist, kann die maximale Länge eines Zugriffs-Clusters berechnet werden. Mit Hilfe der vorgeschlagenen Auslagerungsstrategien kann diese maximale Länge in unserer Architektur gewährleistet werden.

Kompakte und redundanzfreie Geometriedarstellung

Aus Konsistenz- und Speicherplatzgründen ist eine kompakte und redundanzfreie Geometriedarstellung in der geographischen Anwendung gefordert. Unsere Geo-Architektur ist so konzipiert, daß dieses Paradigma erfüllt wird. Die Geo-Objekte werden als Punktfolgen repräsentiert und in Segmente zerlegt, falls dies die Redundanzfreiheit erzwingt. Ebenso wird die Repräsentation der Geo-Objekte durch Trapeze nicht direkt gespeichert, sondern über Zeiger referenziert. Da durch eine Referenzierung Digitalisierungspunkte nicht mehrfach abgespeichert werden, benötigt man nur noch 1/12 des Speicherplatzes der direkten Zerlegungsrepräsentation mit Trapezen.

Szenen-Organisation

Für geographische Anwendungen genügt es nicht, lediglich den räumlich-selektiven Objektzugriff und kleinräumige Bereichsanfragen effizient zu unterstützen. Die Größe heutiger Hauptspeicher erlaubt den Transfer umfangreicher Datenmengen vom Sekundärspeicher in den Hauptspeicher. Um einen mengenorientierten Zugriff großräumiger Bereichsanfragen effizient durchzuführen, haben wir unsere Geo-Architektur um das neue Konzept der Szenen-Organisation erweitert. Ein experimenteller Leistungsvergleich hat gezeigt, daß durch diese Szenen-Organisation massive Leistungssteigerungen um einen Faktor bis zu 150 gegenüber bisherigen Ansätzen erzielt wird. Ausgehend von diesen Beobachtungen stellt diese Arbeit eine Modifikation des R*-Baumes vor, um die Szenen-Organisation zu integrieren, ohne die bisherige Leistungsfähigkeit des R*-Baumes beim selektiven Objektzugriff einzuschränken.

Index-Manager

Eine effiziente Anfragebearbeitung in Geo-Datenbanksystemen erfordert die Indizierung thematischer Attribute. Deshalb ist in unserer Architektur ein flexibler und erweiterbarer Index-Manager integriert, mit dem man dynamisch beliebige Sekundärindexe anlegen kann. Für diese Sekundärindexe können entsprechend der aktuellen Anwendung die leistungsfähigsten ein- oder mehrdimensionalen Punktzugriffsstrukturen verwendet werden.

Indizierung der zeitlichen Veränderung von Geo-Objekten

Am Ende des sechsten Kapitels beschreibt die Arbeit, wie innerhalb der vorgestellten Architektur die zeitliche Veränderung von Geo-Objekten indiziert werden kann. Diese Raum-Zeit-Indizierung wurde auf der Basis einer redundanzfreien Geometriedarstellung und des Zerlegungsansatzes entwickelt. Wir verglichen experimentell unseren neuen Ansatz mit dem traditionellen Vorgehen. Die vorgestellten Experimente demonstrieren eindrucksvoll, daß mit neuen Ideen und Ansätzen signifikante Leistungsverbesserungen bei Anfragen, die sich sowohl auf den Raum als auch auf die Zeit beziehen, zu erzielen sind.

Ausblick

In Zukunft wollen wir eine *parallele Geo-Architektur* entwickeln. Dieses zielt in zwei Richtungen: Durch Nutzung von Multiprozessor-Systemen besteht die Möglichkeit, die Anfragebearbeitung zu parallelisieren. Insbesondere der Zerlegungsansatz dürfte hier entscheidende Leistungssteigerungen erlauben, denn die Berechnung komplexer geometrischer Operationen durch eine Menge einfacher Teiloperationen, die unabhängig voneinander bearbeitet werden können, bieten eine idealen Rahmen zur Parallelisierung. Das große Datenvolumen andererseits macht den Einsatz von Multidisk-Systemen sinnvoll. Wie die Geo-Daten auf die verschiedenen Platteneinheiten verteilt werden, ist hierbei die entscheidende Problemstellung.

Die Übertragung der vorgestellten Konzepte auf dreidimensionale Geo-Objekte bietet sich an und öffnet ein weiteres künftiges Arbeitsfeld. Eine Anwendungsmöglichkeit liegt beispielsweise im Bereich der Bioinformatik. Grundlagenarbeiten zur Entwicklung von neuen Methoden zur Speicherung, Handhabung und Verarbeitung der in der Molekularbiologie anfallenden Daten sind aktueller Forschungsgegenstand. Dreidimensionale molekulare Strukturen sind um Größenordnungen komplexer als Objekte der geographischen Anwendung. Eine effiziente geometrische Anfragebearbeitung ist deshalb in diesem Gebiet unbedingt erforderlich. Ein erster Schritt in dieser Richtung liegt in der Entwicklung und Implementierung dreidimensionaler Approximations- und Zerlegungsverfahren und dem Einsatz einer mehrstufigen Anfragebearbeitung.

A. Literaturverzeichnis

[AA 83] Asano Ta., Asano Te.: *'Minimum Partition of Polygonal Regions into Trapezoids'*, Proc. 24th IEEE Annual Symp. on Foundations of Computer Science, 1983, pp. 233-241.

[AAO 83] Asano T., Asano T., Ohsuga Y.: *'Partitioning Polygonal Regions into Triangles'*, Paper of Technical Groups of IECE, CAS83-98, 1983, pp. 31-36.

[AB 92] Alt H., Blömer J.: *'Resemblance and Symmetries of Geometric Patterns'*, Data Structures and Efficient Algorithms, Lecture Notes in Computer Science, Vol. 594, 1992, pp. 1-24.

[AHU 87] Aho A., Hopcraft J., Ullman J.: *'Data Structures and Algorithms'*, Addison-Wesley, 1987.

[Arn 90] Arnold F.: *'GIS Geo-Informations-Systeme'*, Technical report, Bundesforschungsanstalt für Naturschutz und Landschaftsökologie, 1990.

[Atk 90] Atkinson M., Bancilhon F., DeWitt D., Dittrich K., Maier D., Zdonik S.: *'The Object-Oriented Database System Manifesto'*, Positionspapier, 1990.

[Bar 88] Bartelme N.: *'GIS Technologie: Geoinformationssysteme, Landinformationssysteme und ihre Grundlagen'*, Springer, 1988.

[Bec 90] Beckmann N., Kriegel H.-P., Schneider R., Seeger B.: *'The R*-tree: An Efficient and Robust Access Method for Points and Rectangles'*, Proc. ACM SIGMOD Int. Conf. on Management of Data, Atlantic City, N.J., 1990, pp. 322-331.

[Bec 91] Becker B., Franciosa P. G., Gschwind S., Ohler T., Thiemt G., Widmayer P.: *'An Optimal Algorithm for Approximating a Set of Rectangles by Two Minimum Area Rectangles'*, Proc. Int. Workshop on Computational Geometry CG 1991, Bern, Switzerland, 1991, pp. 13-25.

[BF 91] Bill R., Fritsch D.: *'Grundlagen der Geo-Informationssysteme'*, Vol. 1, Wichmann, 1991.

[BG 90] Bar-Yehuda R., Grinwald R.: *'Triangulating Polygons with Holes'*, Proc. Int. Conf. on Computing and Information, ICCI '90, Toronto, Canada, 1990, pp. 112-115.

[BKS 92] Brinkhoff T., Kriegel H.-P., Schneider R.: *'Comparison of Approximations of Complex Objects used for Approximation-based Query Processing in Spatial Database Systems'*, Proc. 9th Int. Conf. on Data Engineering, Vienna, Austria, 1993.

[BM 72] Bayer R., McCraight E.: *'Organization and Maintenance of Large Ordered Indexes'*, Acta Informatica, Vol. 1, No. 3, 1972, pp. 173-189.

[BO 79] Bentley J. L., Ottmann T. A.: *'Algorithms for Reporting and Counting Geometric Intersections'*, IEEE Trans. on Computers, Vol. C-28, No. 9, 1979, pp. 643-647.

[Bow 81] Bowyer A.: *'Computing Dirichlet Tesselations'*, Computer Journal, Vol. 24, No. 2, 1981, pp. 162-166.

[Bra 92] Braun A.: *'Graphikorientiertes Analysetool für Geo-Objekte "Theoretische Konzeption und Anwendung auf Realdaten"*, Diplomarbeit, Technische Universität, München, 1992.

[Bri 92a] Brinkhoff T., Kriegel H.-P., Schneider R., Seeger B.: *'Spatial Join Processing for R-trees'*, in Vorbereitung.

[Bri 92b] Brinkhoff T., Horn H., Kriegel H.-P., Schneider R.: *'Eine Speicher- und Zugriffsarchitektur für effiziente Anfragebearbeitung in Geo-Datenbanksystemen'*, Proc. Datenbanksysteme in Büro, Technik und Wissenschaft, Braunschweig, 1993.

[BSW 91] Becker B., Six H.-W., Widmayer P.: *'Spatial Priority Search: An Access Technique for Scaleless Maps'*, Proc. ACM SIGMOD Int. Conf. on Management of Data, Denver, Colorado, 1991, pp. 128-147.

[Buc 90] Buchmann A., Günther O., Smith T. R., Wang Y. F.: *'Design and Implementation of Large Spatial Databases'*, Lecture Notes in Computer Science, Vol. 409, Springer, 1990.

[Bur 86] Burrough P. A.: *'Principles of Geographical Information Systems for Land Resources Assessment'*, Oxford University Press, 1986.

[Bur 89] Bureau of the Census: *'TIGER/Line Percensus Files, 1990 Technical Documentation'*, Washington D.C., 1989.

[Bus 91] Buschmann U.: *'Anwendungen des B-Baumes in Nonstandard-Datenbank-systemen'*, Diplomarbeit, University of Bremen, 1991.

[BZ 91] Benson D., Zick G.: *'Symbolic and Spatial Database for Structural Biology'*, Proc. OOPSLA, 1991, pp. 329-339.

[Car 86] Carey M. J., DeWitt D. J., Richardson J. E., Shekita E. J.: *'Object and File Management in the EXODUS Extensible Database System'*, Proc. 12th Int. Conf. on Very Large Data Bases, Kyoto, Japan, 1986, pp. 91-100.

[CD 79] Chazelle B., Dobkin D. P.: *'Decomposing a Polygon into its Convex Parts'*, Proc. 11th Annual SIGACT Symp., 1979, pp. 38-48.

[CD 85] Chazelle B., Dobkin D. P.: *'Optimal Convex Decompositions'*, Proc. Computational Geometry, Elsevier Science, 1985, pp. 63-133.

[Cha 88] Chang S.-K., Cheng Y., Iyengar S. S., Kashyap R. L.: *'A New Method of Image Compression Using Irreducible Covers of Maximal Rectangles'*, Proc. IEEE Trans. on Software Engineering, Vol. 14, No. 5, 1988, pp. 651-658.

[Cha 90a] Chazelle B.: *'Efficient Polygon Triangulation'*, Report CS-TR-249-90, Princeton University, Princeton, 1990.

[Cha 90b] Chazelle B.: *'Triangulating a Simple Polygon in Linear Time'*, Proc. 31st IEEE FOCS Symp., 1990, pp. 220-230.

[Che 87] Chew L. P.: *'Constrained Delaunay Triangulations'*, Proc. 3rd Annual ACM Symp. on Computer Geometry, 1987, pp. 215-222.

[Cho 85] Chou H.-T., DeWitt D. J., Katz R. H., Klug A. C.: *'Design and Implementation of the Wisconsin Storage System'*, Software Practice and Experience, Vol. 15, No. 10, 1985, pp. 943-962.

[CI 84] Chazelle B., Incepri J.: *'Triangulating and Shape Complexity'*, Proc. ACM Trans. on Graphics, Vol. 3, 1984, pp. 135-152.

[CK 70] Chand D. R., Kapur S. S.: *'An Algorithm for Convex Polytopes'*, Journal of the ACM, Vol. 17, No. 1, 1970, pp. 78-86.

[Cra 90] Crain I. K.: *'Extremely Large Spatial Information Systems - A Quantitative Perspective'*, Proc. 4th Int. Symp. on Spatial Data Handling, Zurich, Switzerland, 1990, pp. 632-641.

[CTV 88] Clarkson K. L., Tarjan R. E., Van Wyk C. J.: *'A Fast Las Vegas Algorithm for Triangulating a Simple Polygon'*, Proc. ACM Symp. on Computational Geometry, 1988, pp. 18-22.

[DB 83] Dori D., Ben-Bassat M.: *'Circumscribing a Convex Polygon by a Polygon of Fewer Sides with Minimal Area Addition'*, Computer Vision, Graphics, and Image Processing, Vol. 24, 1983, pp. 131-159.

[Del 34] Delaunay B.: *'Sur la sphère vide'*, Bull. Acad. Science, Vol. VII, Classe Science Mat. Nat., 1934, pp. 793-800.

[DF 91] Dörflinger J., Forst W.: *'Approximation durch Kreise: Verfahren zur Berechnung der Hüllkugel'*, Manuscript, 1991.

[DHH 90] Droste U., Harms H.-G., Horn H.: *'Zerlegungsbasierte Darstellung und Anfragebearbeitung polygonaler Raumobjekte in Datenbanksystemen'*, Diplomarbeit, University of Bremen, 1990.

[Dri 89] Driscoll J., Sarnak N, Sleator D., Tarjan R.: *'Making Data Structures Persistent'*, Journal of computer and system sciences, Vol. 38, 1989, pp. 86-124.

[Edd 77] Eddy W.: *'A New Convex Hull Algorithm for Planar Sets'*, ACM Trans. on Math. Software, Vol. 3, No. 4, 1977, pp. 398-403.

[Eps 90] Epstein P., Knight A., May J., Nguyen T., Sack J.-R.: *'A Workbench for Computational Geometry (WOCG)'*, School of Computer Science, Carleton University, Ottawa, Canada, Vol. SCS-TR-180, 1990.

[FE 92] Frank A., Egenhofer M.: *'Geographic Databases: The Issues and Some of the Solutions'*, Workshop 5th Int. Symp. on Spatial Data Handling, Charleston, SC., 1992.

[FM 84] Fournier A., Montuno D. Y.: *'Triangulating Simple Polygons and Equivalent Problems'*, ACM Trans. on Graphics, Vol. 3, 1984, pp. 153-174.

[For 87] Fortune S. J.: *'A Sweepline Algorithm for Voronoi Diagrams'*, Algorithmica, 1987.

[FP 75] Feng H., Pavlidis T.: *'Decomposition of Polygons Into Simpler Components: Feature Generation for Syntactic Pattern Recognition'*, Proc. IEEE Trans. on Computers, 1975, pp. 636-650.

[Fra 84] Franklin W. R.: *'Adaptive Grids for Geometric Operations'*, Cartographica, Vol. 21, No. 2 & 3, 1984, pp. 160-167.

[Fra 89] Franzblau D. S.: *'Performance Guarantees on a Sweep-Line Heuristic for Covering Rectilinear Polygons with Rectangles'*, Society for Industrial and Applied Mathematics, Journal Disc. Math., Vol. 2, No. 3, 1989, pp. 307-321.

[Fra 91] Frank, A.U.: *'Properties of Geographic Data'*, Proc. 2nd Symp. on the Design of Large Spatial Databases, Zürich, Switzerland, 1991, in: Lecture Notes in Computer Science, Vol. 525, Springer, 1991, pp. 225-234.

[Fra 92] Frannciosa P.G., Gaibisso M.T., Gambosi G., Talamo M.: *'An on-line convex hull algorithm in two dimensions'*, submitted for publication, 1992.

[Fri 91] Fritsch D.: *'Geo-Informationssysteme in den neunziger Jahren - Realität und Herausforderung für die Geo-Wissenschaften'*, in: Geo-Informatik, Schlicher, 1991, pp. 13-26.

[FSR 87] Faloutsos C., Sellis T., Roussopoulos N.: *'Analysis of Object Oriented Spatial Access Methods'*, Proc. ACM SIGMOD Int. Conf. on Management of Data, San Francisco, CA., 1987, pp. 426-439.

[Gar 78] Garey M. R., Johnson D. S., Preparata F. P., Tarjan R. E.: *'Triangulating a Simple Polygon'*, Info. Proc. Letter, Vol. 7, No. 4, 1978.

[GC 87] Gorny A. J., Carter R.: *'World Data Bank II: General Users Guide'*, technical report, U.S. Central Intelligence Agency, Washington, 1987.

[Gra 72] Graham R. L.: *'An Efficient Algorithm for Determining the Convex Hull of a Finite planar set'*, Info. Proc. Letters, Vol. 1, 1972, pp. 132-133.

[Gre 89] Greene D.: *'An Implementation and Performance Analysis of Spatial Data Access Methods'*, Proc. 5th Int. Conf. on Data Engineering, Los Angeles, CA., 1989, pp. 606-615.

[Gün89] Günther O.: *'The Design of the Cell Tree: An Object-Oriented Index Structure for Geometric Databases'*, Proc. IEEE 5th Int. Conf. on Data Engineering, Los Angeles, CA., 1989, pp. 598-605.

[Gün 91] Günther O.: *'Räumliche Datenbanken'*, Informatik Spektrum, Vol. 14, No. 4, 1991, pp. 218-220.

[Güt 89] Güting R. H.: *'Gral: An Extensible Relational Database System for Geographic Applications'*, Proc. 15th Int. Conf. on Very Large Data Bases, Amsterdam, Netherland, 1989, pp. 33-44.

[Güt 91] Güting R. H.: *'Extending a Spatial Database System by Graphs and Object Class Hierachies'*, Proc. Int. Workshop on Database Management Systems for Geographical applications, Capri, Italy, 1991, pp. 103-124.

[Gut 84] Guttman A.: *'R-trees: A Dynamic Index Structure for Spatial Searching'*, Proc. ACM SIGMOD Int. Conf. on Management of Data, Boston, MA., 1984, pp. 47-57.

[Hee 92] Heep S.: *'Anfragen auf Geometriedaten in CAD-Datenbanksystemen'*, PhD-thesis, Dept. of Computer Science, University of Bremen, 1992.

[Her 90] Herma F.: *'Effiziente Approximation einfacher Polygone durch Rechtecke'*, Diplomarbeit, University of Bremen, 1990.

[HN 83] Hinrichs K., Nievergelt J.: *'The Grid File: A Data Structure Designed to Support Proximity Queries on Spatial Objects'*, Proc. Int. Workshop on Graphtheoretic Concepts in Computer Science, 1983, pp. 100-113.

[HP 90] Hennessy J. L., Patterson D. A.: *'Computer Architecture A Quantitative Approach'*, Morgan Kaufmann Publishers, 1990.

[HS 91] Hoel E. G., Samet H.: *'Efficient Processing of Spatial Queries in Line Segment Databases'*, Proc. SSD, 1991, pp. 237-256.

[HS 92] Hoel E. G., Samet H.: *'A Qualitative Comparison Study of Data Structures for Large Line Segment Databases'*, Proc. SIGMOD Conf., San Diego, CA., 1992.

[HSW 88] Hutflesz A., Six H.-W., Wiedmayer P.: *'Globally Order Preserving Multidimensional Linear Hashing'*, Proc. 4th Int. Conf. on Data Engineering, Los Angeles, CA., 1988, pp. 572-579.

[HSW 89] Henrich A., Six H.-W., Widmayer P.: *'The LSD Tree: Spatial Access to Multidimensional Point and Non-Point Objects'*, Proc. 15th Int. Conf. on Very Large Data Bases, Amsterdam, Netherland, 1989, pp. 45-53.

[HSW 90] Hutflesz A., Six H.-W., Widmayer P.: *'The R-file: An Efficient Access Structure for Proximity Queries'*, Proc. IEEE 6th Conf. on Data Engineering, Los Angeles, CA., 1990, pp. 372-379.

[HWZ 91] Hutflesz A., Widmayer P., Zimmermann C.: *'Global Order Makes Spatial Access Faster'*, Proc. Int. Workshop on Database Management Systems for Geographical Applications, Capri, Italy, 1991.

[Jag 90] Jagadish H. V.: *'On Indexing Line Segments'*, Proc. 6th Int. Conf. on Very Large Data Bases, Brisbane, Australia, 1990, pp. 614-625.

[Jag 91] Jagadish H. V.: *'A Retrieval Technique for Similar Shapes'*, Proc. ACM SIGMOD Int. Conf. on Management of Data, Denver, Colorado, 1991, pp. 208-217.

[Jar 73] Jarvis R. A. : *'On the Identification of the Convex Hull of a Finite Set of Points in the Plane'*, Info. Proc. Letters, Vol. 2, 1973, pp. 18-21.

[Kat 85] Katz R.: *'Information Management for Engineering Design'*, Springer, 1985.

[KBS 91a] Kriegel H.-P., Brinkhoff T., Schneider R.: *'An Efficient Map Overlay Algorithm Based on Spatial Access Methods and Computational Geometry'*, Proc. Int. Workshop on Database Management Systems for Geographical Applications, Capri, Italy, 1991.

[KBS 91b] Kriegel H.-P., Brinkhoff T., Schneider R.: *'The Combination of Spatial Access Methods and Computational Geometry in Geographic Database Systems'*, Proc. 2nd Symp. on the Design of Large Spatial Databases, Zurich, Switzerland, 1991, in: Lecture Notes in Computer Science, Vol. 525, Springer, 1991, pp. 5-22.

[Kei 83] Keil J. M.: *'Decomposing Polygons into Simpler Components'*, PhD-thesis, Dept. of Computer Science, University of Toronto, 1983.

[KHS 91] Kriegel H.-P., Horn H., Schiwietz M.: *'The Performance of Object Decomposition Techniques for Spatial Query Processing'*, Proc. 2nd Symp. on the Design of Large Spatial Databases, Zurich, Switzerland, 1991, in: Lecture Notes in Computer Science, Vol. 525, Springer, 1991, pp. 257-276.

[Kri 84] Kriegel H.-P.: *'Performance Comparison of Index Structures for Multi-Key Retrieval'*, Proc. ACM SIGMOD Int. Conf. on Management of Data, Boston, MA., 1984, pp. 186-196.

[Kri 89] Kriegel H.-P., Schiwietz M., Schneider R., Seeger B.: *'Performance Comparison of Point and Spatial Access Methods'*, Proc. 1st Symp. on the Design and Implementation of Large Spatial Databases, Santa Barbara, CA., 1989, in: Lecture Notes in Computer Science, Vol. 409, Springer, 1990, pp. 89-114.

[Kri 90] Kriegel H.-P., Heep P., Heep S., Schiwietz M., Schneider R., Seeger B.: *'Datenbanksysteme im Umweltbereich'*, Impulse aus der Forschung, No. 10, Universiät Bremen, 1990, pp. 34-38.

[Kri 91a] Kriegel H.-P., Heep P., Heep S., Schiwietz M., Schneider R.: *'An Access Method Based Query Processor for Spatial Database Systems'*, Proc. Int. Workshop on Database Management Systems for Geographical Applications, Capri, 1991.

[Kri 91b] Kriegel H.-P., Heep P., Heep S., Schiwietz M., Schneider R.: *'A Flexible and Extensible Index Manager for Spatial Database Systems'*, Proc. 2nd Int. Conf. on Database and Expert Systems Applications, Berlin, 1991, pp. 179-184.

[KS 85] Keil J. M., Sack J.-R.: *'Minimum Decompositions of Polygonal Objects'*, Proc. Computational Geometry, Elsevier Science, 1985.

[KS 86] Kriegel H.-P., Seeger B.: *'Multidimensional Order Preserving Linear Hashing with Partial Expansions'*, Proc. Int. Conf. on Database Theory, Rome, Italy, 1986, in: Lecture Notes in Computer Science, Vol. 243, Springer, pp. 203-220.

[KS 90] Kriegel H.-P., Schneider R.: *'Design of a Bioindication Database System'* (in German), Proc. 5th Symp. Informatik für den Umweltschutz, Vienna, Austria, 1990.

[KSB 92] Kriegel H.-P., Schneider R., Brinkhoff T.: *'Bioindikations-Datenbanksystem: Anfragebearbeitung und Speicherung zeitvarianter räumlicher Objekte'*, Abschlußbericht der Arbeitsgruppe Datenbanken im Projekt "Bioindikation", 1992.

[Lan 91] Landesvermessungsamt Baden-Württemberg, Stuttgart, 1991.

[Lan 92] Langran G. E.: *'Time in Geographic Information Systems'*, Peuquet D. J. and Marble D.F. (eds.), 1992..

[Lar 80] Larson P. A.: *'Linear Hashing with Partial Expansions'*, Proc. 6th Int. Conf. on Very Large Databases, Montreal, Canada, 1980, pp. 224-232.

[Lin 82] Lingas A.: *'The Power of Non-Rectilinear Holes'*, Proc. 9th Colloquium on Automata, Languages and Programming, Aarhus, Denmark, 1982.

[LKM 90] Lockemann P. C., Kemper A., Moerkotte G.: *'Future Database Technology: Driving Forces and Directions'*, Proc. Int. Symp. on Database Systems of the 90s, Müggelsee, Germany, 1990, in: Lecture Notes in Computer Science, Vol. 466, Springer, 1990, pp. 15-33.

[LL 89] Lehman T. J., Lindsay B. G.: *'The Starburst Long Field Manager'*, Proc. 15th Int. Conf. on Very Large Data Bases, Amsterdam, Netherland, 1989.

[LM 91] Lanka S., Mays E.: *'Fully Persistent B^+-tree'*, Proc. ACM SIGMOD Int. Conf. on Management of Data, Denver, Colorado, 1991, pp. 426-435.

[LT 92] Laurini R., Thompson D.: *'Fundamentals of Spatial Information Systems'*, The A.P.I.C. Series, Academic Press, 1992.

[LTL 89] Liou W. T., Tan J. J., Lee R. C.: *'Minimum Partitioning Simple Rectilinear Polygons in O(nloglogn)-time'*, ACM, 1989.

[Meg 83] Megiddo N.: *'Linear-time Algorithms for Linear Programming in R^3 and Relates Problems'*, Society for Industrial and Applied Mathematics, Journal Computing, Vol. 12, 1983, pp. 759-776.

[Mel 87] Melkman A.A.: 'On-line construction of the convex hull of a simple polyline', Information Processing Letters, Vol. 25, No. 1, 1987, pp. 11-12.

[NHS 84] Nievergelt J., Hinterberger H., Sevcik K. C.: *'The Grid File: An Adaptable, Symmetric Multikey File Structure',* ACM Trans. on Database Systems, Vol. 9, No. 1, 1984, pp. 38-71.

[Nie 89] Nievergelt J.: *'7 ± 2 Criteria for Assessing and Comparing Spatial Data Structures',* Proc. 1st Symp. on the Design of Large Spatial Databases, 1989, in: Lecture Notes in Computer Science, Vol. 409, Springer, 1990, pp. 3-28.

[NS 86] Nelson R. C., Samet H.: *'A Consistent Hierarchical Representation for Vector Data',* Computer Graphics, Vol. 20, No. 4, 1986, pp. 197-206.

[OM 84] Orenstein J. A., Merrett T. H.: *'A Class of Data Structures for Associative Searching',* Proc. 3rd ACM SIGACT/SIGMOD Symp. on Principles of Database Systems, 1984, pp. 181-190.

[OM 86] Orenstein J. A., Manola F. A.: *'Spatial Data Modeling and Query Processing in PROBE',* Technical Report CCA-86-05, Xerox Advanced Information Technology Devision, 1986.

[Ooi 88] Ooi B. C.: *'Efficient Query Processing in a Geographic Information System',* PhD-thesis, Dept. of Computer Science, Monash University, Australia, 1988.

[Ooi 91] Ooi B. C.: *'Efficient Query Processing in Geographic Information Systems',* in: Lecture Notes in Computer Science, Springer, 1991.

[Oos 90] Oosterom P. J. M.: *'Reactive Data Structures for Geographic Information Systems',* Ph.D.-thesis, Dept. of Computer Science at Leiden University, Netherland, 1990.

[Ore 89] Orenstein J. A.: *'Redundancy in Spatial Databases',* Proc. ACM SIGMOD Int. Conf. on Management of Data, Portland, USA, 1989, pp. 294-305.

[OS 83] O'Rourke J., Supowit K. J.: *'Some NP-Hard Polygon Decomposition Problems',* IEEE Trans. on Information Theory, Vol. IT-29, No. 2, 1983, pp. 181-190.

[Pav 77] Pavlidis T.: *'Structural Pattern Recognition',* Electrophysics, Vol. 1, Springer, 1977.

[PH 77] Preparata F. P., Hong S. J.: *'Convex Hulls of Finite Sets of Points in Two and Three Dimensions',* Comm. ACM, Vol. 20, No. 2, 1977, pp. 87-93.

[PH 90] Paterson D., Hennessy J.: *'Computer Architecture:* A Quantitative Approach', Morgan Kaufman, 1990.

[Pos 84] Post M.J.: *'Minimum Spanning Ellipsoids',* Proc. 16th Annual Symp. on Theory of Computing, 1984, pp. 108-116.

[PS 88] Preparata F. P., Shamos M. I.: *'Computational Geometry',* Springer, 1988.

[Rom 90] Roman G.-C.: *'Formal Specification of Geographic Data Processing Requirements',* Proc. IEEE Trans. on Knowledge and Data Engineering, Vol. 2, No. 4, 1990, pp. 370-380.

[Sam 90a] Samet H.: *'Applications of Spatial Data Structures: Computer Graphics, Image Processing, and GIS',* Addison-Wesley, 1990.

[Sam 90b] Samet H.: *'The Design and Analysis of Spatial Data Structures',* Addison-Wesley, 1990.

[San 76] Santalo L. A.: *'Integral Geometry and Geometric Probability'*, Encyclopedia of Mathematics and its Applications, G. C. Rota, Addison-Wesley, 1976.

[Sch 92] Schiwietz M.: *'Organisation und Anfragebearbeitung komplexer Geo-Objekte'*, Dissertation, Institut für Informatik, Universität München, 1992, in Vorbereitung.

[See 89] Seeger B.: *'Design and Implementation of Multidimensional Access Methods'*, Dissertation, Institut für Informatik, Universität Bremen, 1989.

[See 91] Seeger B.: *'Performance Comparison of Segment Access Methods Implemented on Top of the Buddy-Tree'*, Proc. 2nd Symp. SSD, Zurich, Switzerland, 1991, in: Lecture Notes in Computer Science, Vol. 525, Springer, 1991, pp. 277-296.

[Sei 90] Seidel R.: *'Linear Programming and Convex Hulls Made Easy'*, Proc. 6th Annual ACM Symp. on Computational Geometry, Berkeley, CA., 1990, pp. 211-215.

[SG 90] Smith T. R., Gao P.: *'Experimental Performance Evaluations on Spatial Access Methods'*, Proc. 4th Int. Symp. on Spatial Data Handling, Zurich, Switzerland, 1990, pp. 991-1002.

[Sha 78] Shamos M. I.: *'Computational Geometry'*, PhD-thesis, Yale University, New Haven, Connecticut, 1978.

[SK 88] Seeger B., Kriegel H.-P.: *'Techniques for Design and Implementation of Efficient Spatial Access Methods'*, Proc. 14th Int. Conf. on Very Large Databases, Los Angeles, CA., 1988, pp. 360-371.

[SK 90] Seeger B., Kriegel H.-P.: *'The Buddy Tree: An Efficient and Robust Access Method for Spatial Databases'*, Proc. 16th Int. Conf. on Very Large Data Bases, Brisbane, Australia, 1990, pp. 590-601.

[SK 91] Schneider R., Kriegel H.-P.: *'The TR*-tree: A New Representation of Polygonal Objects Supporting Spatial Queries and Operations'*, Proc. 7th Workshop on Computational Geometry, Bern, Switzerland, 1991, in: Lecture Notes in Computer Science, Vol. 553, Springer, 1991, pp. 249-264.

[SK 92] Schneider R., Kriegel H.-P.: *'Indexing the Spatiotemporal Monitoring of a Polygonal Object'*, Proc. 5th Int. Symp. on Spatial Data Handling, Charleston, SC., 1992, pp. 200-209.

[Sta 90] Statistical Office of the European Communities: *'Regions'*, 1990.

[Sto 90] Stonebraker M., Rowe L., Lindsy B., Gray J., et al.: *'Third Generation Data Base System Manifest'*, Interner Bericht, Memorandum No. UCB/ERL M90/28, Electronics Research Laboratory, University of California, Berkeley, CA., 1990.

[SV 89] Scholl M., Voisard A.: *'Thematic Map Modelling'*, Proc. 1st Symp. on the Design and Implementation of Large Spatial Databases, Santa Barbara, CA., 1989, pp. 167-190.

[SW 85] Samet H., Webber R. E.: *'Storing a Collection of Polygons Using Quadtrees'*, ACM Trans. on Graphics, Vol. 4, No. 3, 1985, pp. 182-222.

[SW 92] Six H.-W., Widmayer P.: *'Spatial Access Structures for Geometric Databases'*, Data Structures and Efficient Algorithms, Lecture Notes in Computer Science, Vol. 594, 1992, pp. 214-232.

[TH 81] Tropf H., Herzog H.: *'Multidimensional Range Search in Dynamically Balanced Trees',* Angewandte Informatik, Vol. 23, No. 2, 1981, pp. 71-77.

[Til 80] Tilove R. B.: *'Set Membership Classification: A Unified Approach to Geometric Intersection Problems',* IEEE Trans. on Computers, Vol. C-29, No. 10, 1980, pp. 874-883.

[Tou 80] Toussaint G. T.: *'Pattern Recognition and Geometrical Complexity',* Proc. 5th Int. Conf. on Pattern Recognition, Miami Beach, 1980, pp. 1324-1347.

[TS 81] Tropf H., Herzog H.: *'Multidimensional Range Search in Dynamically Balanced Trees',* Angewandte Informatik, Vol. 23, No. 2, 1981, pp. 71-77.

[TV 88] Tarjon R. E., Van Wyk C. J.: *'An O(n loglog n)-time Algorithm for Triangulating a Simple Polygon'*, Society for Industrial and Applied Mathematics, Journal on Computing, Vol. 17, 1988, pp. 143-178.

[Val 87] Valduriez P.: *'Join Indices',* ACM Trans. on Database Systems, Vol. 12, No. 2, 1987.

[Wat 81] Watson D. F.: *'Computing the n-dimensional Delaunay Tesselation with Application to Voronoi Polytopes',* Proc. Computer Journal, Vol. 24, No. 2, 1981, pp. 167-172.

[Wel 91] Welzl E.: *'Smallest Enclosing Disks (Balls and Ellipsods),* Paper B91-09, Freie Universität Berlin, 1991.

[Wid 91] Widmayer P.: *'Datenstrukturen für Geodatenbanken',* in: Vossen G., Witt K.-U. (eds.): 'Entwicklungstendenzen bei Datenbank-Systemen', Oldenbourg, 1991, pp. 317-361.

[Wid 92] persönliche Korrespondenz

[WNP 87] Weikum G., Neumann B., Paul H.-B.: *'Konzeption und Realisierung einer mengenorientierten Seitenschnittstelle zum effizienten Zugriff auf komplexe Objekte',* GI-Fachtagung Datenbanksysteme in Büro, Technik und Wissenschaft, Darmstadt, 1987, in: Informatik-Fachberichte, Vol. 136, Springer, 1987, pp. 212-230.

[XHL 90] Xu X., Han J., Lu W.: *'RT-Tree: An Improved R-Tree Index Structure for Spatiotemporal Databases',* Proc. 4th Int. Symp. on Spatial Data Handling, Vol. 2, Zurich, Switzerland, 1990.

B. Abbildungsverzeichnis

C. Tabellenverzeichnis